쉽게 배워
바로 쓰는

사회복지
글쓰기

쉽게 배워
바로 쓰는
사회복지
글쓰기

전안나

인간과복지

차례

프롤로그

안녕하세요? 베스트셀러 작가 사회복지사 전안나입니다.

사회복지 글쓰기는 이용시설과 생활시설, 사업팀부터 총무팀, 초급 사회복지사부터 팀·과장까지 소속 기관, 부서, 직위와 상관없이 모든 사회복지사가 하는 핵심 업무 중 하나입니다. 사회복지 글쓰기는 서비스 제공 다음으로 중요하지만, 소요 시간은 서비스 제공보다 더 많은 시간이 걸립니다. 하지만 현장에서는 업무용 글쓰기에 대한 교육이 제대로 시행되지 않고 바로 업무에 투입되고 있습니다. 동료 사회복지사들이 글쓰기로 야근을 하고, 스트레스를 받는 모습을 보면서, 어떻게 사회복지사들을 도울 수 있을까 고민을 하다, 사회복지 실천 중심 글쓰기 책을 기획하게 되었습니다.

사회복지 업무용 글쓰기, 누구나 잘 할 수 있습니다.

사회복지 글쓰기는 글의 갈래에서 '비문학'에 뿌리를 두고 있습니다. 감동을 주는 것이 목적인 문학과 달리, 비문학은 사실을 정확히 전달하는 것을 목적으로 합니다. 사회복지사에게 필요한 글쓰기 능력은 현란한 문장력이 아니라 사실을 정확히 전달하는 '전달력'입니다. 목적에 맞게, 사실을 정확히 전달하는 '글쓰기 기술'을 배우면 누구나 사회복지 업무용 글쓰기를 잘 할 수 있습니다.

이 책의 독자로는 예비 사회복지사, 초급 사회복지사, 직원 글쓰기를 처음 지도하는 리더 등을 가정하고 집필하였습니다. 그래서 글쓰기의 기술 중 기초적인 내용과, 다양한 글쓰기 양식과 예시를 풍성히 담았습니다. 막연히 어렵다고 생각되는 윤리, 인권, 인문학 글쓰기는 최소한의 상식만 간략히 담았습니다.

여러분은 이 책을 통해, 사회복지 글쓰기의 특징을 이해하게 될 것입니다. 업무 처리 예의와 법령을 근거로 한 공식 문서 작성규칙을 알게 될 것입니다. 사회복지 현장에서 필요한 글쓰기 종류별 특징이 무엇인지 배우게 될 것입니다. 문서의 목적에 맞는 글쓰기 기술을 습득하게 될 것입니다. 업무용 문서 양식과 예시로 글쓰기로 인한 스트레스가 줄어들 것입니다. 글쓰기에 자신감이 생길 것입니다. 사회복지 윤리와 인권을 기반으로 한 실천을 배우게 될 것입니다.

흔히들 사회복지는 함께 하는 거라고 하지요. 저의 원고가 막상 책으로 나오기에는 선후배 사회복지사 선생님들의 격려와 도움이 있었습니다. 바쁜 업무 중에도 초고를 검독하고 의견을 주신 김미연, 김혜란, 이용교, 임명연, 전재일, 최종복 선생님과 싱크와이즈맵으로 도와주신 이정호 선생님께 진심으로 감사를 드립니다.

끝으로 이 책이 예비 사회복지사의 현장 적응을 돕는 매뉴얼, 초급 사회복지사의 야근을 줄여주는 실무 도움서, 후배를 잘 지도하고 싶은 경력 사회복지사에게 글쓰기 지도법을 알려주는 비법서가 되길 바라봅니다.

2021년 5월

전안나 작가 사회복지사

1부_ 사회복지 글쓰기 이해

더욱더 쓰는 시대가 된다

현대 사회는 점점 더 많이 쓰는 사회가 되어가고 있습니다. 『미움받을 용기』의 저자 고가 후미타케는 "1990년대 후반과 비교해 보면 오늘날은 글을 너무 많이 쓴다... 미래의 우리에게는 문장을 쓸 기회가 늘어나면 늘어났지 줄어들 일은 없다. 앞으로 더욱더 쓰는 시대가 된다."고 말합니다.

이렇듯 글쓰기는 점점 중요해지고 있고, 글쓰기가 중요하다는 것을 우리는 이미 경험해 보았습니다. 우리는 그동안 글쓰기로 평가를 받아 왔습니다. 학창 시절 공부를 얼마나 이해하고 알고 있는가를 확인할 때 중간고사와 기말고사라는 글쓰기를 했습니다. 중·고등학교 시절을 지나 대학에서도 보고서 작성을 통한 평가는 매 학기 빠지지 않는 글쓰기 과제입니다.

채용 절차에서도 글쓰기는 중요합니다. 채용 과정의 첫 단계는 서류 심사로, 이력서와 자기소개서라는 글쓰기 능력이 채용의 첫 단추가 됩니다. 물론 채용 이후에도 업무용 의사소통의 70%는 글쓰기이고, 직원의 업무 수행 과정과 결과, 그리고 업무 평가와 직원 평가도 결국은 글쓰기로 진행됩니다.

업무 현장에서도 소통과 결정은 글로 확정됩니다. 입사부터 퇴사까지 모든 과정은 글로 남게 되고 직장인들은 글쓰기의 중요성을 학생 때보다 더 크게 느끼고 있습니다. 하버드대학교에서 30~40대 직장인 1,600명을 대상으로 "현재 업무에서 가장 중요한 능력이 무엇입니까?" 라고 물었습니다. 놀랍게도 90%의 사람들이 '글쓰기' 능력이라고 대답하였습니다.

최근 여러 연구에서 글쓰기 기술이 좋은 사람일수록 그렇지 못한 사람에 비해 인기 직종에 종사하거나 더 빨리 승진하고 리더의 자리에 오를 가능성이 더 높다고 합니다. 록 히든 마틴의 최고 경영자 노만 어거스틴에 따르면 18만 명의 소속 직원 중 경영진까지 승진한 직원들에게서 확인되는 가장 두드러지는 공통점은 자신의 생각을 글로 명확히 표현할 수 있는 능력을 가진 점이었습니다.

이처럼 글을 잘 쓴다는 것은 업무 역량에서 큰 장점이 됩니다. 하지만 직장인들은 업무용 글쓰기 교육을 제대로 받아온 경험이 없습니다. 『CEO가 좋아하는 문서작성의 비밀』이라는 책을 살펴보니, 직장인 중 80%는 글쓰기 훈련을 받아 본 적이 없다고 응답했습니다. 교육을 받아본 20% 사람도 교육의 방법이 상사의 지도나 독학으로 공부한 경우가 대부분이었습니다. 그래서 직장인 중 72%는 문서 작성의 어려움을 토로합니다. 직장인 문서 작성 시 평균 반려 횟수도 놀라운데요... 4회 반려가 31%, 3회 반려가 62%로 직장인들의 93%는 문서를 3번 이상 반려 받으면서 글쓰기 업무를 수행하고 있습니다.

이는 사회복지 현장에서도 마찬가지입니다. 글쓰기는 서비스팀부터 총무팀까지 부서에 상관없이, 초급 사회복지사부터 팀·과장까지 직위와 상관없이 모든 사회복지사가 하는 핵심 업무 중 하나입니다. 하지만, 현장에서는 업무용 글쓰기에 대한 교육이 제대로 시행되지 않고 바로 업무에 투입되고 있습니다.

제가 2004년 복지관 총무팀에 입사해서 각종 기안서와 보고서를 써야 하는데, 대학에서는 업무용 글쓰기를 배운 적이 없었습니다. 더군다나 총무팀에서 사용하는 예산·회계·인사·서무 글쓰기는 본 적도 없었습니다. 그래서 전임자들이 쓴 기안서와 보고서를 읽어보고, 같은 양식을 다운로드해서 비슷하게 흉내 내는 것에서부터 글쓰기를 시작했습니다. 이제는 거짓말 조금 보태서 눈을 감고도 글을 쓸 수 있지만 처음에는 정말 막막했습니다. 그래서 제가 직원교육 업무를 맡으면서 신설한 커리큘럼이 '신입 직원을 위한 업무용 글쓰기 양식과 작성법 교육' 이었습니다.

여러분이 읽고 있는 이 책의 시작은 A4 5매 분량의 '신입 직원을 위한 업무용 글쓰기 양식과 작성법 매뉴얼' 입니다. 올해 저희 기관에 채용된 경력직 직원이 저에게 "제가 이곳이 5번째 근무 기관인데요, '신입 직원을 위한 업무용 글쓰기 교육' 을 받아본 곳은 이곳이 처음이에요."라고 말하는 것을 들었습니다. 지금도 현장에서 체계적으로 업무용 글쓰기 교육이 잘 안되고 있다는 것을 보여주는 사례입니다.

글쓰기 능력은 스펙을 뛰어넘는다. 미래에는 글쓰기가 핵심 역량이다.

경영학자 피터 드러커

사회복지 글쓰기는 기술이다

저는 사회복지사로서 첫 업무를 총무팀에서 시작하였습니다. 덕분에 다양한 사회복지 글쓰기를 신입 직원 때부터 해볼 수 있었습니다. 이후 부서 재배치가 되면서 아동복지·청소년복지·가족복지·사례관리 등 직접 서비스도 해보았고, 예산·회계·인사·서무 등 총무 행정을 다시 맡기도 했습니다. 승진을 하면서 직원들의 글쓰기 지도와 보건복지부 평가·재위탁 업무 등 총괄 행정을 하였고, 부설 기관 설립에 따라 가정폭력 전문상담소 개소, 구립 지역아동센터 개소 업무도 경험하였습니다. 대외적으로는 대학교에서 제작하는 대학생 대상 '실습 매뉴얼'과 재단과 학회에서 발간한 자료집·매뉴얼·사례집 집필진으로 참여하였습니다.

사회복지 글쓰기 외에도 『1천 권 독서법』, 『기적을 만드는 엄마의 책 공부』, 『초등 하루 한 권 책밥 독서법』 등 여러 권의 베스트셀러를 집필한 작가이기도 합니다. 그동안 사회복지 글쓰기 교육과 저서 집필을 하면서 깨닫게 된 것이 있습니다.

글쓰기는 기술일까요? 재능일까요? 라고 물어보면, 사람들은 보통 '재능'이라고 대답합니다. 하지만 사회복지 글쓰기는 몇 가지 이유로 '기술'에 가깝다고 생각합니다. 사회복지 글쓰기가 일반 글쓰기와 다른 다섯 가지 특징은 다음과 같습니다.

1. 글의 갈래에 따른 분류

글은 크게 운문과 산문으로 나뉩니다. 운문은 다시 정형시와 자유시로 나뉘게 되고, 산문은 비문학과 문학으로 나뉩니다. 문학은 소설·시·희곡·에세이처럼 감동을 주는 것을 목적으로 쓰는 글이고, 비문학은 객관적인 사실과 정보를 제공하는 것을 목적으로 쓰는 글입니다. 대표적인 비문학은 신문 기사·칼럼·논문·보고서·업무용 문서 등이 있습니다.

사회복지사의 업무용 글쓰기는 산문에서도 비문학에 해당합니다. 일반 글쓰기는 창작이지만, 업무용 글쓰기는 대단한 창의력이 필요하지 않은 이유가 바로 비문학에 해당하는 글쓰기이기 때문입니다. 사회복지 글쓰기는 수려하고 감성적인 언어나 문학적 소양을 갖춘 '문장력'보다는 사실과 정보를 정확하게 전달하는 '전달력'이 더 중요합니다. 물론 글쓰기 재능이 있다면 금상첨화겠지만, 글쓰기 재능이 없더라도 업무용 문서 작성은 기본을 습득하면 잘 할 수 있다는 뜻입니다.

2. 글 형식에 따른 분류

글 형식에 따른 종류로는 일반적으로 생활문, 시, 수필, 일기, 감상문, 설명문, 편지, 주장문 등의 종류가 있습니다. 생활문은 일기·편지·기행문·감상문 등을 포괄하는 분류이고, 시는 서정시·서사시·정형시·자유시·산문시·참여시 등이 있습니다. 설명문은 사용 설명서·기사문·보고문·사전·교과서 등을 통칭합니다.

사회복지 글쓰기 종류는 다양합니다. 기안서, 공문서, 계획서, 평가서, 개요서, 정산서, 선정 소견서, 회의록, 사례관리 기록지, 사정지, 경위서, 프로포절, 칼럼, 기사, 소식지, 크라우드 펀딩, 프로그램 홍보지, 답변서, 정산서, 교육 보고서, 슈퍼비전 기록지, 슈퍼비전 계약서, 슈퍼비전 계획서, 프로그램 운영일지, 인수인계서, 회의록 등 대충 생각해도 수십 가지가 넘는 글의 종류가 있습니다.

사회복지 글쓰기가 힘든 이유 중 하나가 써야 하는 글의 종류와 성격이 다양하다는 점입니다. 하지만 사회복지 글쓰기는 거칠게 말하면 대부분 '설명문'에 해당합니다. 설명문은 이유, 예시, 요약, 가정, 비유, 비교, 열거, 설명, 반복, 유추, 강조, 분류, 인용, 규정, 통계, 일화를 덧붙이는 16가지 설명의 기술을 사용하여 객관적인 정보를 알려주는 글입니다. 기안서부터 회의록까지 사회복지 글쓰기의 종류는 다양하지만, 모두 사실과 정보를 정확하게 전달하는 '설명문' 입니다.

3. 글의 용도에 따른 분류

용도에 따른 글의 종류를 살펴보면 사적인 글쓰기에 해당하는 개인적 글쓰기가 있고 직무 목적을 가진 업무용 글쓰기, 그리고 공익 추구와 좋은 정치적 목적을 가진 사회적 글쓰기가 있습니다. 따라서 저는 사회복지사의 글쓰기는 직무 목적을 가진 업무용 글쓰기이면서 사적인 이익을 추구하지 않는 사회적인 글, 즉 '사회적 목적을 가진 업무용 글쓰기' 라고 정의해 봅니다.

업무용 의사소통에서 글쓰기가 말하기보다 선호되는 이유가 몇 가지 있습니다. 먼저 말은 입 밖으로 나오는 순간 사라지는 휘발성이 있지만, 글은 종이로 인쇄되어 5년, 10년, 20년 보관되는 반영구성이 있습니다. 또한 작성자와 책임자, 작성일자 등이 선명히 드러남으로 책임을 명확히 하는 의미가 있습니다. 또한 말은 일부러 녹음을 하거나 녹화를 해야 하는데, 글은 작성 자체가 열람이 가능하다는 장점이 있습니다. 또한 말과 기억은 글보다 변질과 왜곡의 가능성이 크지만, 글은 처음 작성한 그대로 유지가 되기 때문에 변질과 왜곡의 가능성이 적다는 특징도 있습니다. 또한 말보다 글이 오히려 간단 단순하게 의미 전달이 가능하다는 점 등 5가지 정도가 업무 현장에서 글쓰기가 말하기보다 선호되는 이유입니다. 보통 업무용 글쓰기는 '문서', '기록' 등의 단어와 동의어로 사용됩니다.

"사회복지사의 글쓰기란? 사회적 목적을 가진 업무용 글쓰기이다."

4. 작성 주체에 따른 분류

업무용 글쓰기는 작성 주체에 따라 사문서와 공문서로 분류됩니다. 사문서는 개인이 사적인 목적으로 작성한 문서로 일기처럼 혼자 작성하여 혼자 보는 글을 말합니다. 이러한 사문서 중에서도 허가, 신청과 같이 행정기관에 제출하여 접수된 것은 공문서로 성격이 바뀌게 됩니다.

공문서는 공적인 목적으로 직무상 권한 내에서 작성하는 문서로 공공 기관이나 단체에서 작성한 서류를 의미합니다. 공문서는 정부 행정기관에서 공무를 위해 작성하는 문서를 의미하다가 이제는 의미가 확대되어 일반 기업이나 단체에서 주고받는 공문 형식의 글도 공문서라고 지칭합니다.

공문서가 성립되기 위해서는 3가지 조건이 있습니다. 첫째는 직무상 정당한 권한이 있는 사람이 작성해야 한다는 점, 둘째는 적법한 형식을 가지고 직무의 범위 내에서 작성하고, 셋째는 최종 결재권자의 결재가 있어야 공문서로 성립된다는 점입니다.

문서로서 효력이 발생하는 시점은 문서마다 다릅니다. 일반 문서는 수신자에게 도달된 때에 효력이 발생하고, 공고 문서는 고시 또는 공고문상 명시된 기관이나 법령상 규정에 따라 발생하고, 전자 문서는 수신자의 컴퓨터 파일에 기록된 때에 효력이 발생합니다.

공문서 처리의 기본 원칙은 5가지가 있습니다.

'즉일 처리의 원칙'으로 가능한 당일에 처리, '책임 처리의 원칙'에 따라 직무의 범위 내에서 관계 규정에 따라 처리, '적법 처리의 원칙'에 따라 문서의 형식과 요건을 갖추어 권한 있는 자에 의해 처리, '표준화의 원칙'에 따라 표준화된 방법과 절차에 따라 관리, '간소화의 원칙'에 따라 가능한 간결하고 요약 작성의 원칙 등입니다. 사회복지 글쓰기는 공문서에 해당함으로 공문서의 기본 형식을 숙지하면 잘 작성할 수 있습니다.

5. 수신 대상에 따른 분류

공문서는 수신 대상에 따라 대내(사내) 문서와 대외(사외) 문서, 전자 문서로 나뉘게 됩니다. 대내 문서는 조직 내부에서 지시, 명령, 협조를 위해 오고가는 문서를 뜻합니다. 내부 기안서, 내부 품의서, 내부 휴가 기안서 등이 이에 해당합니다.

일반적으로 '공문서'라고 지칭할 때는 대외(사외) 문서를 뜻합니다. 대외 문서는 국민, 단체, 다른 행정기관과 우리 기관 사이에 오고가는 문서로, 대내 문서로 작성한 문서라도 외부로 제출 시는 대외 문서로 성격이 바뀌게 됩니다. 대표적인 대외 문서는 외부로 제출된 공문, 업무 회람, 프로포절, 홍보지 등이 있습니다. 전자 문서는 컴퓨터나 웹상 정보처리능력 장치에 의해 전자적인 형태로 작성, 송신, 수신, 저장되는 문서를 말합니다. 이메일이나 웹문서, 인트라넷 전자결재 시스템을 통해 생성 관리됩니다. 사회복지 글쓰기는 대내 문서와 대외 문서, 전자 문서 모두에 해당됩니다.

이상을 종합해 보면, 사회복지 글쓰기는 글의 갈래에서 '비문학'에 뿌리를 두고 있습니다. 감동을 주는 것이 목적인 문학과 달리, 비문학은 사실을 정확히 전달하는 것을 목적으로 합니다. 그래서 사회복지 글쓰기는 '설명문'입니다. 사회복지사에게 필요한 글쓰기 능력은 현란한 문장력이 아니라 사실을 정확히 전달하는 '전달력'입니다. 어떻게 사실을 정확히 전달하고, 목적에 맞는 문서를 쓸 것인지 '글쓰기 기술'을 배운다면 누구나 사회복지 업무용 글쓰기를 잘 할 수 있습니다.

비즈니스 세계에서 성공적인 보고서란 잘 읽혀야 하고
그 결과로 행동을 촉구해야 한다.
내털라 커내버 기자

사회복지 글쓰기는 책무성이다

사회복지사의 업무 수행을 간략하게 설명한다면 "말하기와 글쓰기"라고 할 수 있습니다. 즉 사회복지 업무에서는 계획서나 프로포절 등의 글을 쓰고, 내가 글로 쓴 내용을 바탕으로 상담이나 사례관리 등 개별 개입이나 집단 프로그램을 실천하고, 다시 평가서와 정산서 등의 글을 쓰고, 공문과 회의록 등 다른 사람이 쓴 글을 읽는 업무를 합니다. 글을 읽고 쓰는 일이 업무의 대부분을 차지합니다.

사회복지행정 이론서에서는 사회복지사가 업무 수행 과정에서 쓰는 글을 '기록'이라는 뜻의 레코딩이라고 표현합니다. 사회복지 레코딩, 즉 기록의 의미는 크게 5가지 목적으로 설명됩니다.

1. 실천의 근거자료: 실천 초기부터 종결까지 모든 과정을 기록으로 남기면서 기관의 서비스에 대한 책임성을 보장하고, 사회복지사의 전문 활동을 입증할 수 있는 근거자료가 됩니다.
2. 효과적인 사회복지 서비스를 위한 모니터링: 사회복지사는 서비스 내용을 보고하고, 자신의 활동을 스스로 점검하며 개선할 기회, 평가나 수정할 기회를 가지게 됩니다.
3. 전문가 간 의사소통 채널: 담당자가 변경되거나 사업이 다른 기관으로 이관 시 서비스 기록을 통해 서비스의 지속성을 유지할 수 있고, 여러 전문가가 함께 일할 경우에는 기록을 통해 각각의 관점과 서비스 내용을 공유하여 상호 이해도를 높

이고 서비스의 일관성을 유지할 수 있습니다.

4. 클라이언트의 욕구 확인과 정보 공유: 클라이언트나 이해관계자들과 제공된 서비스에 대한 이해를 높일 수 있으며 자기결정권을 적절하게 행사할 수 있습니다.
5. 교육과 슈퍼비전 목적: 기록을 통해 슈퍼비전을 받게 되어 클라이언트에게 양질의 서비스를 제공할 수 있게 됩니다.

사회복지사는 '모든 사람들이 인간다운 삶을 누릴 수 있도록, 인간의 존엄성과 사회정의를 신념으로 하는' 전문가입니다. '언제나 소외되고 고통받는 사람들의 편에 서서 저들의 인권과 권익을 지키며 사회의 불의와 부정을 거부하고 개인 이익보다 공공 이익을 앞세운다' 고 사회복지사 선언문은 말하고 있습니다.

사회복지사들은 대부분 말을 참 잘 합니다. 상담 기법 한두 가지씩은 할 줄 알지요. 하지만 글쓰기에 대해서는 어려워하고, 선임 사회복지사들도 후배 사회복지사 글쓰기에 대한 슈퍼비전을 어려워합니다. 그런데 우리는 사회복지를 하기 위해서 왜 글쓰기를 해야 하는 것일까요? 말만 잘해서 상담을 잘하고, 말로 후원개발을 하고, 말로 결과를 공유하면 되지 않을까요? 그렇치만은 않습니다.

첫 번째로 사회복지 글쓰기의 목적은 사회복지사가 진짜 전문가가 되기 위해서입니다. 일반 국민들은 아직도 사회복지사를 '전문직' 으로 인식하고 있지 않습니다. 2020년 12월 말 기준으로 사회복지사 자격증 소지자는 120만 명을 넘었습니다. 사회복지사 자격증은 '국민 자격증' 이라고 우스갯소리를 합니다. 하지만 일반인이나 사회복지사 자격증만 취득한 사람이 현장 사회복지사가 작성하는 프로포절이나 클라우드 펀딩, 후원 제안서, 사업계획서, 사례관리 개입 계획서 등을 목적에 맞게 잘 작성할 수 있을까요? 아니요, 할 수 없습니다. 사회복지에 대한 이해, 자원 개발에 대한 이해, 클라이언트를 효과적으로 원조하는 기술과 능력이 없다면 작성할 수 없습니다.

사회복지사 자격증이 있다고 다 전문가가 아니듯이, 사회복지사 중에서도 일반 사회복지사가 있고, 전문 사회복지사가 있다고 생각합니다.

사회복지사 야근의 주요 사유는 잔여 행정 업무 처리입니다. 즉 글쓰기 업무가 야근의 요인이라고 생각이 드는데요, 글을 잘 쓰는 사회복지사는 글쓰기 행정 업무에 소요

되는 시간이 줄어서 소진을 예방할 수 있습니다. 또한 글을 잘 쓰는 사회복지사는 프로포절과 크라우드 펀딩, 후원제안서를 통해 더 많은 클라이언트에게 효과적인 서비스를 제공할 자원을 확보할 수 있습니다. 글을 잘 쓰는 사회복지사는 사업 진행 과정과 성과 결과에 대한 정확한 분석을 근거로 작성한 결과보고서로 이해관계자들에게 신뢰감을 줄 수 있습니다. 우리가 사회복지 전문가로 인식되기 위해서는 우리가 하는 일에, 특히 글쓰기에 먼저 프로가 되어야 합니다. 글쓰기를 통해서만 전문가가 되는 것은 아니지만, 글쓰기를 통해서 사회복지사의 전문성에 한걸음 더 다가갈 수 있습니다.

두 번째로 사회복지 글쓰기의 목적은, 사회적 약자를 대변하기 위해서 입니다. 사회복지사가 작성하는 글에는 사회적 약자를 대변하는 힘이 있습니다. 소설가이자 독립운동가였던 나혜석은 칼자루를 쥔 남성 중심 사회를 바꾸기 위해서는 "칼 날을 쥔 여성들이 상처를 두려워하지 않고 말과 글을 남겨야 한다."라고 믿었습니다. 그녀는 글이 지닌 힘을 알았습니다.

여성학자이자 성매매 여성 상담가로 활동했던 정희진 작가는 『나쁜 사람에게 지지 않으려고 쓴다』라는 책에서 자신이 글을 쓰는 이유를 "글쓰기는 약자가 적들과 품위 있게 싸우는 방법이다."라고 말합니다. 정희진 작가는 글쓰기 자체가 윤리적 실천이라고 말합니다.

베스트셀러 소설가인 김영하 작가는 "사람들은 그 어떤 환경에서도, 그 어떤 끔찍한 상황에서도, 그 어떤 절망적인 순간에서도 글을 씁니다. 왜일까요? 글쓰기야말로 인간에게 남겨진 가장 마지막 자유, 최후의 권능이기 때문입니다. 모든 것을 빼앗긴 인간도 글만은 쓸 수 있습니다."라고 말하며 글쓰기는 인간에게 남겨진 마지막 자유라고 말합니다.

그렇듯 글은 힘이 있습니다. 글쓰기 자체가 윤리적 실천입니다. 글쓰기는 인간에게 남아있는 마지막 자유입니다. 하지만 우리가 만나는 클라이언트에게는 자신의 이야기를 스스로 글로 표현하거나 기록하는 것이 어려울 수 있습니다. 따라서 사회복지사는 제3자를 대변하는, 사회적 약자를 대신하여 그들의 처지를 대변하는 글쓰기를 하는 것입니다.

세 번째로 사회복지 글쓰기의 목적은, 사회문제를 해결하고 행복한 사회를 만드는 사회복지 책무성을 이행하기 위해서입니다. 『동물농장』과 『1984』 등 사회성 가득한 글을 쓴 조지 오웰은 사람들이 글을 쓰는 동기를 4가지로 설명합니다. 첫 번째는 순전한 이기심으로 똑똑해 보이고 싶고, 사람들의 이야기가 되고 싶고, 사후에 기억되고 싶은 등의 동기로 글을 씁니다. 두 번째는 미학적 열정으로 외부 세계의 아름다움에 대한, 또는 낱말과 그것의 배열이 갖는 묘미에 대한 인식을 글로 남기고 싶은 동기로 글을 씁니다. 세 번째는 역사적 충동으로 사물을 있는 그대로 보고 진실을 알아내고 그것을 후세를 위해 보존해 두려는 욕구로 글을 씁니다. 네 번째는 (좋은)정치적 목적을 가지고 세상을 특정 방향으로 밀고 가기 위해 남들의 생각을 바꾸려는 욕구로 글을 쓴다고 말합니다.

베스트셀러 작가 스티븐 킹은 "내가 글을 쓴 진짜 이유는 나 자신이 원하기 때문이었다."라고 개인적 동기를 말하지만, 동시에 "글쓰기라는 것이 신념에 따른 행동일 때도 몇 번 있었다."라고 신념에 대해 덧붙입니다.

조지 오웰이 말한 글쓰기 목적 중 사회복지사의 글쓰기는 좋은 정치적 목적과 관련 있습니다. 우리가 사회복지를 하는 이유는 사회문제를 해결하는 것인데요, '사회문제를 해결한다'는 좋은 정치적 목적을 실천하기 위해 우리는 글을 씁니다. 스티븐 킹이 말한 것처럼 우리는 사회복지사로서 신념에 따라 글쓰기를 합니다.

나혜석, 정희진, 김영하, 조지 오웰, 스티븐 킹이 말하는 글쓰기가 모두 사회복지 글쓰기의 목적과 맞닿아 있습니다. 사회복지 행정론에서 배운 글쓰기는 '사회복지 레코딩'으로 단순한 기록의 의미이지만, 사회복지사의 글쓰기는 단순한 기록으로의 의미가 아니라 이를 넘어서는 사회적 의미를 담고 있습니다.

사회복지사가 글쓰기를 잘해야 하는 이유는, 사회적 책임 때문입니다.
사회문제 해결을 위해서입니다.
전문적이고 효과적인 실천을 위해서입니다.
진짜 전문가가 되기 위해서입니다.
함께 행복하게 사는 사회를 만들기 위해서입니다.
사회복지 전문가로서 책무성이 있기 때문입니다.
그래서 사회복지사는 오늘도 글을 써야 하고, 잘 써야 합니다.

글쓰기는 약자가 적들과 품위 있게 싸우는 방법이다.

여성 학자 정희진

초급 사회복지사의 글쓰기 고민

초급 사회복지사들이 말하는 대표적인 사회복지 글쓰기의 어려운 점과 해결책은 무엇이 있을까요? 제가 만난 초급 사회복지사들의 대표적인 고민은 몇 가지로 간추려집니다. 질문과 답변을 함께 적어보겠습니다.

1. 글쓰기가 너무 힘들다

초급 사회복지사의 글쓰기 고민은 '글쓰기 자체가 너무 힘들다'는 점입니다. 사실 글쓰기는 초급 사회복지사에게만 힘든 것이 아닙니다. 일반 직장인 대상 설문에서 72%의 직장인들이 글쓰기가 힘들다고 응답을 한 조사 결과도 있었고, 직급별 글쓰기의 어려움에 대한 설문에서도 신입-대리-팀장-과장까지도 69%~77% 정도가 글쓰기가 힘들다고 응답했습니다. 특히 업무용 글쓰기는 기록 '의무'를 가지고 하는 비자발적 글쓰기이기 때문에 더욱 힘들다는 생각이 들것입니다.

일반 직장인의 경우 글쓰기 어려움으로 적절한 문서 양식 선택의 어려움, 비주얼한 표현과 타당성 있는 논리 전개의 어려움, 자료조사와 분석의 어려움, 참고 예문의 부재, 설득력 있는 문장 작성의 어려움 등을 말합니다. 이처럼 업무용 글쓰기는 비자발적 글쓰기로 모든 직장인에게 스트레스입니다. 그런데 직장인뿐 아니라 학생이나 일반인에게도 글쓰기는 힘듭니다. 심지어 작가들도 글쓰기가 너무 힘들다고 토로합니다. 저도 그렇습니다. 글쓰기는 나만 힘든 것이 아니라, 누구에게나 힘든 것이라고 생각해 주세요.

2. 시간이 촉박하다

우리가 하는 모든 업무가 그렇지만, 글쓰기는 항상 기한이 정해져 있고 촉박합니다. 시험공부할 때도 공부해야지 하다 보면 어느새 시험 전날이 되어 벼락치기하듯이 프로포절 작성이나 사업계획서도 제출하기 전에 밤을 새우면서 쓰는 경우가 많은데요, 그러면 좋은 글쓰기를 할 수 없습니다. 펜을 들어 한 번에 완성하는 '일필휘지'는 없습니다. 작가들도 그런 능력이 없는데, 글쓰기 초보라면 더욱 일필휘지할 수 없겠지요? 글쓰기는 누구에게나 두려운 일입니다. 그런데 이 두려움은 미루다 보면 더 커지게 됩니다. 제임스 서버도 "제대로 쓰려고 하지 말고, 무조건 써라."라고 말했습니다. 계속 쓰다 보면 점점 발전하는 것이 글쓰기입니다. 가능한, 글쓰기는 일찍 착수하는 것이 좋습니다.

글쓰기를 하기 전 완료해야 하는 시점이 언제인지 파악하고, 완료 시점을 기준으로 역으로 계산해서 글쓰기를 시작해야 합니다. 보통 기안서와 계획서 등은 시행일 3일 전에는 작성과 결재가 완료되어야 하기 때문에 시행일 기준 5일 전에는 작성을 시작해야 합니다. 사후 처리되는 기안서, 평가서, 정산서, 보고서, 회의록 등은 시행일 기준 7일 이내 작성과 결재가 완료되어야 하므로, 가능한 시행일부터 작성을 시작하는 것이 좋습니다. 마감 시간 확인도 필요합니다. 오전 9시, 12시, 오후 5시 등 제출 시간도 확인하고 상사로부터 반려와 슈퍼비전 등으로 내 생각보다 2배 정도 추가시간이 소요될 수 있음을 염두에 두고 미리 제출하는 것이 필요합니다.

3. 문서 분량을 길게 쓰기가 어렵다

할 말을 다 썼는데도 아직 여백이 많아서 곤란한 적이 있으셨죠? 어릴 때 독서록이나 일기 같은 숙제를 할 때 종종 경험을 해보셨을 텐데요, 분량을 늘려서 길게 써야 할 때는 어떻게 해야 할까요? 작가들도 글을 쓰다 보면 할 말이 다 끝났는데 더 이상 길게 분량을 채우기가 어려운 때가 있습니다. 그런 경우에는 중학교 국어 시간에 배웠던 '설명의 방법'을 활용해 보세요.

"왜냐하면"이라고 '이유'를 덧붙이거나, "이를테면"이라고 '예시'를 붙이거나, "정리하면"이라고 '요약'을 하거나, "만약"이라고 '가정'을 하거나, "빗대면"이라고 '비유'

를 하거나, "차이점과 공통점"이라고 '비교'를 하거나, "나열하면"이라고 '열거'를 하거나, "풀어서 말하자면"이라고 '설명'을 하거나, "거듭 말하자면"이라고 '반복'을 하거나, "미루어 보건대"라고 '유추'를 하거나, "중요한 것은"이라고 '강조'를 하거나, "구분하면"이라고 '분류'를 하거나, "~에 따르면"이라고 '인용'을 하거나, "정의하면"이라고 '규정'을 하거나, "수치는"이라고 '통계'를 제시하거나, "기억에는"이라고 '일화'를 덧붙이는 16가지 설명의 단어를 사용하면 내용을 길게 쓸 수 있습니다.

또한 충분한 자료조사를 바탕으로 다른 사람의 글이나 말, 속담, 격언, 명언 등을 인용하면 글을 더 풍부하고 길게 작성할 수 있습니다. 이때는 내가 작성한 글과 결이 딱 맞아떨어지는 글을 인용하는 것이 중요합니다. 비슷한 이야기이지만 결이 다른 이야기라면 오히려 매끄러운 글의 전개를 방해할 것입니다.

4. 업무용 양식과 좋은 예시, 글쓰기 교육이 없다

많은 초급 사회복지사가 원하는 것은 기관 내에서 규정된 표준 양식과 좋은 작성 예시입니다. 또한 업무용 글쓰기에 대해서 대학에서 교육을 받지 않았기 때문에 글쓰기 기초 교육 받기를 원합니다.

각 기관별로 사용하는 특정 양식과 선호하는 업무용 글쓰기 방식이 있다면 신입 직원 교육과 함께 업무용 매뉴얼을 제공하면 큰 도움이 될 것입니다. 이 책을 집필하게 된 계기가 업무용 양식과 좋은 예시를 알기 원하는 예비 사회복지사, 초급 사회복지사를 돕고자 하는 마음이었습니다. 기관 자체에서 표준 양식을 만들어 글쓰기 교육을 하기 어렵다면, 이 책이 하나의 지침서가 되기를 바라봅니다. 다만, 이 책은 예시를 보여주는 참고 서적에 불과함으로 각 기관에 맞게 변형해서 사용하는 것이 필요합니다.

만약 기관에서 교육과 양식을 제공해 주지 않는다면, 외부 교육을 받아보세요. 업무용 글쓰기 기본 교육은 사회복지계가 아닌, 일반 직장인 대상 업무용 글쓰기 교육을 들어보면 좋습니다. 사회복지사들만 사용하는 프로포절 작성법이나 클라우드 펀딩, 슈퍼비전 관련 서류, 사례관리 관련 서류 같은 특정한 글쓰기 유형을 알고 싶다면 사회복지사협회 보수교육에서 관련 과목을 이수하거나, 사회복지사가 쓴 책을 통해서 공부하는 방법도 있습니다. 타 시도에 개설된 사회복지사협회 주관 온라인 강의나, 사회복지협의회, 지역아동센터 지원단 교육 등도 다양하게 들어보길 추천합니다. '목마른 사람이 우물 찾는다' 라는 말도 있죠? 기관에서 해주기를 기다리지 말고 스스로 찾아보면 배울 기회가 많이 있습니다. 저도 그렇게 공부해서 작가 사회복지사가 될 수 있었습니다.

5. 문서 작성 시 검토 받을 이해관계자가 너무 많다

업무용 문서를 검토 받을 때 상사의 성향에 따라 원하는 글쓰기 형태가 다릅니다. 그런데 검토 받을 상사가 여러 명인 경우 모든 상사의 성향을 다 맞추기가 어렵습니다. 제가 근무하는 복지관에서도 신입 사회복지사의 경우 주임-대리-팀장-과장-부장-관장 등 무려 6명의 검토를 받아야 하는데, 이런 경우 누구의 입맛에 맞춰야 할지 곤란해집니다.

가장 좋은 것은 모든 사람을 만족시키는 글을 쓰는 것이지만, 세상에 모든 사람이 만족하는 글은 없습니다. 베스트셀러 작가가 쓴 글도 싫어하는 사람이 있기 마련입니다. 이런 경우에는 현실적으로 조언 하자면, 해결책은 간단합니다. 문서의 최종 결재자를 중심으로 생각하면 됩니다. 업무용 문서는 최종 책임자가 결재를 해야 공식 문서로서 효력이 발생합니다. 따라서 문서의 최종 결재자가 누구인지 생각하고, 그 최종 책임자가 결재할 수 있는 형태와 내용으로 작성하면 됩니다.

6. 글의 내용이 아닌, 오타·맞춤법·띄어쓰기 지적을 많이 받아서 자존심이 상한다

사회복지사들은 글의 내용에 대한 슈퍼비전을 받기 원하지만, 결재자들은 먼저 눈에 띄는 오타·맞춤법·띄어쓰기 위주로 빨간펜을 들고 학습지 선생님처럼 지적을 할 수 있습니다. 오타 수정과 맞춤법, 띄어쓰기는 글쓰기의 기본이기 때문에 이 부분이 제대로 되어있어야 다음 단계로 내용과 품질에 대한 슈퍼비전이 가능합니다.

결재를 받기 전에 오타를 점검하는 것은 작성자의 몫이니, 최소한 오타와 맞춤법, 띄어쓰기 등에 문제가 없는 서류로 결재받도록 노력해 주세요. 뒤에서 소개할 '맞춤법/문법 자동 검사 프로그램' 을 활용하면 몇 분이면 간단히 해결할 수 있습니다. 그리고 결재자도 글에서 틀린 부분에 대한 지적만 하는 것이 아니라, 잘한 점에 대한 칭찬과 함께 글의 내용과 품질에 대해 슈퍼비전을 함께 주도록 노력해야 합니다. 작성자와 결재자 모두 상호 간에 이해와 존중이 필요합니다.

미숙하다는 것은 아직 우리가 성장하고 있다는 증거이다.

사업가 레이 크록

경력 사회복지사의 글쓰기 지도 고민

실습 슈퍼바이저로 예비 사회복지사나, 신입 사회복지사의 글쓰기를 지도해야 하는 경력직 사회복지사들의 글쓰기 고민도 같이 살펴보겠습니다. 내 글쓰기는 그동안의 경력으로 적절히 쓸 수 있는데 팀원이나 후배 사회복지사의 글쓰기를 어떻게 지도해야 할지 모르겠다는 이야기를 많이들 합니다.

1. 글이 비슷하고 차별성이 없는 글 지도법

필요성과 이론적 배경 등 이론에 치중하다 보면 소논문이나 프로포절처럼 글이 너무 방대해집니다. 또 클라이언트 후원 추천, 후원자나 봉사자를 추천하는 글을 쓸 때 선정되고자 한 강한 열망으로 쓰다 보니 시작은 거대하지만 마지막은 뻔한 글이 될 때가 있습니다. 또 비슷한 종류의 글을 계속 써와서 그런지 쓰고 나면 대상만 다르지 붕어빵에서 찍어낸 글처럼 되어 버립니다.

글이 비슷하고 차별성이 없는 것은 문장력의 문제가 아니라, 생각의 문제입니다. 매번 비슷한 생각을 하기 때문에 글이 비슷하고, 차별성 없는 생각을 하지 않기 때문에 글에 차별성이 없는 것입니다. 글을 쓰기 전에 충분한 자료조사와 깊고 넓게 생각하는 시간을 가진 뒤에 글을 써야 이론을 기반으로 탄탄한 글, 뻔하지 않은 글, 특색 있는 글이 됩니다. 신입 직원이 더 많은 경험을 쌓기를 기다려주고, 깊고 넓은 생각을 할 수 있도록 자료조사와 적절한 예문을 많이 제공해 주세요.

2. 평소 사용하는 말투와 다른, 문서상 언어 표현의 어려움

우리가 글로 쓰는 문서는 말을 할 때 사용하는 언어와 다르게 표기됩니다. 쓰레기를 아무 곳에나 버리지 말라는 뜻을 전달하고 싶을 때 말로는 "쓰레기를 함부로 버리지 마세요"라고 구어체로 말하고, 글로 쓸 때는 "쓰레기 무단 투기 금지"로 문어체로 씁니다.

구어체가 회화용 영어라면, 문어체는 문법용 영어라고 비교할 수 있습니다. 구어체는 한문체의 배제를 목적으로 시작된 글로 현대의 음성 언어를 바탕으로 그와 가까운 어투의 문장으로 쓰려는 문자 언어입니다. 일상의 대화체를 문장 글로 옮긴 것입니다. 반면 문어체는 일상회화에서는 잘 사용되지 않고 글에서 주로 쓰는 문자 언어입니다. 여러 세대 전부터 사용되는 단어와 어법으로 격식을 갖춰야 하는 문서에서 사용합니다.

점점 구어체가 늘어나는 추세로, 최근 사회복지 현장에서도 딱딱한 문어체가 아닌 구어체를 선호하는 양상을 보입니다. 예전에는 업무용 문서만 잘 쓰면 되었는데, 이제는 인문학적 소양을 갖추어서 재미있으면서도 친근하게 평가서나 사례집, 일지를 작성하도록 하는 기관도 있고, 클라이언트와 함께 이용 수기나 후기를 작성하는 기관도 있습니다.

그렇지만 모든 문서를 구어체로만, 혹은 문어체로만 일괄 작성하기는 어렵습니다. 구어체와 문어체 어느 한 가지만 고집하기보다는 적절히 활용하는 것이 좋습니다. 문어체는 권위와 품위가 있고, 구어체는 친근감과 가독성이 있습니다. 업무에 대한 증빙으로 작성하는 기안서, 보고서, 계획서, 평가서 등 내부 문서는 상사 혹은 관리 기관이 독자이므로 문어체 위주로 작성합니다. 홍보지, 클라우드 펀딩, 스토리텔링식 사례집, 이용 수기나 소식지 등은 지역주민이나 외부인이 독자이므로 구어체 위주로 작성합니다. 특히 아동이나 장애인 등 우리가 만나는 이용자에 따라 문어체를 지양하고 구어체 위주의 글을 독려하는 경우가 있으니, 독자에 맞게 작성하면 됩니다.

구어체 사용 시 주의 점은 비표준어나 은어, 약어는 사용하지 않는 것입니다. 특히 유행어는 금방 사라짐으로 시간이 지난 후 글로 보면 시대에 뒤떨어진 글처럼 보일 수 있습니다. 유행어는 말로는 하되, 글로는 남기지 않는 것으로 생각하면 됩니다. 문어체와 구어체 사이의 경계를 넘나들며 의도가 잘 전달되게 작성하는 글이 좋은 글입니다.

3. 문장을 간결하고, 핵심을 적는 지도법

간결하게 쓰기 위해서는 문장을 짧게 쓰면 됩니다. 문장이 길면 의미가 꼬입니다. A4 용지 10포인트 글씨 크기 기준으로 '주어부터 서술어와 마침표'로 구성된 문장이 1줄을 넘기지 않도록 작성합니다. 단어수로 말하자면, 문장 1개안에 단어가 12개에서 15개 이상 들어가지 않도록 문장을 잘라주세요.

문장을 길게 쓰는 습관이 있다면, 만연체를 간결체로 끊어주는 방법도 간결하게 작성하는 데 도움이 됩니다. 만연체는 "~하고, ~해서, ~한다"로 문장을 길게 작성하는 방법입니다. 문장에 들어가는 ,(쉼표) 자리에. (마침표)를 넣어서 1개의 문장을 3개의 문장으로 나누어주세요. "~하고, ~해서, ~한다"를 나누어서 "~한다", "~한다", "~한다"로 3개의 문장으로 나누면 간결해집니다. 사람들은 한번 호흡으로 글을 읽을 때 가독성이 좋고, 잘 읽힌다고 느낍니다. 따라서 한번 호흡으로 읽을 수 있도록 문장을 짧게 나누어 주세요.

4. 글쓰기에 재능이 없는 사회복지사 지도법

글쓰기는 재능이라고 생각하는 사람들이 많습니다. 제가 작가로 책을 내고 보니 알게 된 몇 가지 사실이 있습니다. 솔직히 말해, 시나 문학은 재능이 필요합니다. 하지만 우리가 하는 사회복지 글쓰기는 비문학 영역이여서 업무용 글쓰기 공식을 익히면 잘 쓸 수 있습니다.

만약 글쓰기가 재능이라면 저는 태어날 때부터 사회복지 업무용 글쓰기를 할 줄 알았어야 합니다. 책쓰기가 재능이라면 저는 처음부터 책을 쓸 줄 알았어야 했습니다. 저는 선배들과 전임자에게 배워서 사회복지 업무용 글쓰기를 하게 되었고, 책 쓰는 방법도 선배 작가들에게 배워서 알게 되었습니다. 업무용 글쓰기뿐 아니라 책 쓰기도 모두 '기술'이기 때문에 방법을 배우면 잘 할 수 있습니다.

물론 재능이 있다면 따로 연습과 훈련을 하지 않아도 잘할 것입니다. 하지만 저도 그렇고, 여러분도 그렇고 글쓰기를 잘 못한다고 생각하기 때문에 오늘도 열심히 기술을 습득하는 것입니다. 사회복지 글쓰기는 재능이 아니라, 기술이라 생각하고 같이 노력해보면 좋겠습니다. 사람마다 조금 더 잘 하는 글쓰기 분야가 있고, 조금 더 어려워하는 글쓰기 분야가 있습니다. 작가들도 그렇습니다. 저도 몇 권의 책을 낸 작가임에도, 일반 성인 대상 실용서 쓰기는 쉽게 시도하는데, 에세이 책이나 어린이용 책, 소설이나 시 등은 쓰지 못합니다. 자신의 글쓰기 장단점을 잘 파악해서 장점을 살리고, 약점은 문제가 되지 않도록만 지도해 주세요.

갓 입사한 신입 직원에게는 부록에 나와 있는 업무용 글쓰기 양식과 좋은 샘플 전체를 알려주시고 기관의 공식 문서 작성법을 교육해 주세요. 글쓰기 기본 역량이 부족하다고 생각되는 사회복지사에는 이 책 3부에 나오는 글쓰기 체력을 기르는 방법을 알려주세요. 기본적인 맞춤법, 띄어쓰기, 문법을 어려워하는 사회복지사에게는 2부에 나오는 업무용 글쓰기 공식과, 이 책 109쪽에서 시작하는 '퇴고하기' 부분에 나오는 '맞춤법 검사기' 활용법을 알려주세요.

사회복지 용어를 정확히 사용하지 못하는 사회복지사에게는 『사회복지사를 위한 사회복지 용어사전, 서장훈, 이담북스, 2013』, 『알아야 챙기는 복지상식, 이용교, 인간과 복지, 2020』, 『사회복지 공무원이 설명하는 국민기초생활보장제도, 박지훈, 북랩, 2019』 등의 책이나 성민복지관에서 발간한 『성민복지용어사전』 등의 자료를 활용한 학습을 추천합니다.

5. 글쓰기에 집중하기 어려운 업무 환경 개선

대부분의 사회복지 기관은 사회복지사 개인 사무실이 있는 것이 아니라 공동 사무실에서 여러 가지 업무를 동시에 합니다. 사회복지사는 슈퍼맨처럼 다양한 업무를 합니다. 문의 전화도 받고, 내방객 응대도 하고, 상담도 하고, 자원 연계도 합니다. 인테이크도 하고 개입 계획도 구성해야 하고, 사후관리도 해야 합니다. 집단 프로그램도 기획하고 욕구조사도 하고, 후원자와 봉사자 발굴도 해야 합니다. 그러면서 이 모든 것을 글로 써야 하는데요, 글쓰기에 집중하기 어려운 업무 환경입니다.

그럼에도 불구하고 글쓰기를 해야 하기에, 글쓰기가 잘되는 시간이 언제인지 파악하는 것이 좋습니다. 저의 경우에는 오전 시간에 글쓰기가 잘됩니다. 그래서 계획서나 평가서, 프로포절 등 집중해서 써야 하는 글쓰기는 가능한 출근하자마자 바로 합니다. 그리고 오후에는 PPT나 정산서, 단순 보고 기안, 결재 등 집중을 좀 덜 해도 되는 글쓰기를 합니다. 내가 글쓰기 집중이 잘되는 시간이 언제인지 보고 시간대별로 글쓰기 종류를 정하는 방법을 추천합니다.

기관 차원에서 해볼 수 있는 글쓰기를 위한 집중 업무 환경 조성으로는, 오전을 집중 업무 시간으로 설정하거나, 집중 업무실을 구성해 보는 방법입니다. 대부분의 전문가들은 새벽과 오전 시간을 글쓰기 시간으로 활용합니다. 그런데 직장인들은 오전 시간에 회의를 하는 경우가 많은데요, 보통 사람의 경우 오전 시간에 집중력이 높고, 점심시간 이후는 집중력이 떨어지는 경우가 많다고 합니다. 따라서 업무 효율을 높이기 위해서는 집중이 잘 되는 오전을 집중 업무 시간, 집중력이 떨어지는 오후를 프로그램 진행이나 회의, 슈퍼비전 시간으로 하는 것을 권합니다.

사회복지시설에서는 적용하기 어렵겠지만 집중 업무시간인 주중 오전 시간에는 내방객 방문 응대를 제한하는 공공 기관도 있습니다. 수시 내방객이 많은 이용시설로 집중 업무시간 설정이 어렵다면 프로포절 작성이나 사업계획서 등 집중적인 글쓰기가 필요한 경우 이용할 수 있는 '집중 업무실'을 구비하는 것도 방법입니다. 분리된 공간에 책상과 의자, 노트북만 가지고 들어가서 전화 응대나 내방객 응대 없이 집중할 수 있는 공간을 마련하는 것입니다.

6. 팀이나 기관 차원에서 글쓰기를 같이 할 수 있는 방법

글을 잘 쓰기 위해서 여러 작가들이 추천하는 것은 "많이 읽고 많이 쓰는 것"입니다. 많이 읽으면 좋은 글을 보는 눈이 생기고, 많이 쓰면 손이 익숙해져서 글쓰기 실력이 좋아진다는 뜻입니다.

먼저, 많이 읽기입니다. 사회복지 조직은 학습조직인 경우가 많습니다. 직원들과 함께 책을 읽고, 책 속 내용으로 토론하는 것을 추천합니다. 제가 근무하는 기관에서는 2006년부터 직원들이 한 달에 한 권 책을 읽고, 독서토론을 같이 하면서 독서를 독려합니다. 또 어느 기관에서는 1년 동안 책을 읽을 때마다 책 제목을 쓰게 하고, 연말에 책을 가장 많이 읽은 직원에게 백화점 상품권을 주는 이벤트로 직원들의 독서를 권장하는 것을 보았습니다. 또 저를 강사로 초청해서 직원들에게 독서법 강의를 들려주기도 하고, 직원 동아리로 독서를 같이 하는 사회복지 기관도 있습니다. 어떻게 하면 자발적으로 혹은 조직문화로 독서를 할 수 있을지 고민해 보면 좋겠습니다.

두 번째로, 많이 쓰기입니다. '많이 쓰기만 하면 글쓰기를 저절로 잘하게 된다' 고 말하는 작가가 있는 반면, '첨삭/합평을 받아야 글쓰기를 잘하게 된다' 고 말하는 작가가 있습니다.

저는 두 가지 다 권유하는데요, 일단 쓰기에 익숙해진 후에, 첨삭이나 합평으로 글쓰기 단계를 올리는 방법을 추천합니다. 팀이나 조직 차원에서 해볼 수 있는 방법이 있습니다. 매일 A4 1매 이내로 책 속 좋은 문장이나 마음에 드는 문장, 핵심 문장, 좋은 글, 신문 칼럼 등을 필사로 따라 쓰기를 하는 방법입니다. 꾸준히 몇 달만 하면 최소한 좋은 글을 보는 눈이 생깁니다. 좋은 글을 읽고 쓰는 필사에 익숙해진 후, 다음 단계는 자유 글쓰기입니다.

매달 책을 읽은 독후감, 영화를 본 감상문, 특정 주제나 자유 주제로 각자 A4 1장 이내로 글을 쓰게 합니다. 글을 쓴 후에는 정기적으로 참가자 모두가 서로의 글에 대해 합평을 합니다. 일종의 '피어 슈퍼비전' 이라고 할 수 있는데요, 합평을 할 때는 빨간펜 선생님처럼 틀린 글을 지적하는 것이 아니라, 제출된 글을 읽은 후 뒷장에 2~3줄 정도 댓글을 달 듯이 의견을 적는 것입니다. 글에 대한 의견은 맞춤법이나 띄어쓰기뿐 아니라 비문 지적, 참신하거나 재미있는 요소에 대한 칭찬, 구성의 적절성에 대한 비평, 글 속에서 이해가 안 되는 부분, 내용이 생략이 되어서 추가 설명이 필요한 부분, 혹은 이런 부분은 마음에 든다, 이 부분은 동의가 안된다 등등 글에 대한 의견을 적는 것입니다.

직장에서 합평을 할 때는 이름을 쓰지 않고 익명으로 작성하고 피어 슈퍼비전하는 것을 추천합니다. 이유는 직장은 관료제로 직급이 있기 때문에 상사의 글에 의견을 다는 것을 어렵게 생각해서 좋은 말만 해야 한다고 생각하는 직원이 있을 수 있고, 반대로 직원이 준 글에 대한 의견을 괘씸하게 생각하는 상사가 있을 수도 있습니다. 따라서 익명으로 글을 제출하고, 자유롭게 의견을 발표할 수 있는 열린 조직 분위기가 필요합니다.

이렇게 의견을 서로 나누었다고 끝나는 것이 아닙니다. 이후가 중요한데요, 작성한 사람이 다시 가지고 가서, 다른 사람들이 적은 의견을 반영해서 글을 보완해서 다음 회기에 다시 만납니다. 그리고 또다시 합평을 하고, 그다음 달에 다시 수정한 글을 가지고 오는 과정을 반복하는 것입니다. 이런 과정을 2~3번 반복하다 보면 서로가 서로에게 첨삭 선생님이 되어주고, 서로가 서로의 글쓰기를 도와주게 됩니다. 자신이 글이 피드백을 반영하면서 점점 좋은 글로 바뀌어 가는 과정에서 스스로 배울 수 있습니다.

글쓰기 선생을 하면서 내가 가장 크게 배운 것은 글을 존중하는 태도이다.
이제 나는 모든 글이 무수한 고민과 고통의 산물이라는 것을 안다.
이상원 교수

2부_ 업무용 글쓰기 이해

업무용 글쓰기 공식 10규칙

사회복지 글쓰기는 개인적인 목적의 사문서가 아니라, 단체에 소속되어 직무상 권한을 가지고 작성하는 공문서입니다. 아래 공식 표기법은 일반적으로 사용하는 표준 공식으로, 이를 준수하면 무난합니다.

1. 용지 규격과 여백

업무용 용지 규격은 A4 사이즈를 기본으로 사용합니다. A4는 A0 규격 사이즈의 종이를 4번 접었다는 뜻으로 A4라고 부르는데요, 가로210mm, 세로 297mm 규격입니다. 기본 글씨는 10포인트이고, 너비는 왼쪽·오른쪽:30mm, 위쪽: 20mm, 머리말:15mm, 아래쪽: 15mm, 꼬리말: 15mm입니다. 줄 간격은 160%, 자간은 0, 장평은 100%입니다.

2. 5W 1H

공식 문장의 기본은 6하원칙입니다. 6하원칙에 따라 'when 언제', 'where 어디서', 'who 누가', 'what 무엇을', 'why 왜', 'how 어떻게' 의 6개 항목이 내용 중에 모두 포함되도록 작성합니다.

3. 양식 준수와 기관별 문서 규칙 정하기

문서는 정확한 양식 준수가 중요합니다. 업무용 문서는 3년, 5년, 10년, 20년 등 오랜 시간 보관되고 추후 문제 발생 시 다시 열람하여 증거 자료로 제시됨으로 양식에 따라 정확하게 기술하는 것이 중요합니다. 모든 항목을 누락 없이 작성하고 임의로 형식을 수정하여 작성하지 않습니다. 기관마다 선호하는 글씨체와 글씨 크기·너비·줄 간격·자간·장평·일련번호 순서가 다릅니다. 아래 문항별로 기관 내 자체 문서 작성 규칙을 정하면 직원들이 각자 작성한 문서라도 형식의 통일로 가독성이 좋아 보입니다.

기관 문서 작성 규칙

1. 기본 용지 규격: A4	2. 용지 여백	3. 기본 글씨체	4. 기본 글자 크기	5. 줄 간격

4. 날짜 표기법

연도는 연월일 명시 후 괄호안에 요일을 적습니다. 연월일 대신 마침표(.)로 갈음할 경우, 마침표 다음에는 ∨(1타)를 띄우고 작성합니다. 다만, 마침표 뒤에 바로 괄호( )에 요일을 작성하는 경우 보충의 의미임으로 ∨(1타)를 띄우지 않습니다. 기간을 나타내는 물결표(~)는 앞뒤를 모두 붙입니다.

예시) 2021년∨5월∨30일(일) 또는 2021.∨5.∨30.(일) / 2021. 5. 1.~5. 31.

5. 문장 부호

문장부호는 글의 뜻을 효과적으로 표현하고 문장의 이해에 오해가 없도록 하기 위해 사용되는 부호입니다. 대표적인 문장부호로는 마침표(.), 물음표(?), 느낌표(!), 쉼표(,), 가운뎃 점(·), 쌍점(:), 쌍반점(;), 빗금(/), 큰따옴표(“ ”), 작은따옴표(‘ ’), 소괄호(( )), 중괄호,({ }), 대괄호([ ]), 붙임표(-), 줄표(--), 물결표(~), 줄임표(......), 홑낫쇠 「 」, 겹낫쇠 『 』, 홑화살괄호 〈 〉, 겹화살괄호 《 》 등이 있습니다. 해당 문장 부호의 사용 용도를 알고 정확히 사용하면 명료하고 좋은 문장이 됩니다.

문장 부호 사용 용도

마침표 (.)	문장을 끝맺을 때 쓰는 문장 부호로, 문장이 끝나면 꼭 마침표 사용
물음표 (?)	궁금한 것을 묻거나, 의심을 나타낼 때 문장의 끝에 사용
느낌표 (!)	즐겁거나, 슬프거나, 놀라는 느낌을 나타날 때 문장의 끝에 사용 강한 느낌을 주고 싶을 때, 놀라거나 다른 사람을 부를 때 사용
쉼표 (,)	문장을 이어서 작성할 때, 문장에서 끊어 읽을 부분임을 나타내거나 '그리고' 대신 사용
가운뎃 점 (·)	나열된 단어가 밀접한 관계가 있는 경우 단어를 구분하기 위해 사이에 넣는 작은 점으로, 8·15 등 특별한 의미를 가지는 날짜를 나타내기도 함
쌍점 (:)	시·분·초, 권·장·절, 조·항·호 등을 적을 때 사용 서로 대립을 나타날 때 사용하는 한자 대(對) 또는 영어 vs. 대신 쓸 수 있는 기호
큰 따옴표 (" ")	사람이 소리 내어 말한 것을 글 속에 직접 대화를 표시하거나, 다른 사람의 글이나 말을 인용할 때 사용
작은 따옴표 (' ')	마음 속으로 생각한 말을 나타날 때 사용
붙임표 (-)	순서대로 이어지는 내용을 하나로 묶어 표시하거나, 두 개 이상의 단어가 밀접한 관련이 있음을 나타낼 때 사용
물결표 (~)	거리나, 기간 또는 범위를 나타낼 때 사용
줄임표 (......)	말이 없음을 표시하거나, 긴 말을 줄여서 일부만 표현할 때 사용
홑 꺽쇠 「 」	논문제목이나 기사 제목, 소제목, 법령, 규정 표시
겹 꺽쇠 『 』	책으로 출판된 단행본, 신문, 잡지 표시
홑 화살괄호 〈 〉	작품 제목 표시
겹 화살괄호 《 》	전시회나 연작의 작품 제목 표시

6. 시간 표기법

시간은 24시간으로 표시하고, 시작과 끝 시간 둘 다 명시합니다.

시(時)와 분(分)의 구분은 한글로 작성하지 않고 쌍점(:)으로 표기합니다.

예시) 09:30~11:00 또는 19:00~22:30

7. 분수 표기법

분수는 숫자 그대로 쓰거나 한글로 풀어서 표시합니다.

예시) 3/5 또는 오분의 삼

8. 단위 표기법

단위는 영문으로 표시합니다. 한글로 밀리미터가 아니라 ㎜, 한글로 킬로그램이 아니라 ㎏ 으로 작성합니다.

예시) ㎜, ㎏

9. 금액 산출 표기법

금액산출 작성 순서는 단가x수량x횟수x비율(%)입니다.

예시) 10,000원x10개x2회x90%

10. 담당자 표기

업무용 글쓰기에는 모든 문서에 작성자 이름과 연락처를 적습니다. 업무 처리 과정에서는 담당자와 의사소통이 필요하고, 권한에 의해 작성되었는지 담당자 확인이 필요합니다. 내부 기안에는 이름만 작성하면 되지만, 외부로 발송되는 공문·업무용 이메일·웹문서·문자 발송 시에도 담당자 이름과 연락처 표기가 기본입니다.

글은 엉덩이로 쓰는 것이다.
작가 강원국

법령 기반 공식 표기법 7규칙

사회복지 글쓰기는 개인적인 목적의 사문서가 아니라, 공공기관이나 단체에 소속되어 직무상 권한을 가지고 작성하는 공문서입니다. 공문서는 정해진 규칙과 형식, 표기 양식들이 있습니다. 아래 공식 표기법은 법령에 근거를 두고 사용하는 표준 공식입니다.

1. 일련 번호

『행정업무의 운영 및 혁신에 관한 규정 시행규칙』 제2조(공문서 작성의 방법) 제1항에서는 "공문서의 내용을 둘 이상의 항목으로 구분할 필요가 있으면 그 항목을 순서대로 표시하되, 상위 항목부터 하위 항목까지 '1., 가., 1), 가), (1), (가), ①, ㉮'의 형태로 표시한다. 다만, 필요한 경우에는 '□, ○, -, •' 등과 같은 특수한 기호로 표시할 수 있다." 라고 명시가 있습니다. 일련번호는 아래 순서로 사용합니다. 만약 아래 일련번호 이후 추가 표시가 필요한 경우에는 '거, 너, 더, 러'로 이어 나가면 됩니다.

일련 번호 순서

1., 2., 3., 4., …
가., 나., 다., 라., …
1), 2), 3), 4), …
가), 나), 다), 라), …
(1), (2), (3), (4), …
(가), (나), (다), (라), …
①, ②, ③, ④, …
㉮, ㉯, ㉰, ㉱, …

2. 숫자/ 금액 표기법

『행정업무의 운영 및 혁신에 관한 규정 시행규칙』 제2조(공문서 작성의 방법) 제2항을 보면 "문서에 금액을 표시할 때에는 「행정 효율과 협업 촉진에 관한 규정」(이하 '영'이라 한다) 제7조 제4항에 따라 아라비아 숫자로 쓰되, 숫자 다음에 괄호를 하고 다음과 같이 한글로 적어야 한다." 라고 명시하고 있습니다. 또 재무회계 규칙에 따라 세입세출결산서는 천원 단위로 명시하지만, 그 외는 기본 단위는 원 단위입니다.

즉, 숫자는 '1, 2, 3, 4, 5' 등 아라비아 표기를 원칙으로 하고, 금액은 '금숫자원(금한글원)'으로 숫자와 한글을 병행 표기 합니다. 숫자를 표기할 때는 국제 기준에 따라 3자리마다 쉼표(,)를 표기하고 단위를 명시 합니다. 단위는 명·건·원·회 등으로 표기합니다.

숫자 표기 예시) 123,456명 또는 570,000개

금액 표기 예시) 금113,560원(금일십일만삼천오백육십원)

3. 문서 정정 표기법

문서 정정하는 경우는 수정액을 사용하지 않고, 다시 출력하거나 정정 날인으로 표기합니다. 예산 관련 문서인 경우 『서울특별시 재무회계 규칙』 제134조에서는 "금전의 수지에 관한 증빙서류 및 장부의 금액, 수량, 기타 정정 삽입 삭제 하고자 할 때는 그 사항에 붉은 선을 긋고, 작성자가 날인한 후 그 우측 또는 윗자리에 정정하여 삭제한 문자를 명료하게 해득할 수 있게 하여야 한다."고 명시를 하고 있습니다.

동 규칙 제134조 제2항에서도 "금전의 수지에 관한 증빙서류의 두서 금액은 정정, 도말, 개서할 수 없다."라고 말하는데요, 이를 해석하면 '금전의 수지에 관한 증빙서류의 총금액은 수정, 가림, 고쳐 씀을 할 수 없다'라는 뜻입니다. 동 규칙 제134조 제3항에서는 "숫자가 아닌 기재사항에 대하여 정정 삽입 삭제를 하였을 때는 그 자수를 난외에 기재하고 작성자가 날인 하여야 한다."라고 명시하고 있습니다. 즉, 금전 수지에서 총 금액은 수정 변경할 수 없고, 증빙서류나 장부의 금액·수량·기타 수정사항은 날인과 함께 수정이 가능합니다. 그러나 깔끔한 업무처리를 위해서는 다시 출력하는 것을 권합니다.

4. 문서 결재

문서 결재는 업무용 문서에 관련자가 서명 표시하는 것을 말합니다. 일반적인 서면 결재는 한글 자필 서명으로 합니다. 『행정업무의 운영 및 혁신에 관한 규정 시행규칙』 제3조(정의) 5항에서는 "서명이란 기안자·검토자·협조자·결재권자또는 발신 명의인이 공문서 (전자문서는 제외한다)에 자필로 자기의 성명을 다른 사람이 알아볼 수 있도록 한글로 표시" 하도록 규정하고 있습니다.

예산회계법 등 각종 법령에 의거하여 관련자의 인장을 날인하도록 되어 있는 회계서류는 날인을 기본 합니다. 날인은 도장을 말합니다. 『지방자치단체 재무회계 규칙』 제128조(회계문서의 날인)에서는 "회계 문서상의 날인은 무인, 서명, 기타 표시로 갈음할 수 없다."라고 말하며 회계서류는 날인을 하도록 규정하고 있습니다. 다만 비밀번호를 한 번 더 입력해야 결재가 되는 전자 문서는 한글 자필, 서명, 도장 모두 사용 가능합니다.

공문서 한글 자필 서명	회계문서 날인	전자문서 모두 사용 가능
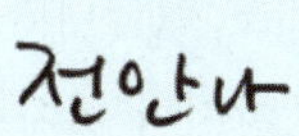		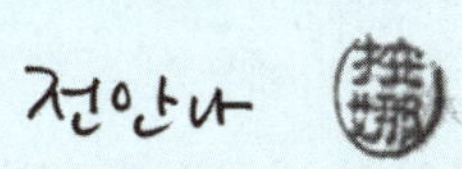

5. 법규 표기법

법은 법형식, 제명, 본칙과 부칙으로 구성됩니다. 법형식은 법률, 시행령, 시행규칙, 행정규칙 등을 말하는 것이고, 보통 '법률 제0000'처럼 공표 번호가 함께 표기됩니다. 제명은 법령의 이름입니다. 본칙은 법령의 본체적 사항을 규정하고, 부칙은 본칙에 대한 부과적인 사항을 규정하는 부분을 지칭합니다. 법의 조문 형식은 '장, 조, 항, 호, 목' 이렇게 5가지로 표기합니다.

각 조문 형식마다 붙이는 이름과 형식이 다릅니다. '장'은 '제1장'으로 표기하고, '조'는 제1조, '항'은 동그라미 숫자로 ①②③ 표기하고, '호'는 아라비아 숫자 '1 2 3 4'로 표기하고, '목'은 '가 나 다'라로 표기합니다. 순서에 따라서 "제1장 제1조 제1항 제1호 가목"이라고 쓰고 읽으면 됩니다.

'장'은 제1장, 제2장, 제3장, 제4장
'조'는 제1조, 제2조, 제3조, 제4조
'항'은 ①②③④
'호'는 1, 2, 3, 4
'목'은 가, 나, 다, 라

6. 모든 문서의 마지막에는 '끝' 또는 '이하 빈칸'

모든 문서의 마지막에는 '끝'이라는 글자를 써서 문서가 끝남을 알립니다. 만약 끝 자를 사용하지 않으면 문서가 계속 이어지는 것인지, 뒷장의 인쇄물이 누락된 것인지 파악이 어렵습니다. 문서의 가장 마지막 단어는 '끝'이고 마지막 기호는 마침표(.)입니다. 다만 문서가 표로 끝나는 경우는 '끝' 또는 '이하 빈칸'으로 표시합니다.

『행정업무의 운영 및 혁신에 관한 규정 시행규칙』 제4조(기안문의 구성) 제5항에서는 "본문의 마지막에는 다음과 같이 '끝' 표시 등을 한다."고 규정하고 있습니다.

1. 본문의 내용(본문에 붙임이 있는 경우에는 붙임을 말한다)의 마지막 글자에서 한 글자 띄우고 '끝' 표시를 한다. 다만, 본문의 내용이나 붙임에 적은 사항이 오른쪽 한계선

에 닿은 경우에는 다음 줄의 왼쪽 한계선에서 한 글자 띄우고 '끝' 표시를 합니다.

2. 제1호에도 불구하고, 본문의 내용이 표 형식으로 끝나는 경우에는 표의 마지막 칸까지 작성되면 표 아래 왼쪽 한계선에서 한 글자를 띄운 후 '끝' 표시를 하고, 표의 중간까지만 작성된 경우에는 '끝' 표시를 하지 않고 마지막으로 작성된 칸의 다음 칸에 '이하 빈칸'으로 표시한다고 명시하고 있습니다. 또 '한 글자를 띄운다'는 표시는 ∨∨(2타)입니다.

본문의 마지막이 글로 끝나는 경우

~입니다.∨∨끝.	오른쪽 한계선에 닿은 경우 ∨∨끝.
기본: 한 글자 띄우고 '끝' 표시	다음 줄의 왼쪽 한계선에서 한 글자 띄우고 '끝' 표시

본문의 마지막이 표로 끝나는 경우

1	2	3	4
5	6	7	8
9	10	11	12
13	14	15	16

∨∨끝.

표의 마지막 칸까지 작성되면 표 아래 왼쪽 한계선에서 한 글자를 띄운 후 '끝' 표시

1	2	3	4
5	6	7	8
9	10	11	12
13	이하 빈칸		

표의 중간까지만 작성된 경우에는 '끝' 표시를 하지 않고 마지막으로 작성된 칸의 다음 칸에 '이하 빈칸'으로 표시

글쓰기의 유일한 실패는 글쓰기 자체를 그만 두는 일이다.
소설가 나탈리 골드버그

업무용 글쓰기 6하원칙

사회복지 글쓰기는 종류가 다양합니다. 사회복지사가 말하는 대표적인 글쓰기 어려움 중 하나가 써야 하는 글의 종류가 너무 많아서 한 가지 방법만 배워서는 모든 글쓰기 양식에 동일하게 적용이 안 되는 점입니다. 하지만 사회복지 글쓰기는 기본적으로 '설명문'이고, 각 문서의 성격과 본질을 파악하면 어떤 유형의 글쓰기라도 목적에 맞게 작성할 수 있습니다. 사회복지 글쓰기를 6하원칙에 따라 생각해 보겠습니다.

1. Who 누가

글의 독자, 작성자, 검토자 그 외 이해관계자가 누구인지에 대해 먼저 생각합니다.

가. 독자는 이 글의 핵심 고객으로 이 글을 읽는 사람이 누군가입니다. 내 글을 읽을 사람이 나의 상사라면 상사가 이 글의 고객이고, 지역주민이라면 지역주민이 이 글의 고객입니다.

나. 작성자는 누구인가입니다. 업무용 글쓰기는 권한을 갖춘 사람이 작성해야 하므로 작성자가 누구이며 혼자 쓸 것인지 팀으로 쓸 것인지, 팀으로 작성하는 경우 어떻게 업무 분장을 할지 생각해야 합니다. 외부로 나가는 프로포절인 경우에는 작성자 이전에 기관에 대한 설명이 필요합니다. 외부인이 우리 기관을 모른다는 전제로 조직의 연혁, 능력, 실적 등으로 조직의 역사와 견실함을 먼저 증명합니다.

다. 일반 글쓰기와 달리 업무용 글쓰기는 검토자가 존재합니다. 글의 검토자는 내부 문서는 슈퍼바이저나 결재를 하는 상사를 의미하고, 외부 문서는 별도의 심사위원을 의미합니다. 결재할 상사가 몇 명이고, 그 결재자들이 검토자가 요구할 사항이나 기대수준은 어떠한지 생각해야 합니다. 이 업무에 대한 전문성이 어느 정도이고, 관심 정도와 긍정적인지 부정적인지 등도 알아야 합니다.

라. 그 외에도 이 문서와 관련된 관계자를 파악해야 합니다. 글을 작성 후 공유해야 할 부서나 인물이 타 부서이거나 네트워크 기관의 실무자, 혹은 지원처의 심사위원일 수 있습니다.

마. 마지막으로 행위의 주체자를 생각해야 합니다. 프로포절은 팀장이 작성하지만, 실제 실행은 사회복지사가 하기도 하고, 작성은 팀장이 혼자 하지만, 실행은 팀원 전체가 함께 하기도 함으로 실제 행위의 주체자를 생각해야 합니다. 주체자가 때로는 사람이 아니라 상품이나 기계 등이 되기도 합니다.

2. When 언제

업무용 글쓰기에는 보통 정해진 기한이 있음으로, 글을 쓰기 전 글쓰기와 관련된 시간을 파악합니다. 제가 근무하는 복지관은 연간 사업 중간 평가서는 7월 1주까지, 연간 사업 최종 평가서는 11월 1주까지, 익년도 사업계획서는 전년도 11월 말일까지 완료 기한이 정해져 있습니다. 기관 전체 종합 사업계획서는 회계연도 마감 5일 전까지 구청 관할 부서에 제출되어야 합니다.

프로포절 같은 경우 보통 1개월 전에 공고가 나면 같이 모여서 누가 어떤 주제로 쓸지 회의로 정하고, 2주 동안 생각하고 목차를 구성합니다. 제출 1주일 전까지 초안을 작성하여 슈퍼비전을 받아 수정을 하고, 2차 슈퍼비전을 받고 마감일에 제출합니다.

이렇듯 모든 업무용 글쓰기에는 마감 기한이 있음으로, 글쓰기 전에 착수 시간이 언제인지와 중간 점검 형태와 시간, 그리고 최종 마감 시간을 확인하여 긴급성을 파악해야 합니다.

또한 문서에서 언급하는 사실과 관련된 시행 시간과 기간도 파악해야 합니다. 예를 들어 지금 작성한 프로포절이 이번 분기 안에 진행이 되어야 하는지, 올해 안에 되어야 하는지, 올해 10월부터 내년 9월까지 진행되는지 문서 안에 언급된 사실과 관련된 시행 시간과 기간을 파악 후 글을 써야 합니다.

3. Where 어디서

Where은 문서의 사실과 관련된 장소를 말합니다. 프로포절을 실현하는 장소가 어느 기관인지, 장소가 내부 강당인지 교육실인지, 외부 장소나 시설을 대관해서 할 것인지, 각 클라이언트 가정 내인지 등 어느 장소에서 실현할지에 대한 내용을 생각해야 합니다. 요즘은 온라인 비대면으로 하는 활동도 활발한데요, 줌이나 팀즈처럼 실시간 쌍방향으로 할지, 녹화 후 방영하는 동영상형이나 유튜브형으로 할지, 카카오톡이나 문자 등 SNS 문자를 활용할지, 카카오 그룹 톡으로 다자간 대화로 할지 장소에 따라 실천방법이 달라지므로 사전에 장소에 대해서도 충분히 생각해야 합니다.

4. What 무엇을

What은 이 글에 무엇을 담아야 하는가에 대한 핵심 내용입니다. 글 안에 얼마나 가치 있는 생각이 담기는가? 얼마나 임팩트 있는 생각을 담는가 등 글쓰기 전 '무엇 What'에 대한 깊고 넓은 고민이 필요합니다. 대기업과 청와대에서 활동했던 글쓰기 전문가인 강원국 작가가 말하길 "어떻게 쓰냐는 부질없는 욕심이다. 무엇을 쓰느냐에 대한 고민은 많으면 많을수록 좋다. 글의 중심은 내용이다."라고 강조합니다.

글의 내용에는 현재 문제 상황에 대한 정확한 사실을 바탕으로 단기·중기·장기적으로 거시적 사고와 분석적 사고를 기반으로 개선·이익, 장점·단점, 기회·위협, 차별화 요인이 담겨야 합니다. 많은 정보를 나열만 한다고 길게 쓴다고 좋은 글이 아닙니다. 오히려 글쓰기 고수들은 짧고 굵게 할 말을 담아내는 능력이 있습니다. 사실을 기반으로, 거시적으로 전체를 꿰뚫고 있으면서, 핵심 사안은 깊이 있게 관점을 담아 목적을 분명히 드러내는 글쓰기를 합니다.

5. Why 왜

Why는 이 문서를 왜 써야 하는가에 대한 근본적인 질문을 던집니다. 이 글을 어떤 배경, 어떤 상황에서 써야 하는지, 이 글의 구실과 목적이 무엇인지 그리고 추진 배경과 중요한 강조점을 파악하면 문서 방향을 정할 수 있습니다. 이유나 원인을 찾는다면 결론의 근거가 되기도 합니다.

우리가 자주 사용하는 업무용 문서의 목적은 크게 대외용과 대내용, 그리고 의견 방향 제시의 목적인지 정리의 목적인지에 따라서 아래 표처럼 4가지 영역으로 나누어서 살펴볼 수 있습니다.

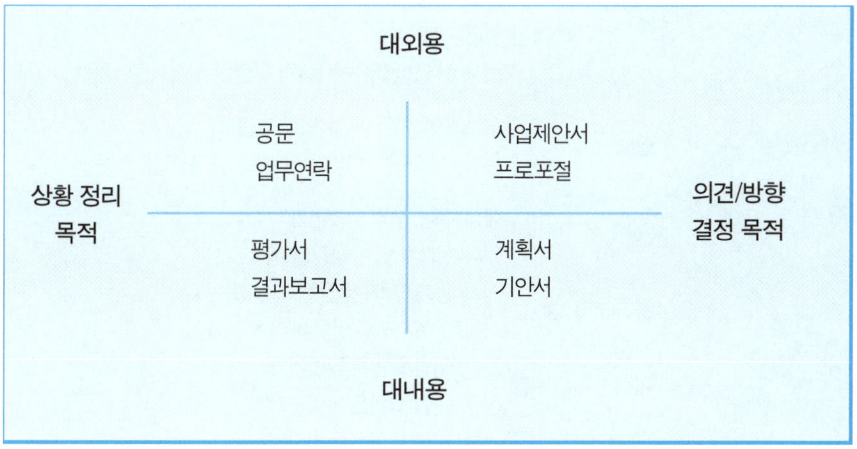

6. How 어떻게

마지막 How는 문서에 '어떻게 보기 좋게 생각을 담을까'를 정하는 부분입니다. 글 쓰는 도구, 형식, 목차와 함께 이 문서에 담으려는 실행 방법까지 함께 생각해 봅니다.

글 쓰는 도구는 수기 작성, 컴퓨터 문서 작성, 전문 프로그램 활용 등의 방법이 있습니다. 형식은 자유 형식이 있고 규격 형식이 있습니다. 목차는 글을 작성하기 전 어떤 내용을 구성할지 전체 뼈대를 잡아 보는 과정이고, 문서에 담으려는 실행 방법은 집단 프로그램인지, 상담인지, 자활근로인지, 직업 훈련인지 등 방법을 적는 것입니다.

사회복지 업무용 글쓰기 6하 원칙 체크리스트에 따라 생각을 한 후, 부록에서 제시하고 있는 업무용 문서 양식과 작성 예시를 활용하면 업무에 도움이 될 것입니다.

사회복지 업무용 글쓰기 6하원칙 체크리스트

구분	항목	체크리스트
Who	고객	☐ 이 글을 읽는 최종 독자가 누구인가?
	작성자	☐ 누가 작성 할 것인가?
	검토자	☐ 검토자가 누구인가? ☐ 검토자가 요구할 사항이나 기대수준은 어떠한가?
	관계자	☐ 공유해야 할 부서나 인물이 누구인가?
	주체자	☐ 행위의 주체자가 누구인가?
When	시간	☐ 시작(착수) 시간 ☐ 중간 점검 형태와 시간 ☐ 완료(마감) 시간 ☐ 긴급한가? ☐ 문서에서 언급하는 사실과 관련된 시행 시간&기간
Where	장소	☐ 오프라인: 기관 내부/ 외부 대관/ ct 가정 등 ☐ 온라인: 실시간 쌍방향/ 유튜트/ 문자/ 그룹톡 등
What	생각 사실 목적	☐ 핵심 주장, 생각 무엇인가? ☐ 얼마나 가치 있는 생각인가? ☐ 단기/ 중기/ 장기 무엇을 해야 하는가? ☐ 거시적/ 미시적 무엇을 해야 하는가? ☐ 개선/ 이익 요인은 무엇인가? ☐ 장점/ 단점 요인은 무엇인가? ☐ 기회/ 위협 요인은 무엇인가? ☐ 차별화 요인은 무엇인가?
Why	배경 상황 중요도	☐ 왜 해야 하는가? ☐ 추진 배경, 상황이 무엇인가? ☐ 어떤 구실, 목적, 기대하는 결과가 무엇인가? ☐ 중요한 강조점이 무엇인가?
How	도구	☐ 수기 or 컴퓨터 문서 or 전문프로그램 or 인터넷작성
	형식	☐ 자유 형식 or 규격 형식
	목차	☐ 글의 전개 방식을 어떻게 할것인가?
	실행 방법	☐ 집단 프로그램 or 개별/ 집단 상담 or 자활근로 or 직업 훈련 or 후원금 연계 등

업무용 글쓰기 형식 6가지

업무용 글쓰기 형식은 대화형, 서술형, 요약발췌형, 문제 중심형, 주장문형, 기사문형 등이 흔히 사용됩니다.

1. 대화형

클라이언트와 사회복지사의 상호작용을 그대로 기록하고 비언어적 행동은 괄호( ) 안에 적는 방식입니다. 연극 대본이나 녹취록을 생각하면 됩니다. 저는 사회복지 실습을 했을 때와 가정폭력 전문상담원 훈련을 받을 때 녹취록의 형태로 작성해본 경험이 있습니다. 사회복지분야에서도 전문 상담분야에서 훈련용으로 사용하거나, 질적 평가를 위한 사전 자료로 글로 담아낼 때 사용합니다.

> 예)
>
> 클라이언트: ..... (계속 창문을 바라보며 말없이 앉아 있다)
>
> 사회복지사: (클라이언트를 쳐다보며) 지금 기분이 어떠시나요?
>
> 클라이언트: .... (벌떡 일어나 방안을 2번 왕복하여 걷다가 멈추었다) 저기, 선생님...

2. 서술형

클라이언트와 사회복지사 사이의 상호작용이나 비언어적 행동을 서술적으로 기술합니다. 객관적 사실이나 사건 그대로를 기록하는 것입니다. 집단 상담이나 프로그램 진행과정을 슈퍼비전을 받거나, 기록을 목적으로 할 때 서술형 기술 형식을 사용합니다.

서술형 기록 형식은 흔히 스토리텔링 형식과 묘사의 형식 2가지로 알려져 있는데요, 묘사는 그림 그리듯이 자세히 설명하는 것이고, 스토리텔링 형식은 옛날이야기, 동화, 드라마 식이라고 생각하면 이해가 빠릅니다.

특히 스토리텔링은 요즘 많이 사용되는 글의 방식입니다. 초등학교 1학년 수학 문제의 경우 예전에는 "3 더하기 6은 무엇인지 답을 구하시오."라고 문제가 나왔지만, 지금은 서술형식으로 나옵니다. "엄마가 간식으로 딸기를 사 왔습니다. 철수에게 6개, 영희에게는 철수보다 3개를 더 주었다면 처음에 사 온 딸기는 모두 몇 개일까요? "라는 서술형식으로 교과서나 문제집이 바뀌면서, 사례집이나 성과 결과 보고서를 서술형식으로 작성하는 경우도 늘어나고 있습니다.

초등학교 1학년 수학문제	초등학교 1학년 수학문제 (서술형식)
3 + 6 = ( )	엄마가 간식으로 딸기를 사왔습니다. 철수에게 6개, 영희에게는 철수보다 3개를 더 주었다면 처음에 사온 딸기는 모두 몇 개일까요?

3. 요약발췌형

대부분의 업무용 문서는 요약 형식으로 작성합니다. 요약 형식으로 작성할 때는 요약과 발췌를 동시에 사용합니다. 큰 원을 작은 원으로 만드는 것이 요약, 큰 원에서 삼각형이나 별모양을 만드는 것이 발췌라고 설명하는데요, 요약은 전체 내용을 그대로 분량을 줄이는 것이라면, 발췌는 전체 내용 중 일부만 추리는 것입니다.

업무용 글쓰기에서 요약은 중요하지 않은 곁다리 정보는 삭제하고, 중요하고 핵심적인 내용 위주로 내용을 간추리는 '요약 발췌' 글쓰기 방식입니다. 기안서, 계획서, 평가서, 회의록 등 대부분의 업무용 문서는 요약 형식을 사용합니다.

예)

클라이언트는 사회복지사와의 상담을 3회 진행하였으나 사회복지사와 상호 의사소통이 나 교류 없이 비자발적으로 참석하였다. 상담 시간에는 참석하나 비자발적인 참여로 인해 아직 사회복지사와 신뢰관계가 형성되지 않은 것으로 보인다. 다음 상담은 화요일 오후 3시에 진행하기로 하였으나 참석 여부에 대해 확답을 주지 않고 상담이 종결되었다.

4. 문제 중심형

단기 사례관리 개입이나, 문제 해결 중심 단기 상담을 기록하는 경우는 식별된 일자별로 문제 목록을 나열하는 SOAP 문제 중심형 기록을 사용합니다.

먼저 Subjective data 주관적 자료에서는 클라이언트의 자기 보고를 근거로 클라이언트가 어떻게 인식하고 느끼는가를 작성하고, 두 번째 Objective data 객관적 자료에서는 전문가의 직접적 관찰, 임상적 실험, 체계적으로 수집한 자료 내용을 작성합니다. 세 번째 Assessment 사정에서는 주관적, 객관적 정보의 검토를 통해 추론된 전문가의 개념화와 분석 사실을 기록하고, 네 번째 Planning 단기 계획에서는 전문가가 특정한 문제를 제기하거나 해결하는 방법을 기록합니다.

S 주관적 자료	8/1. A씨가 내방하여 요즘 코로나로 수입이 없어서 힘들다고 상담을 요청하심.
O 객관적 자료	8/5. 담당자가 A씨 통장 거래 내역, 카드 사용 내역, 미납 고지서를 확인함. 통장 거래 내역을 살펴보니 수입이 월00만원에서 월00만원으로 줄었고, 관리비가 00원이 체납되었음을 확인함.
A 사정	8/11. 담당자 확인 결과 A씨는 관협회 코로나 긴급 지원 자격요건에 해당됨. A씨가 두서 없고 안절부절하는 모습을 볼 때, 정서적 불안이 원인으로 사정함.
P 단기 계획	8/12. 관협회 코로나 긴급 지원금 이용신청을 안내하고, 신청 관련 서류 5종을 안내함. 신청 서류를 20일까지 담당자에게 제출하면, 25일까지 신청을 완료하기로 함. 주 1회 정기상담을 통해 정서적 지지를 함.

5. 주장문형

주장문은 주장과 근거를 제시하여 논증을 하는 것입니다. 프로포절과 후원 제안서 등도 일종의 주장문입니다. 우리에게 왜 후원금이나 지원이 필요한지 주장과 근거를 제시하여 글로 설득하는 것이 바로 프로포절과 후원 제안서입니다.

보통 주장문은 형식은 두괄식, 양괄식, 미괄식 등의 형식으로 작성합니다. 두괄식은 처음에 주장을 작성하고 뒤이어 이유와 근거를 제시하는 형태이고, 미괄식은 이유와 근거를 먼저 작성하고 뒤이어 주장을 제시하는 형태입니다. 양괄식은 주장을 작성하고 이유와 근거를 제시 후, 다시 주장으로 마무리하는 형식입니다.

전문가들이 권장하는 주장문 형식은 양괄식입니다. "주장-이유-근거-주장"을 작성하면 글을 읽는 사람이 주장이 무엇인지 정확히 인지하게 돼서 긴 글에도 논지를 잃어버리지 않을 수 있습니다. 반대로 미괄식은 평소에는 추천하지 않지만, 거절을 해야 하거나 탈락을 알려야 하는 경우는 미괄식이 더 적절합니다. 처음부터 "탈락입니다", 혹은 "제안을 거절한다"고 밝히는 것 보다 이유나 근거를 먼저 제시하고서 말미에 거절이나 탈락을 말하는 것이 적절합니다.

6. 기사문형

기사나 보도자료를 작성할 때는 먼저 '제목'을 작성합니다. 제목 다음에는 제목을 보충설명해 주는 '부제'를 작성하고, 요약문 형식으로 본문을 요약한 '전문'을 작성합니다. 그다음 '본문'을 작성할 때는 6하원칙에 따라서 언제·어디서·누가·무엇을·어떻게·왜의 6개 항목이 모두 포함되게 작성합니다. 마지막은 '해설'입니다. 향후 전망이나 분석·평가 등을 제시하고 글을 마무리합니다.

이상의 6가지 업무용 글쓰기 형식은 부록에 실제 예시로 제시되어 있습니다.

3부_ 글쓰기 체력을 키우는 5가지 방법

글쓰기를 공부하면 잘 쓴다

인류가 지금처럼 문자를 사용하여 글을 쓰기 시작한 역사는 고작 5천 년에 불과합니다. 현존하는 3천여 개의 언어 가운데 한글처럼 문자가 있는 언어는 10%가 채 안 된다고 하는데요. 문자가 있는 10%의 언어 중에 한글이 있다는 것이 얼마나 자랑스러운지요? 그런데 한글은 가장 과학적이고 체계적으로 계발된 문자라는 평과 함께 맞춤법과 문법, 띄어쓰기 등으로 어려운 글자라는 두 가지 상반된 평가를 받고 있습니다.

글쓰기를 잘할 수 있는 속성 과정은 없습니다. 혹자는 '글쓰기는 교육으로 되는 것이 아니다' 라고 단정 짓기도 합니다. 글을 잘 쓰고 싶어서 글쓰기를 공부하고 책을 읽고 필사를 하고 생각을 많이 해본 제 경험으로는, 글쓰기를 공부한 것이 아무것도 안 하는 것보다는 글쓰기에 도움이 되었습니다. 하지만, 글쓰기는 기술이기 때문에 교육만 듣는다고 실력이 좋아지지 않습니다. 책을 1권 읽는다고 글을 +1 만큼 잘 쓰게 되는 것은 아니고, 글을 1개 써봤다고 글을 +1 만큼 잘 쓰게 되는 것은 아니기 때문에 '글을 잘 쓰는 방법' 이라고 말하지 않고, '글쓰기 체력을 키우는 방법' 이라고 말하고 싶습니다.

글쓰기 기초 실력을 높이는 첫 번째 방법은 글쓰기를 배우는 것입니다. 여러분이 글쓰기에 '재능' 이 있다면 배우지 않아도 됩니다. 하지만 재능이 없다고 생각하거나, 재능이 아주 조금 있어서 좀 더 발전시키고 싶다면 글쓰기 공부를 추천합니다. 기억을 돌이켜 보면 우리는 글쓰기를 배우고 글쓰기를 시작하지 않았습니다. 초등학교 입학을 하자 매일 일기를 써서 내고, 독서록을 매주 내면서 글쓰기를 시작했는데 글쓰기를 배우지 않고 강제로 숙제를 위한 글쓰기를 하다 보니 글쓰기가 싫어지고 힘들게 느껴졌습니다.

요즘은 업무용 글쓰기 외에도 일상에서도 글쓰기가 중요합니다. 예전에는 개인적인 글쓰기가 일기밖에 없었지만, 요즘 SNS가 다양해지면서 일상에서 간단한 글쓰기도 수시로 자주 합니다. 책 첫 부분에서 말했듯이 미래에 우리에게는 글을 쓸 기회가 늘어나면 늘어났지 줄어들 일은 없습니다.

글쓰기를 배우는 제일 좋은 방법은 글쓰기 전문가의 노하우를 전수받는 것입니다. 제가 처음 책을 쓰기로 마음을 먹었을 때 책 쓰는 방법을 몰라서 책 쓰기에 대한 책을 읽었고, 책을 낸 작가들의 특강을 듣고, 개별 코칭을 받았고, 학원에 등록해서 배웠습니다. 그렇게 배우고 나니 책을 쓰게 되었고 작가가 될 수 있었습니다. 마찬가지로 글쓰기도 전문가의 책·글·교육·학원·코칭·첨삭 등 노하우를 전수받으면 잘 할 수 있습니다.

1. 글쓰기 강의 듣고 첨삭 받기

온라인과 오프라인에는 글쓰기에 대한 다양한 교육이 있습니다. 초보 직장인을 위한 비즈니스 글쓰기 과정뿐 아니라, SNS 종류별로 글쓰기 교육도 있고 에세이 작성법, 블로그 글 작성법 등 글쓰기 종류만큼 다양한 글쓰기 교육이 있습니다. 저도 짧은 글쓰기, 논리적인 글쓰기, 제목 짓기, 맞춤법 교육, 비즈니스 글쓰기, 에세이 글쓰기, 어린이용 글쓰기 등 다양한 글쓰기 교육 과정을 들어보았습니다.

글쓰기 전문가들의 글쓰기 교육과 첨삭 지도를 받으면 그 과정은 고통스럽습니다. '내가 정말 글을 못 쓰는 사람이었구나' 라는 자괴감에 빠지게 됩니다. 하지만 첨삭을 바탕으로 글을 고치고, 또 고치고, 또 고치다 보면 그 과정에서 글쓰기 실력이 좋아집니다. 다만 글쓰기 전문가들의 첨삭에는 높은 비용이 발생합니다. 저도 글쓰기에 많은 투자를 하였습니다. 한 달 교육비로 몇백만 원을 사용하기도 했고, 첨삭지도비로 몇십만 원을 사용해본 적도 있습니다. 그 덕분에 글쓰기 실력을 높일 수 있었는데요, 비용 발생 없이 여러분의 글에 첨삭을 받을 수 있는 방법도 있습니다. 바로 여러분의 슈퍼바이저를 활용하는 것입니다. 팀장이나 과장, 부장, 관장이 여러분이 쓴 기안서와 계획서 등에 이렇게 고쳐라~, 저렇게 고쳐라~ 알려주는 것이 바로 첨삭 지도입니다. 슈퍼비전을 받을 때 내가 무료로 글쓰기 첨삭을 받고 있구나라는 마음으로 즐겁게 고치기 바랍니다.

2. 글쓰기 스킬을 알려주는 책 읽기

두 번째 글쓰기 공부법은 글쓰기 스킬을 알려주는 책 읽기입니다. 저는 "글쓰기·책 쓰기·문장론·작가 수업·제목 짓는 법·프로포절 작성법·글 잘 고치는 방법" 등 글쓰기에 대한 책을 200여권 읽었고 지금도 매달 몇 권씩은 글쓰기 신간 서적을 읽습니다.

글쓰기 책을 쓰는 작가들의 유형은 매우 다양합니다. SNS 전문가가 쓴 책도 있고, 출판사 편집자 출신이 쓴 책도 있고, 기자 출신이나 작가 출신, 교수 출신, 보좌관 출신이 쓴 글쓰기 책도 있습니다. 또 사회복지사 출신이 쓴 프로포절 작성법이나 모금전문가가 쓴 모금에 대한 글쓰기 책도 있습니다. 각 책마다 저자의 직업군이 다양해서, 사회복지 업무뿐 아니라 개인적 글쓰기에도 적용해 볼 수 있는 다양한 글쓰기 유형에 따른 노하우와 방법을 알 수 있었습니다.

글쓰기에 대한 책을 읽고 싶은 분들께 추천드리고 싶은 책이 있습니다. 글쓰기에 대한 기본 이해를 하고 싶은 분께는 『대통령의 글쓰기_ 강원국』, 『유시민의 글쓰기 특강_ 유시민』을 추천합니다. 글쓰기 연습용 워크북이 필요한 분께는 『탄탄한 문장력_ 브래던 로열』, 『비즈니스 글쓰기 상식사전_ 송세진』을 추천합니다. 논리적인 글쓰기가 필요한 분께는 『150년 하버드 글쓰기 비법_ 송숙희』, 업무용 문서작성 책이 필요한 분께는 『문서작성의 기술_ 박혁종』 책을 추천합니다. 책을 써보고 싶은 분께는 『책을 내고 싶은 사람들의 교과서_ 요시다 히로시』, 어르신 자서전이나 본인 자서전을 써보고 싶은 분께는 『자기 역사를 쓴다는 것_ 다치바나 다카시』을 추천합니다.

3. 선배·동료의 좋은 예문 읽기

기관 내 선배나 전임자가 쓴 글을 공부하는 방법도 있습니다. 기관 내 문서 보관함에서 선배나 전임자가 쓴 사업계획서나 평가서, 프로포절 등을 하나하나 읽어보면 기관에서 원하는 글쓰기 형태나 스타일을 알 수 있습니다. 지금 내가 고민하는 부분을 전임자들도 고민했기에 전임자의 생각을 기반으로 한 단계 더 깊이 있는 생각을 할 수 있습니다. 또 외부적으로는 사회복지공동모금회나 삼성복지재단, 아산사회복지재단 등 대형 지원단체에서는 우수사업 사례집이나 개요서를 홈페이지 혹은 인쇄된 책자로 공유합니다. 또 개별 기관에서 발간하는 사례관리 사례집이나 집단프로그램 사례집, 사업보고서 등도 타 기관의 우수한 사업에 대해 배울 수 있는 좋은 자료입니다. 부록에도 적었지만, 저도 다양한 기관의 자료집과 사례집, 가이드북의 도움을 받았습니다.

4. 사전을 찾고 읽는 습관들이기

저는 글쓰기 실력을 높이고 싶어서 매일 사전 읽기를 하고 있습니다. 사전에는 단어의 정의뿐 아니라 해당 단어를 활용한 예시 문장과 적절한 예문이 제시되어 있어서 글쓰기에 도움이 됩니다. 사전을 찾고 읽으면 어휘력이 쌓입니다. 어휘력은 우리가 사용하는 어휘의 크기와 범위, 어휘의 이해 수준을 말합니다. 어휘력이 높은 사람은 아는 낱말의 수가 많습니다. 사전을 활용하면 이미 알고 있는 낱말의 의미를 정확히 알 수 있고, 반대말이나 비슷한말(유의어) 등 다른 낱말들과의 관계를 잘 이해할 수 있습니다.

어휘력을 향상하기 위해서는 일상에서 마주치는 단어를 사전을 찾는 습관을 가질 것을 권합니다. 일상의 대화나 책을 읽다가 모르는 단어를 마주할 때가 있습니다. 모른 채 그냥 넘어가면 정확한 뜻을 알기 어렵습니다. 처음 책이나 글을 읽을 때는 모르는 단어가 나올 때마다 하나하나 찾으면 읽는 흐름이 끊겨서 끝까지 읽기가 어렵습니다. 처음 읽을 때는 모르는 단어가 나오면 동그라미 표시만 하고, 글의 흐름에서 단어의 뜻을 짐작하고 끝까지 읽습니다. 하지만, 다 읽은 후에도 뜻을 정확히 모른다고 생각된다면 사전을 찾아서 정확한 뜻을 인지하는 것이 필요합니다.

내가 모르는 단어를 알기 위해서는 특정 단어 검색에 용이한 네이버 사전이나, 국립국어원 사전 앱 등을 활용하면 편리합니다. 하지만 인터넷 사전 검색은 내가 '인지' 하고 있는 단어만 찾게 되기 때문에, 일반 사전을 찾아서 읽으면서 내가 몰랐던 단어들을 만나게 되는 것이 글쓰기 실력 높이기에는 더 도움이 됩니다.

내가 아는 단어만 검색할 수 있는 인터넷 사전보다는 몰랐던 단어들을 만나게 되는 종이 책으로 된 사전이 좋고, 한글 사전뿐 아니라 외국어 사전이나 한자 사전도 함께 활용하는 것을 좋습니다. 작가들은 글을 쓸 때 단어의 유의어, 동의어, 반대어도 함께 찾아

보고, 외국어로도 해당 단어의 의미를 살펴보고, 유사 외국어를 다시 한국어 사전에서 찾아보고, 또 한자사전으로도 단어를 다시 찾아보는 등 사전을 잘 활용합니다.

사전을 고를 때는 어느 출판사 사전이나 상관없지만 [판]이 언제 개정되었는지 확인 후 가능한 최신 개정된 판으로 구매하고, 표준어의 기준도 변화되기 때문에 3~4년마다 한 번씩 사전을 새로 구입하는 것이 좋습니다.

5. 한자와 외국어 익히기

한국에서 글쓰기를 잘 하기 위해서는 한자를 잘 아는 것이 유리합니다. 우리말 중 순우리말, 한자어, 외래어의 비중을 찾아보니, 전체 단어 중 가장 많은 비중을 차지하는 것이 예상외로 한자어였습니다. 우리말 중 한자어는 85,527개(52.1%), 순우리말은 74,612개(45.5%), 외래어는 3,986개(2.4%)입니다. 한국에서 어휘력은 한자 실력이 좌우합니다. 한자를 잘 아는 사람들은, 단어의 사전적 정의를 정확히 모르더라도 한자 각각의 뜻으로 단어 뜻을 유추할 수 있어서 어휘력에 도움이 됩니다.

구분	항목 수(표준어)	비율(표준어)
순우리말	74,612(56,115)	45.5%(40.0%)
한자어	**85,527(81,362)**	**52.1%(57.9%)**
외래어	3,986(2,987)	2.4%(2.1%)
계	164,125(140,464)	100%(100%)

또한 외국어를 학습하는 것도 모국어를 풍부하게 만들어 주는 역할을 합니다. 베스트셀러 작가 존 가드너는 "어휘를 개발하고 통제하는 가장 진지한 방법은 언어를 학습하는 것"이라고 말했습니다. 독특한 글을 쓰는 것으로 유명한 무라카미 하루키는 소설을 쓰지 않을 때는 번역가로 활동을 하는데요, 외국어로 생각을 한 다음 다시 모국어로 단어를 만들어 내거나, 외국어 단어를 분석해서 모국어 단어를 전환해 보는 방법으로 특이한 제목과 어휘를 만들어 낼 수 있었다고 합니다. 일부 작가들은 어휘력 개발을 위해서 그리스어와 헬라어를 배우기도 한다니, 그 열정이 놀랍습니다.

책을 읽으면 잘 쓴다

글을 잘 쓰기 위해서는 글을 읽고 이해하는 능력이 우선되어야 합니다. 글을 읽고 이해하는 능력을 '문해력'이라고 합니다. 직장인의 의사소통 유형 중 글쓰기 업무가 70%라고 하니, 사회복지사뿐만 아니라 대부분의 직장인들의 업무 중에서도 글을 읽고 이해하는 능력은 매우 중요합니다. 모든 직장인의 기본 역량은 문해력이 아닐까 생각합니다.

우리나라 문맹률은 0.2%로 매우 낮습니다. 그런데 대학을 졸업한 고학력자들의 문서 독해 능력을 비교하니, 국제 성인 문해 조사에서 우리나라는 258.9점으로 조사대상인 22개국 중 꼴찌를 했습니다. 한국 사람들이 글을 읽을 줄은 알지만, 책을 읽지 않아서 실질 문해율이 낮게 나온 것으로 봅니다. 즉 글보다 영상으로 습득하면서 글을 읽고 이해하는 과정 없이 정보의 결과만 접하다 보니, 문자언어와 음성언어가 함께 발달하지 못한 결과라고 전문가들은 이야기 합니다.

전국으로 독서법 강의를 다니다 보면, 요즘 인터넷 시대이고 영상 시대인데 왜 책을 읽어야하냐는 질문을 많이 받습니다. 인터넷과 영상으로 손쉽게 많은 정보를 얻을 수 있다는 것은 맞는 말입니다. 하지만, 글쓰기를 위해서는 좋은 글을 많이 읽는 것이 좋습니다. 인터넷 정보를 많이 접할수록 손쉽게 정보를 파악하게 됩니다. 그런데 사람들은 손쉽게 찾은 정보 때문에, 집중력 저하와 건망증을 호소하고 깊이 있는 사고를 하기 어려워졌습니다. 『생각하지 않는 사람들』의 저자 니콜라스 카는 "더 이상 정보를 머릿속에 저장하지 않아도 되는 인터넷 시대에 정보를 따라 흘러 다니는 우리의 사고는 더 이상 깊이 있는 사고를 하지 않게 된다. 그에 따라 뇌 구조까지도 물리적으로 변화했다."고 말했습니다.

우리 안에서 생각과 아이디어가 나오기 위해서는 어느 정도의 '마중물'이 필요한데 그런 마중물 구실을 인터넷의 정보는 해줄 수 없습니다. 사람들은 인터넷 검색으로 나온 정보를 사실상 정확히 읽지 않습니다. 인터넷 기사를 읽을 때 사람의 눈동자를 따라가보니, F자 형으로 눈동자가 움직였다고 합니다. 즉 제목과 첫 문장, 간략의 첫 문장 위주로 본 후 다음 기사로 바로 넘어가 버리는데, 이런 식으로 대충 훑고 지나가면서 보는 것은 많이 안다고 착각만 줍니다.

『칭찬은 고래도 춤추게 한다』의 저자이자 세계적인 경영 컨설턴트인 켄 블랜차드도 말하길 "정보가 많은 인터넷 시대, 역설적이게도 정보가 너무 많고 지식을 쉽게 얻기 때문에 정작 행동에 변화는 생기지 않는다. 아는 것과 실천하는 것 차이에는 엄청난 차이가 존재한다."라고 했습니다. 즉 스마트폰과 인터넷으로 세상의 모든 정보를 쉽게 얻는 바람에 오히려 사람들은 더 생각하지 않고 행동하지 않게 된다는 것입니다.

우리 안에서 생각이나 아이디어가 나오기 위해서는 In-Put이 반드시 필요합니다. In-Put이 있어야 Out-Put이 생긴다는 점에서 읽기는 쓰기를 위한 기초가 됩니다. 작가들끼리 하는 이야기 중에 '내가 하나도 모르는 분야라도 관련 분야 책을 50권에서 100권을 읽으면 책을 한 권 쓸 수 있다'라는 이야기를 합니다. 책을 읽으면 기존에 내가 알고 있던 지식에 새로운 지식이 쌓이면서 새로운 사고가 발생합니다. 생각을 하면 할수록 점점 몰입을 하게 되고 다양한 방향으로 사고가 확산될 수 있습니다. 그런데 그런 생각을 돕는 것이 바로 독서입니다. 글을 읽고 이해하는 능력인 문해력은 책을 많이 읽어야 생깁니다. 다른 지름길은 없습니다.

사람들에게 독서를 왜 못하냐고 물으면 대부분 사람들은 책 읽을 시간이 없다고 대답합니다. 저는 하루 한 권 책 읽기를 하고 있는 사회복지사입니다. 2013년 11월부터 시작했으니 벌써 햇수로 9년째 하고 있는데요, 제가 사회복지사로 일하면서, 워킹맘이면서, 대학원을 다니며 매일 책을 읽는 비결은 직장인이라는 강점을 최대한 활용하는 것입니다. 저는 아침에 일어나면 바로 15분 책을 읽습니다. 그리고 복지관에 출근시간보다 30분 일찍 가서 30분 책을 읽어요, 점심시간에는 구내식당에서 15분 동안 점심을 먹고 45분 동안 독서를 합니다. 업무가 끝나면 30분 더 책을 읽고 퇴근합니다. 그리고 매일 저녁 9시에는 독서 알람을 맞춰놓았는데, 9시 알람이 울리면 하던 집안일을 멈추고 무조건 자리에 앉아서 1시간 책을 읽습니다.

물론, 이렇게 하루 3시간을 독서시간으로 확보한다고 계획해도, 바쁜 사회복지사의 삶에서 계획대로 책을 읽기가 힘든 것이 사실입니다. 어느 날은 버스가 늦게 와서 복지관을 30분 전에 못 갈 수도 있고, 어느 날은 점심시간에 갑자기 클라이언트 분이 찾아와서 못 읽을 수도 있습니다. 또 매일 6시에 퇴근하지 못하고 저녁 9시까지 당직 근무 후 퇴근하거나 더 늦게 퇴근하는 날도 있습니다. 그럴 때는 한번 못 읽고 넘어가는 거라고 생각하고, 그 외 시간을 최대한 독서시간으로 습관들이는(루틴화하는) 연습이 필요합니다. 만약 하루 2시간 책을 읽는다면 1년 동안 얼마나 책을 읽을 수 있을까요? 책 1권을 읽는 데 5시간이 걸리는 사람이라면, 월요일부터 금요일까지 주 중에만 업무 전후로 10시간의 독서시간을 확보하여 1주일에 2권을 읽을 수 있습니다. 1년 52주로 대충 계산해도 100권을 읽을 수 있는 어마어마한 시간을 확보할 수 있습니다.

저는 잠을 줄여서 책을 읽으라고 권하고 싶지 않습니다. 우리는 지금도, 충분히 잠을 자고 있지 못합니다. 다만, 아침에 몽롱한 채 이불 속에 있는 15분, 출근해서 커피를 마시거나 인터넷 서치하는 30분, 점심시간에 의미 없이 흘려보내는 45분, 퇴근하느라 차 안에서 보내는 30분을 독서하는 시간으로 바꾸면 누구나 1년에 100권 이상 독서를 할 수 있다고 말하고 싶습니다. 책을 읽지 못할 장소와 시간은 거의 없습니다. 운전을 하며 이동한다면, 외근하는 차 안에서 음악 대신 오디오북으로 청독할 수 있습니다. 출장이나 연수를 자주 다닌다면 텔레비전이나 인터넷 방송 시청하는 시간에 독서를 할 수 있습니다.

그렇다면 글쓰기에 도움이 되는 책 읽기는 무엇일까요? '주제 독서'와 '일반 독서'를 추천합니다. 주제 독서는 내가 쓰는 글의 주제와 같은 책을 보는 것을 말합니다. 만약 여러분이 지금 대학원을 다니고 있어서 논문을 써야 한다면 오늘부터 대학원 졸업하는 날까지는 매일 하루 1편 논문만 읽는 주제 독서를 해보세요. 내가 '장애인' 관련 프로포절을 써야 한다면 오늘부터 프로포절이 끝내는 날까지는 장애인을 주제로 하는 책, 글, 칼럼, 논문을 읽어보세요. 이렇게 하면 경쟁도서 분석도 되고 동시에 해당 분야 전문 지식을 쌓게 되어 여러분이 쓸 글의 자료 조사가 됩니다.

같은 주제를 찾아 읽는 주제 독서 말고, 일반 독서도 병행하는 것이 좋습니다. 배경지식, 상식이 되는 책을 말하는데요, 저는 책을 쓸 때 해당 분야 주제 도서를 최소 50권을 읽고, 일반 도서를 최소 50권을 읽습니다. 예를 들어 저의 첫 번째 책인 『1천 권 독서법』을 쓰기 위해 독서법에 대한 책 50여권을 주제도서로 읽었습니다. 읽으면서 해당 분야의 전문지식도 쌓게 되었고, 나의 경험적 근거를 이론적으로 검증할 수 있는 기회가 되었고, 다른 독서법에 없는 나만의 차별성을 파악할 수 있었습니다. 그리고 일반도서로 자기 계발서, 철학, 심리학, 명언에 대한 책 등을 동시에 읽으면서 다양한 인용으로 책 내용을 더욱 풍부하게 구성할 수 있었습니다.

또 여러분이 읽고 있는 이 책을 쓰기 위해서도 '글쓰기 책'과 '비즈니스 글쓰기 책', '사회복지 행정론', '의사소통에 대한 인문고전' '작가의 글쓰기 노하우' 등에 대한 책을 100여권을 읽으면서 이 책에 녹여내고 있습니다.

한국 사람들이 글을 읽을 줄 알지만, 책을 읽지 않아서 실질 문해율이 낮다고 알려드렸는데요, 앞으로 글쓰기를 잘 하기 위해서는 좋은 책과 글로 정보를 습득하고 읽고 이해하는 과정이 필수입니다. 인터넷이나 유튜브를 100시간 본다고 글쓰기 실력이 달라지지 않지만, 책을 100시간 본다면 독자님의 글쓰기 실력은 달라진다고 저는 확신합니다.

아는 만큼 보인다. 읽는 만큼 쓸 수 있다.
소설가 한수영

필사를 하면 잘 쓴다

글쓰기 기초 체력을 기르는 세 번째 방법은 필사입니다. 제가 책 읽는 독자에서 책 쓰는 작가가 된 비결은, 특히 베스트셀러 작가가 된 비법은 필사입니다. 필사는 독후감이나 독서 감상문, 서평쓰기가 아닙니다. 내 생각이나 느낌을 쓰지 않고, 작가의 문장 그대로 단어와 문장 부호, 띄어쓰기까지 똑같이 따라 쓰는 것을 말합니다. 매일 글을 써야 하는 직장인, 특히 바쁜 사회복지사에게 권하는 글쓰기 멘토는 '필사' 인데요, 종이와 펜만 있으면 글쓰기 실력을 높일 수 있습니다.

필사의 효과는 여러 연구에서도 검증이 되었습니다. 중고등학교 시절에 빽빽이 숙제를 해보셨나요? 단어 외우거나 시험공부할 때 많이 했었는데요, 눈으로만 할 때보다 손을 동시에 사용해서 집중력이 좋아지고, 눈으로만 읽었을 때보다 기억력에 도움이 됩니다. 또 프랑스 국립 연구 기관인 콜레주 드 프랑스의 연구에 따르면 손으로 필기를 하면 기억력과 이해력이 향상된다고 합니다. 손글씨를 쓰면 자동으로 작동되는 특별 신경회로가 있어 배움이 더 쉬워지고, 손을 많이 사용할수록 전두엽에 가해지는 자극이 커지고, 자극의 해석을 통해 창의적인 활동을 하게 되는 것입니다.

제가 경험한 필사의 가장 드라마틱 한 효과는 글쓰기 실력이 향상된다는 점입니다. 필사를 하면 왜 글쓰기 실력이 향상될까요? 저는 책을 읽으면서 필사를 한 것 말고는 전문적인 글쓰기 훈련을 한 것이 없는데요, 돌아보니 1천 권을 읽으면서 1천 명 작가들의 수십 만개의 문장을 만났고, 그중에서 필사할 문장을 고르면서 좋은 문장을 보는 안목이 생겼고, 손으로 몇 천 개의 문장 따라 쓰기를 하다 보니 작가들의 실력을 '커닝(?)' 하여 글쓰기 실력이 향상된 것이 비결입니다.

저는 필사를 800여 권 한 시점에 갑자기 '책이 쓰고 싶다' 는 마음이 들었습니다. 그 이유가 필사라고 생각하는데요, 매일 따라 쓰면 글 쓰는 행위에 익숙해지면서 쓰기에 자신감이 생깁니다. 매일 쓰는 습관이 생겨 무엇이든 쓰고 싶은 욕구가 생깁니다. 좋은 문장을 손과 뇌가 기억하면서 남의 글을 읽을 때 문장을 더 좋게 바꿔서 써보고 싶은 생각이 듭니다. 다른 사람이 쓴 글이지만 '나라면 이렇게 쓰겠다' 라는 생각이 들다 보니, 남의 글이 아니라 내 글을 쓰고 싶다는 마음이 생깁니다. 또한 필사는 기록물로 남아 다시 꺼내서 볼 수 있기에 글을 쓸 때 인용을 위한 기초 자료 조사 효과도 있습니다. 이렇듯 필사를 하면 글을 쓰게 됩니다.

필사는 크게 '전체 필사' 와 '부분 필사' 로 나뉩니다. 전체 필사는 책 전체를 따라 쓰는 것으로, 작가 지망생들이 문장력 향상을 목적으로 유명 작가의 책 전체 따라 쓰기를 합니다. 하지만 우리처럼 바쁜 직장인에게는 좋은 책이나 문장을 부분 필사하는 것을 권합니다.

가. 전체 필사

전체 필사를 할 때는 먼저 필사할 책 전체를 읽고 나서 책을 선정합니다. 매일 필사할 분량을 정합니다. 필사 분량은 하루 1장, 하루 목차 1개, 10줄 이런 식으로 각자 가능한 범위를 설정합니다. 필사는 하루에 많은 양을 하는 것보다, 조금씩 꾸준히 하는 것이 좋습니다. 분량을 너무 무리하게 잡지 않는 것이 좋습니다. 분량을 정했다면, 필사할 분량을 소리 내어 읽으면서 문장을 머리와 소리로 느낀 후 똑같이 따라 쓰기를 합니다.

나. 부분 필사

부분 필사를 할 때는 그날 읽을 책에서 필사하고 싶은 문단과 페이지를 밑줄을 치거나 플래그를 붙인 후, 그중 딱 한 문장을 선정합니다. 선정한 문장을 소리 내서 읽은 후 똑같이 따라 쓰기를 합니다. 부분 필사는 다시 객관적인 필사와 주관적인 필사로 구분합니다. 객관적인 필사는 책 전체에서 중요한 핵심 문장이나, 복선, 의미 있는 문장 등을 따라 쓰는 것을 말하고, 주관적인 필사는 문장이 수려하거나 공감이 되는 등 내 마음에 드는 문장을 따라 쓰는 것을 말합니다.

저는 객관적인 필사와 주관적인 필사를 병행하여 사용합니다. 글을 읽거나 책을 읽다가 마음을 울리거나, 핵심 문장이라고 생각되는 문단에 밑줄을 친 뒤, 그중 1개 문장만 수기로 작성합니다. 필사를 할 때 책을 다 읽은 후 따로 하지 않고, 읽으면서 동시에 필사를 합니다. 책을 다 읽은 후 필사를 하려면 귀찮고, 혹시 필사를 못하면 다음 책 읽기가 꺼려지는 성격 탓에, 필사를 위한 시간을 따로 내지는 않습니다. 그래서 책을 다 읽으면 필사도 같이 끝납니다.

필사하기 좋은 책은 무엇이 있을까요? 일반적으로 필사용으로 추천되는 책이 있습니다. 필사하기 좋은 책은 문법에 맞게 쓰이고, 문장 길이가 다양하고 표현력이 풍부한 글을 추천하는데요, 대표적인 추천 책으로는 성경이나 법구경 같은 종교 서적, 『칼의 노래_ 김훈』, 『키친_ 요시모토 바나나』, 『사흘만 볼 수 있다면_ 헬렌 켈러』, 『두근두근 내 인생_ 김애란』, 『무진기행_ 김승옥』 등이 있습니다. 이런 책이 아니더라도 내가 좋아하는 특정 작가가 있다면 그 작가의 책을 따라 쓰기를 하면 됩니다.

특정한 목적을 가진 글쓰기를 앞두고 있다면 내가 쓰려고 하는 주제 혹은 형식이 같은 필사를 하면 좋습니다. 여러분이 만약 논문을 써야 한다면 하루 1편씩 논문을 읽고 좋은 문장을 따라 쓰면 좋습니다. 논리적인 짧은 글쓰기를 위해 신문 칼럼을 매일 따라 쓰는 분도 있고, 에세이 작가를 꿈꾸는 분은 유명 작가의 에세이를 따라 쓰기도 합니다.

평소 책이나 글을 읽을 때마다 좋은 문장 수집하며 필사하는 습관도 좋습니다. 내가 한번 사용해 보고 싶은 단어, 명언, 싯구, 아이디어, 남의 좋은 문장을 필사로 적어두었다가, 나만의 문장으로 재인용하는 것입니다. 처음부터 재인용하기는 어려우니, 처음에는 똑같이 따라 쓰는 필사로 시작해서, 남의 좋은 문장을 내 문장으로 재탄생시키는 응용 수준까지 발전하면 최고입니다. 모방은 가장 좋은 스승입니다. 머리보다 몸에 익은 습관이 더 무서운 거 아시죠?

다만 필사를 할 때는 글보다 책을 추천합니다. 보통 글쓰기 고수들이 책을 내고, 또 작가들이 쓴 글이 국어국문학과나 문예창작과 출신의 출판사 전문 편집자들의 손을 거치면서 일반적인 글보다 양질의 글일 가능성이 크기 때문입니다.

필사를 하고 난 후 내용을 잊어도 괜찮습니다. 우리가 콩나물을 기를 때 구멍이 뚫린 시루에 콩을 넣고 기르는데, 물을 넣음과 동시에 구멍으로 물이 다 빠져나가지만, 콩나물은 흘러가는 물을 먹고도 쑥 쑥 자라듯이 필사도 그렇습니다. 10년 전 오늘 먹은 아침이나 점심이 무슨 메뉴인지, 어디서 누구와 먹었는지 기억해낼 수 없지만, 내가 어떤 음식을 먹었는지 기억하지 못한다고 그 음식들이 소용없는 것이라고 생각하는 사람은 없을 것입니다. 내가 기억하지 못하더라도 이미 내 몸에서 에너지원으로 사용되었기 때문이지요.

독서와 필사도 그렇습니다. 책을 읽은 후 금방 잊어버릴지라도 우리 뇌 어딘가에는 경험으로 저장되어서 콩나물 원리처럼 자양분이 됩니다. 여러분이 읽은 책을 다 기억하지 못할지라도, 좋은 글을 읽어야 잘 쓰게 되고, 많이 써야 잘 쓰게 됩니다. 글쓰기를 잘하고 싶은 사회복지사에게 좋은 글을 읽고 필사하기를 권합니다.

여러 문체를 받아 들이는 것은, 자기만의 문체를 개발하는데 필수적인 과정이다.
소설가 스티븐 킹

생각을 많이 하면 잘 쓴다

글쓰기 기초 체력을 기르는 네 번째 방법은 생각을 많이 하는 것입니다. 중국의 시인 도연명은 글을 잘 쓰기 위해서는 다독(多讀), 다작(多作), 다상량(多相量, 多商量)이라고 '삼다(三多)'를 이야기 하였습니다. 책을 많이 읽고, 글을 많이 쓰면 글을 잘 쓴다는 점은 수긍하면서도 '많이 헤아린다. 생각을 많이 한다'라는 뜻을 가진 '다상량'을 낯설게 생각하는 사람들이 있습니다. 글을 쓰기 전에 왜 생각을 많이 해야 할까요?

글쓰기에 정답은 없습니다. 그래서 내가 써야 하는 주제를 깊이, 그리고 많이 생각할수록 좋은 글을 쓸 수 있습니다. 생각을 하면 할수록 점점 몰입을 하게 되고 다양한 방향으로 사고가 확산될 수 있습니다. 글을 쓰기 전에 인터넷 검색부터 먼저 하는 사람들이 있습니다. 인터넷에는 정보가 많고, 쉽게 찾을 수 있습니다. 그래서 우리는 더 이상 정보를 머릿속에 저장하지 않게 되고, 인터넷 정보를 따라 흘러 다니는 우리의 사고는 더 이상 깊이 있는 사고를 하지 않게 되고, 그에 따라 뇌 구조까지도 물리적으로 변화하고 있다고 전문가들은 우려합니다.

글쓰기 전문가라도 도깨비방망이처럼 뚝딱하고 글이 튀어나오는 것이 아닙니다. 모든 글쓰기는 생각의 산물입니다. 글을 쓰기 전 충분히 생각하는 시간을 가져야 합니다. 글을 보면 얼마나 고민을 했는지, 많이 생각하고 노력했는지가 보입니다. 저는 생각을 발전시키기 위해 여러 도구를 사용하고 있습니다. 브레인스토밍, 마인드 맵, 퀘스천 맵, 만다라트 가지, SWOT 분석 등 생각을 위해 사용하는 생각 도구 5가지를 소개합니다.

1. 생각 도구 5가지

마인드 맵

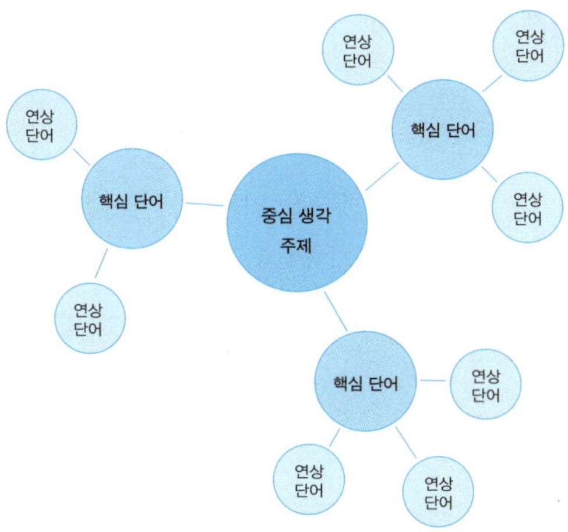

퀘스천 맵

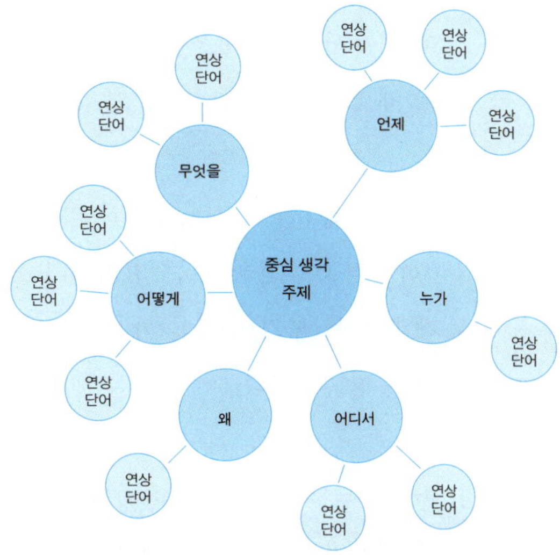

만다라트 가지

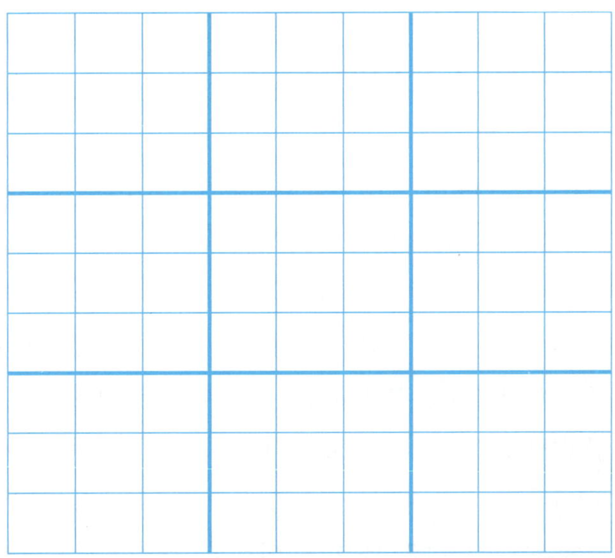

(1) 브레인스토밍(brainstorming)은 자유 연상방식으로 무의식의 흐름을 따라서 실현 가능성을 생각하지 않고, 의식의 흐름에 따라 생각을 확장하는 방법입니다.

(2) 마인드 맵(mind map, 생각그물·생각의 지도)은 〈중심 생각 - 핵심 단어 - 연상 단어〉로 거미줄식으로 생각을 확장해 나가는 방법인데요, 일·주·월·년 업무계획이나 문서 목차·구조를 만들 때, 과제 실행계획이나, 업무 청사진·조감도를 구성할 때 많이 사용합니다.

(3) 퀘스천 맵(question map, 질문의 지도)은 좀 더 체계적인 생각을 위해 마인드맵에 6하원칙을 적용해 보는 방법입니다. 중심 생각 다음에 핵심 단어 6개를 누가/언제/어디서/누가/무엇을/왜를 중심으로, 연상 단어를 발전시키면서 생각을 확장하는 방법입니다.

(4) 만다라트는 일본의 이마이즈미 히로아키가 창안한 생각 도구입니다. 만다라트 가지는 가로 9칸, 세로 9칸으로 칸을 나눈 후 정중앙 칸에 중심 생각을 작성하고, 나머지 8칸은 빈칸을 채우고 싶은 사람의 심리를 이용해서 중심 생각에서 최소 8가지 연상을 끌어내는 방법입니다. 핵심 키워드 작성 후 주요 토픽 8개를 작성하고, 8개의 토픽마다 하위토픽을 다시 8개씩 생각하면 한 가지 핵심 키워드에 최소 81가지의 연상을 발전시킬 수 있습니다.

(5) SWOT는 기업을 Strength 강점, Weakness 약점, Opportunities 기회, Threats 위협의 4가지 상황별, 요인별로 분석하여 마케팅 전략을 세우는 분석방법론인데요, 기업의 업무용 글쓰기 외에도 취업을 위한 자기소개서나, 자기 분석 보고서에도 자주 사용됩니다. '강점'은 경쟁기관/경쟁 프로그램과 비교하여 클라이언트에게 강점으로 인식되는 것이 무엇인지, '약점'은 경쟁기관/경쟁 프로그램과 비교하여 클라이언트에게 약점으로 인식되는 것이 무엇인지, '기회'는 외부환경에서 유리한 기회요인은 무엇인지, '위협'은 외부환경에서 불리한 위협요인은 무엇인지를 찾아내는 것인데요, 내부 및 외부 환경의 변화를 동시에 파악하는 강점 때문에 SWOT 분석은 생각을 확장하는 도구로 빈번하게 사용됩니다.

2. 생각을 발전시키는 방법 5가지

이렇게 생각 도구를 활용하는 방법 외에도 ① 일상에서 생각나는 아이디어를 수시로 적는 방법도 있습니다. 지나가다 간판을 보거나, 광고를 보거나, 현수막을 보다가 내 글에 넣으면 좋겠다 싶은 내용이 있으면 즉시 적으면서 어떤 글, 어느 부분에 넣을지 생각합니다. 라디오를 듣다가 다른 사람의 대화를 듣다가 생각이 떠오르면 즉시 적어둡니다.

② 생각을 위해 공간을 분리하기도 합니다. 생각을 하기 위해 밖에서 걷기도 하고, 해당 주제에 대한 책을 읽으면서 생각하기도 합니다. 생각을 하기 위해 낯선 환경 속에 본인을 넣기 위해 여행을 가기도 합니다. 또 평소에 하지 않았던 경험을 하기도 합니다. 영감을 불러일으키는 음악을 듣기도 하고, 평소에 가보지 않았던 장소에 가보기도 합니다. 또 전혀 모르는 분야의 사람과 이야기를 하기도 하고, 멘토가 되는 사람을 만나서 이야기를 하기도 합니다.

③ 생각을 하기 위해서는 일과 시간 중 일부를 생각을 위해 사용해야 합니다. 빌 게이츠는 1년에 두 번 인적 없는 섬에 들어가서 1~2주 동안 '생각 주간(think week)'을 가집니다. 1~2주 동안 외부와의 연락을 끊고 미래를 준비하고 결정합니다.

워렌 버핏은 1년에 50주 동안은 생각을 하고, 2주 동안 일을 한다고 표현을 할 정도로 생각을 중요시합니다. 그 외에도 소프트뱅크 손정의 회장은 매일 생각할 시간을 별도로 확보했고, 삼성 이건희 회장도 주요한 결정을 앞두고는 절에 가서 생각하는 시간을 가졌습니다. 시간을 분초 단위로 사용하는 저명인사들이 별도로 생각하는 시간을 두는 이유가 무엇일까요? 바로 깊고 넓게 생각하기 위해서입니다.

④ 좋은 글쓰기를 위해서는 '깊고 넓게 생각'해야 합니다. 먼저 깊게 생각한다는 것은 '몰입'을 말하는데요, 어떤 일에 온 정신이 빠져든다는 뜻입니다. 깊이 있는 생각을 하기 위해서는 생각할 시간을 충분히 갖는 것이 필요합니다. 생각이 깊어지면 예리한 관찰력이 생기고, 민감성과 감수성이 향상됩니다. 평소에 그냥 지나쳤던 사실들이 새롭게 다가오고, 이미 알고 있던 정보들이 통합되면서 유의미한 새로운 정보를 도출해 내기도 합니다. 생각은 그냥 솟아나지 않습니다. 온전히 생각에 빠져들 시간과 공간을 확보하는

것이 필요합니다. 우리가 저명인사들처럼 1~2주간을 생각만 하는 시간을 내기는 어렵지만, 프로포절이나 사업계획서 등 주요한 글쓰기를 앞두고 있다면 하루 최소 몇 분씩 1주~2주라도 내가 글을 쓸 내용에 대해 충분히 생각하는 시간을 갖는 것이 필요합니다.

⑤ 넓게 생각하기 위해서는 직접 또는 간접 경험을 많이 하는 것이 필요합니다. 아이 두 명을 놓고 '비행기'에 대해 글을 써보라고 할 때 한 명에게는 기존에 알고 있던 것만 가지고 바로 글을 쓰라고 하고, 다른 한 명에게는 비행기 박물관을 데리고 가고, 비행기에 대한 책을 읽히고, 파일럿 인터뷰를 시키고, 실제로 비행기를 타보기까지 했다면 둘 중에 누가 더 글을 잘 쓸 수 있을까요? 당연히 아무 경험도 없는 아이보다는 여러 가지 직간접 경험을 해본 아이가 더 잘 쓸 것입니다. 여러분도 글 주제에 대해 직접 간접 경험을 많이 하면 글을 잘 쓸 수 있습니다.

직접 경험은 여러분이 실제로 경험을 해보는 방법입니다. 직접 만나본 경험이나 사례 수집을 하거나 관련 체험이나 여행, 현장 학습 등도 직접 경험입니다. 노숙자를 오랫동안 만나본 경력이 있거나 내가 노숙자였던 경험이 있다면 경험이 없는 사람보다 좋은 글을 쓰게 될 것입니다.

간접 경험은 관련된 책을 읽어나 글을 읽거나, 관련된 심도 있는 공부를 하거나, 인터뷰를 하거나 취재를 하거나, 설문조사를 하는 것입니다. 노숙자에 대한 책을 읽거나 글을 읽거나, 노숙자를 직접 인터뷰를 하거나 관련 실무자를 대상으로 취재를 하거나 설문조사하는 방법도 있겠지요? 직접 경험과 간접 경험 모두 다 풍부하다면 더 좋은 글쓰기를 할 수 있습니다.

3. 상사와 함께 생각하기

간접 경험과 관련해서 상사와 자주 생각을 나누는 것도 추천합니다. '다상량'이라는 단어는 한자로 많을 다(多) 서로 상(相) 헤아릴 량(量)을 사용합니다. 서로 상(相) 이라는 한자는 "서로, 보다, 자세히 보다, 바탕"이라는 뜻을 가지고 있습니다. 즉 혼자 생각을 많이 하는 의미뿐 아니라 서로 본다는 의미도 있음으로 다른 사람과 의사소통을 많이 하는 것도 생각을 확장하는 좋은 방법이 될 수 있습니다. 여러분의 상사는 해당 분야의 경험이나 전문성이 여러분보다 많으니 간접 경험을 하는 효과가 있습니다. 또 여러분의 업무용 글쓰기는 상사의 결재를 받아야 세상 밖으로 나가서 다른 사람에게 읽히는 글이 될 수 있습니다. 상사가 결재하지 않으면 폐기되어 쓰레기통 고객 신세가 될 것입니다. 나 혼자 아무리 만족하더라고 상사의 생각을 통과하지 못 하면 안 됩니다. 혼자 쓰다가 제출해 버리면 끝이라는 생각으로 작성하지 말고, 글쓰기 전 단계·중단 단계·최종 마감 전에는 상사와 의사소통을 하며 생각을 발전시키고 생각 전향이 필요하다면 한시라도 빨리하는 것이 좋은 글을 쓸 수 있는 방법입니다.

작가들 중에서도 글을 쓰면서 글쓰기 전문가가 아닌 가족에게 읽어주고 의견을 듣고 글을 수정하기도 하고, 편집자와 글의 방향을 정하면서 글을 작성하기도 합니다. 내 글을 잘 이해해 줄 수 있는 사람과 이야기를 하면 생각을 발전시킬 수 있습니다. 헬 스테빈스는 "글쓰기는 생각이 90%이고, 잉크가 10%"라고 했습니다. 우리가 써야 할 글에 대해 넓고 싶은 생각을 하면 좋은 글을 쓸 수 있습니다.

글을 쓰고 싶다면 종이와 펜, 그리고 약간의 배짱만 있다면 된다

작가 로버타 진 브라이언트

많이 쓰면 잘 쓴다

글쓰기 기초 체력을 기르는 마지막 방법은 많이 쓰는 것입니다. 고기도 많이 먹어본 사람이 잘 먹듯이, 글도 많이 써본 사람이 잘 씁니다. 유명한 작가들은 타고나기를 글을 잘 쓰게 타고난다고 생각할지 모르겠습니다만, 대부분의 작가는 많이 쓰다 보니 잘 쓰게 되었다고 말합니다.

베스트셀러 작가 스티브 킹도 학창 시절부터 수많은 글을 썼고, 수많은 글을 출판사로부터 반송 받았다고 말합니다. 방에 큰 못을 하나 박아두고, 출판에 보냈다가 반송 당한 원고를 큰 못에 꽂았는데, "거절 쪽지를 받았을 때, 벽에 못을 박고 이 못에 찔러 넣었다. 나중에는 그 못은 꽂혀 있는 거절 쪽지의 무게를 더 이상 감당할 수 없을 지경이었다. 나는 못을 더 큰 것으로 바꾸고 글쓰기를 계속했다."라고 『유혹하는 글쓰기』라는 책에서 고백하면서, '글쓰기를 배우는 가장 좋은 방법은 많이 읽고 많이 쓰는 것이다' 라고 강조합니다.

우리나라에서 많은 사랑을 받는 베스트셀러 작가들도 그렇습니다. 김훈 작가는 '일필오(日必五)' 라고 하여 '하루에 반드시 5매를 쓴다' 라고 하고, 다작으로 유명한 스티븐 킹 작가도 '나는 하루에 열 페이지씩 쓴다' 라고 말합니다. 무라카미 하루키 작가도 규칙적인 글쓰기 생활로 유명한데요, 눈이 오나 비가 오나 매일 20매의 원고를 씁니다. 누구나 글을 쓸 때는 힘들고 괴롭듯이 본인도 마찬가지라고 말하면서 매일 저녁 9시에 잠자리에 들고, 새벽 5시에 일어나서 1~2시간 운동을 하고, 바로 자리에 앉아서 오전 내내

20매의 원고를 쓰는 규칙적인 생활 덕분에 등단 후 30년간 집필을 할 수 있었다고 말합니다.

우리도 이런 작가들처럼 매일 꾸준히 글을 작성해야 잘 쓸 수 있습니다. 여러 번 강조하지만, 사회복지 글쓰기는 양식에 따른 글쓰기 기술을 익히고 꾸준히 쓰면 잘 쓸 수 있습니다. '구슬이 서 말이라도 꿰어야 보배'라는 속담처럼, 여러분 머릿속에 있는 생각을 손으로 직접 적어서 세상 밖으로 내놓아야 합니다. 쓰다 보면 생각으로는 완벽했는데 내 손과 문장이 따라주지 않는다는 경험을 할수도 있습니다. 그때부터 여러분은 더 살아있는 글쓰기를 할 수 있게 됩니다.

저는 2004년부터 지금까지 사회복지 현장에서 실무자로 일을 해왔습니다. 그동안 다양한 업무용 글쓰기를 해보았습니다. 그동안 1년에 많게는 750건 이상의 기안서를 쓰고, 년 6회 이상 프로포절을 써왔습니다. 비매품 도서 집필진으로도 다수 참여해본 경험이 있습니다. 아래 표는 매년 작성해본 기안 수와 직접 작성한 프로포절 수, 비매품 도서 집필, 단독 저서 글쓰기를 한 횟수입니다.

<table>
<tr><th>기안 작성 수</th><th>프로포절 작성 수</th><th>비매품 도서 집필진 8회</th></tr>
<tr><td rowspan="3">2013년 480건
2014년 750건
2015년 720건
2016년 560건
2017년 510건
2018년 510건
2019년 400건
2020년 420건</td><td rowspan="3">2006년 3회
2007년 6회
2008년 6회
2009년 6회
2010년 1회
2011년 1회
2012년 3회
2013년 4회
2014년 2회
2015년~2020년 1회</td><td>3개 대학 실습매뉴얼,
서울시복지재단 경영실무 도움서 2권/
마을지향 에세이집/ 복지대상 사례집,
한국행정학회 학술대회 사례집 등</td></tr>
<tr><td>판매용 단독 저서 3회</td></tr>
<tr><td>1천권 독서법/ 다산북스/ 2017
기적을 만드는 엄마의 책공부/ 가나출판사/ 2019
초등 하루 한 권 책밥 독서법/ 다산북스/ 2020</td></tr>
</table>

그렇게 많은 글쓰기를 하면서 5년, 10년, 15년이 지나자 점점 업무용 글쓰기에 숙련되고 있습니다. 사회복지 글쓰기 외에도 세 권의 책을 낸 작가가 되었으니 지금은 글쓰기가 쉽냐고 묻는다면 '아니다'라고 대답합니다. 왜냐면 죽을 때까지 익히고 배워야 하는 기술이 바로 글쓰기이기 때문입니다. 글은 많이 쓸수록 는다는 점을 여실히 알려주

는 지표가 있습니다. 제가 그동안 냈던 책들의 평점을 온라인 서점에서 살펴보았습니다. 첫 번째 책 『1천 권 독서법』은 평점 평균이 8.6점이고, 두 번째 책 『기적을 만드는 엄마의 책 공부』는 9.2점, 세 번째 책 『초등 하루 한 권 책밥 독서법』은 9.6점으로 글쓰기 경험이 쌓인 책일수록 평점이 점점 올라가는 것을 알 수 있습니다. 글쓰기는 엉덩이의 힘으로 향상됩니다.

여러분도 많은 기안서와 계획서, 프로포절, 사례집, 클라우드 펀딩, 보도자료, 기사, 홍보를 작성해 보면서, 아마 입사 첫날보다는 글쓰기에 익숙해지는 경험을 해 보았을 것입니다. 아직도 글쓰기가 익숙해지지 않는다면 아직 글을 덜 썼기 때문입니다.

글쓰기를 두려워하지 않는 것, 오늘도 일단 쓰는 것이 먼저입니다. 베스트셀러 작가 김영하 작가가 말하길 "일단 쓰라"고 말하면서 "무엇이든 일단 첫 문장을 적으십시오. 그것이 모든 것을 바꿔놓을지도 모릅니다."라고 덧붙입니다. 그 이유에 대해 글쓰기는 예상대로 잘되지 않아서 사람들이 두려워하는데, 일단 적으면 단어가 문장이 되고 문장이 문단이 되면서 문서가 완성되는 힘이 글 안에 숨어 있기 때문이라고 말합니다.

업무용 글쓰기가 아니더라도 일상 속에서 개인적 글쓰기를 많이 하는 것도 글쓰기 실력 향상에 도움이 됩니다. 매일 글을 쓰기만 해도 글쓰기의 두려움이 줄어들고, 쓰기에 익숙해집니다. 개인적 글쓰기는 비공개로 쓰는 일기나 나를 모르는 불특정 다수에게 공개하는 SNS 글쓰기가 있습니다.

혼자 쓰고 혼자 보는 일기도 글쓰기 연습이 되지만, 일기는 감성에 빠지거나 넋두리가 될 가능성이 큰데요, 이런 글쓰기는 업무용 글쓰기에는 큰 도움이 되지 않습니다.

내가 아는 사람들이 내 글을 보는 것이 싫다면 SNS의 익명성을 활용해도 좋습니다. 누구나 내 글을 볼 수 있지만, 나인줄 모르도록 SNS를 개설할 때 본명이 아닌 가명이나, 아이디를 사용해도 좋습니다. 다만 비공개보다는 누구나 읽을 수 있도록 공개하는 것이 글쓰기 훈련에는 더 도움이 됩니다. 글을 작성할 때는 단어로만 끝나거나 ~임으로 간략히 문장을 마무리하지 말고, '~이다.' 혹은 '~입니다'로 끝나는 명확한 문장으로 작성해 보세요.

글쓰기는 글쓰기를 통해 연마됩니다. 아래 목록은 50일 동안 글을 써볼 개인 글쓰기 주제 예시입니다. 매일 1개의 주제를 선택해서 3줄 이상 글쓰기 연습을 시작해 보세요. 인터넷을 검색하면 글쓰기 좋은 주제가 많이 노출되어 있으니, 최소 100일 동안은 매일 글쓰기를 도전해 보면 좋겠습니다. 아래 주제로 두 번씩 반복해서 100일 작성해 보아도 좋습니다.

매일 글쓰기 주제 1~50

여러분 이름의 뜻은 무엇인가요?	복권에 당첨된다면 무엇을 하고 싶나요?
여러분이 가장 좋아하는 계절은 언제인가요?	알고 싶은 인생 꿀팁이 있나요?
기억에 남는 나의 어린 시절 추억이 있나요?	최근에 병원에 다녀온 경험이 있나요?
나에게 가장 어려운 일은 무엇인가요?	부모님이 나에게 끼친 영향은 무엇인가요?
내가 그동안 해본 가장 큰 도전은 무엇이었나요?	최근에 읽은 책 중 좋았던 책 1권을 소개해 주세요.
여름(겨울)이 되면 해보고 싶은 일은 무엇인가요?	내 신체 중 가장 마음에 드는 부분과 그 이유는 무엇인가요?
코로나가 사라진다면 가장 먼저 하고 싶은 것은 무엇인가요?	요즘 신조어 중 알고 있는 단어와 뜻을 알려주세요.
코로나 백신을 가족 중 딱 1명만 맞을 수 있다면 누구를 선택하겠습니까? 이유는요?	가입해 있는 동호회나 모임, 단체 등이 있으면 소개해 주세요. (없으면 가입하고 싶은 것으로 작성)
할 줄 아는 악기나 노래가 있으면 소개해 주세요.	우주는 어떻게 만들어졌다고 생각하나요?
내가 딱 한 개의 초능력을 갖게 된다면 어떤 초능력을 갖고 싶나요?	인간관계에서 가장 중요하게 생각하는 것은 무엇인가요?
내가 가장 행복했던 때로 돌아간다면 언제, 어떤 상황인가요?	오래 전에 만났다가 연락이 끊긴 사람 중, 다시 만나보고 사람이 있나요?
자녀가 있는 분은 자녀가 없다면, 자녀가 없는 분은 자녀가 있다면 어떨지 상상해 보세요.	죽기 전에 마지막으로 먹고 싶은 음식은 무엇인가요?
가장 최근에 본 영화는 무엇인가요?	하루 중 가장 흐뭇한 때는 언제인가요?
가본 여행지 중에 또 가고 싶은 곳이 있나요?	사랑하는 사람들이 당신을 어떻게 기억해주길 바라나요?

통일이 된다면 어떤 산업이 가장 발전할 것 같나요?	집에 불이 난다면 (사람을 빼고) 가장 먼저 챙길 보물은 무엇인가요?
인공지능에게 우리의 일자리를 많이 뺏긴다고 예측이 되는데, 여러분의 필살기는 무엇인가요?	여러분은 사회복지 분야에 인공지능이 어떻게 활용이 되면 좋다고 생각하나요?
내가 가장 좋아했던 리더/ 멘토/ 스승은 어떤 분이셨나요?	탑골 아이돌 중 꼭 다시 활동했으면 하는 가수가 있나요?
나를 괴롭혔던, 힘들게 했던 사람이 있나요? 지금 어떤 생각이 드나요?	내가 가장 좋아하는 음식은 무엇이고, 나만의 맛팁이 있나요?
스트레스를 어떻게 해소하나요?	30년 뒤 나에게 남기고 싶은 3줄의 글은 무엇인가요?
같이 일할 동료를 뽑을 때, 어떤 점이 가장 중요하다고 생각하나요?	만약 자가격리를 한다면 꼭 필요한 물건 3가지는 무엇인가요?
최근 가장 분노했을 때는 언제, 어떤 상황이었나요?	덕업일치를 할 수 있다면 어떤 일을 하고 싶나요?
내가 가장 자신 있게 요리할 수 있는 음식은 무엇인가요?	현재 당신의 모습은 어떠한가요? 입고 있는 옷, 장소, 일행 등을 자세히 적어보세요.
상사의 엄청난 비리를 알게 되었다면 어떻게 조치하겠습니까?	지금 당신 가방 안에 있는 물건들이 무엇인지 모두 적어보세요.
1분 동안 자기소개를 해야 한다면 어떻게 말할지 적어보세요.	버킷리스트 3개만 적어보세요.
5년 뒤에 나의 모습을 상상한다면요?	내가 써보고 싶은 책은 어떤 책인가요?

글쓰기 실력을 높이는 방법은 단 하나 뿐입니다. 쓰고 또 쓰고 또 쓰세요.

작가 요시다 히로시

4부_ 글쓰기 5단계

글쓰기 1단계 _ 사전 준비

글쓰기에는 단계가 있습니다. 저는 글쓰기를 할 때 컴퓨터를 켜고 첫 문장부터 바로 시작하면 되는 것으로 알고 있었는데 아니었습니다. 글쓰기에는 무려 5개의 단계가 있습니다. 글쓰기 첫 번째 단계는 사전 준비 단계입니다. 글쓰기 전에 주제를 정하고 분량과 양식, 형식을 확인하고 기록 도구가 무엇인지 파악 후 어떤 문장 형식으로 쓸지 정하는 단계입니다.

1. 주제 정하기

글을 쓰기 전 주제를 명확히 하고 글을 써야 합니다. 보통 작가들은 주제를 한 문장으로 정리해서 벽에 붙여놓고 글을 쓰기 시작합니다. "자신의 제안을 한 문장으로 말할 수 없다면, 그 아이디어가 잘못된 것이거나 잘 알지 못하는 것이다."라고 로버트 코스 버그가 말했습니다. 주제는 '사랑은 강하다'는 식으로 한 줄이나, 한 문장으로 명확히 설정합니다. 저는 첫 책 『1천 권 독서법』은 "직장인도 하루 한 권 책 읽기 할 수 있다"가 주제였습니다. 지금 이 책은 쉽게 배우고 바로 활용할 수 있는 "사회복지사의 업무용 글쓰기 노하우 전수"가 주제입니다.

우리는 운전하기 전에 내비게이션에 목적지를 입력하고 출발합니다. 내비게이션에 목적지를 틀리게 입력하면 아무리 운전을 잘해도, 교통 법규를 잘 알아도, 차가 좋아도 목적지에 도착하지 못합니다. 주제는 목적지와 같은 역할을 합니다. 여러분도 글을 쓰기 전에 내가 할 말의 'one point'를 머릿속에 입력해야 합니다. 글쓰기의 목적, 이유를 고민해서 내가 하고 싶은 말을 한 문장으로 정리해서 붙여놓고 글쓰기를 시작합니다. 이 주제에 맞는 분량과 양식, 내용, 기록 도구, 형식을 정하고 자료를 조사하고 내용을 구성하고 글을 써야 하고 퇴고할 때도 주제를 중심으로 해야 하므로 주제 정하기는 매우 중요합니다.

주제를 정할 때는 내가 잘 알고 있어서 자신 있고 할 말이 많은 주제를 정하는 것이 좋습니다. 그래야 쓰는 이 스스로 재미와 흥미를 유지할 수 있습니다. 또 주제는 분량에 맞는 주제를 정하는 것이 좋습니다. A4 10장을 작성해야 하는데 너무 작은 소주제로 정하거나, A4 1장을 작성해야 하는데 너무 큰 주제를 정하면 글에 적절하게 담아내기 어렵습니다. 또 주제는 호기심을 자극하는 지식, 깊은 성찰이 담겨서 요즘 사람들이 관심 가질만한 이야기면 좋습니다. 멀리 있는 거창한 이야기보다는 내 주변에 있는 소재나 이야기에서 시작하는 것이 적절합니다.

2. 적절한 양식, 형식, 분량 확인하기

글쓰기 전 준비단계에서는 내가 써야 하는 글의 형식, 분량, 양식 등을 미리 파악해야 합니다. 정해진 양식이나 형식이 있는지와 또한 글씨체나 폰트 크기도 미리 알면 나중에 수정이 줄어들 수 있습니다. 제가 근무하는 기관에서는 용지 규격은 A4용지, 글씨체는 굴림체를 사용합니다. 글씨 크기는 큰 제목은 13포인트 굵은 체, 소제목은 11포인트 굵은 체, 내용은 기본 10포인트입니다. 그리고 인테이크지, 신청서, 계약서, 사업계획서, 사업평가서, 기안서, 일지 등 60여 가지 업무용 글쓰기 종류별로 정해진 형식을 활용하여 작성합니다. 적절한 분량도 미리 파악하는 것이 좋습니다. 기안서는 보통 A4 1매 내외, 회기별 프로그램 계획서나 평가서는 A4 1~3매 내외, 연간 사업계획서나 프로포절은 A4 7매~15매 이내를 적절한 분량으로 합니다.

애플·페이스북·현대카드 등 대기업의 예를 보면 전체적인 문서 추세는 1 page, no PPT, no paper라고 할 수 있습니다. 1page 문서로 짧은 문서가 선호되고 있고, PPT를 사용하지 않는 추세이고, no paper로 문서를 전자 문서나 온라인상 생성·저장하고 종이로 출력하지 않는 추세입니다. 사회복지 업무용 문서는 아직 분량이 많은 편인데요. 사실 짧게 쓰는 것이 더 어렵습니다. "짧은 생각 속에 나온 문서는 길어지고, 긴 생각속에 나온 문서는 짧아진다" 라는 말이 있습니다. 할 말을 다 담으면서도 짧고 굵게 문서를 쓸 수 있어야 합니다. no paper라는 세계적인 추세처럼 사회복지 업무에서 온라인 매체를 활용하는 빈도가 많이 늘었는데요, 온라인 매체에 쓰는 글도 적절한 분량과 정보량이 있습니다. 부록에 실어 두었으니 확인 후 활용해 보세요.

3. 글 쓰는 목적 생각하기

글 쓰는 목적에 따른 4가지 유형

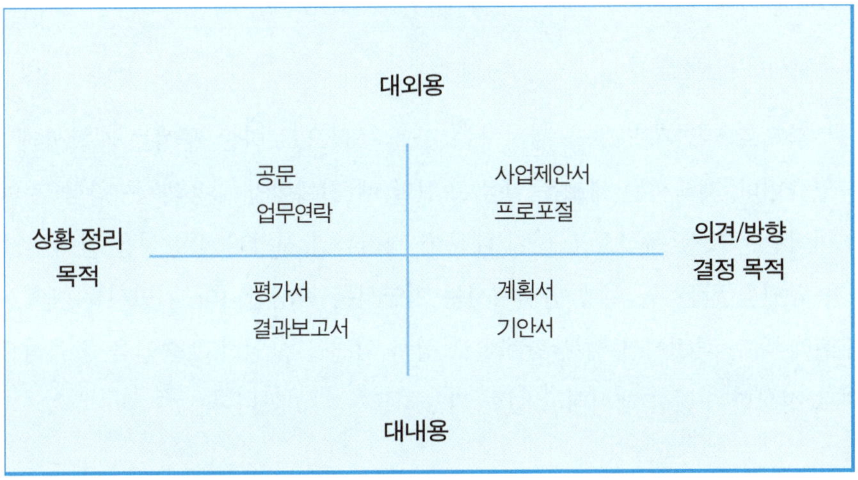

1) 사업 제안서/ 프로포절 종류

대외적으로 의견이나 방향을 제시하는 것은 사업제안서와 프로포절 종류가 있습니다. 사업제안서와 프로포절은 외부의 타 기관, 외부의 전문가가 독자입니다. 외부로 발송하는 공식 매체로서 공문서 형식이나 해당 지원단체에서 제시하는 사업제안서 양식을 갖추어서 작성해야 합니다.

대외 발송하는 프로포절, 사업제안서 작성 시는 외부 기관이 우리 기관을 잘 모른다는 전제로 우리 기관의 상황과 배경을 이해할 수 있도록 기관 소개에서 신뢰감을 주고, 사업의 필요성을 확실히 밝혀야 합니다. 문제 해결을 위한 아이디어의 실행 과정과 요청 사항을 구체적으로 설득력 있게 논리적으로 기술하는 것이 중요합니다. 예산을 명백히 제시하고 성과 결과를 어떤 방법으로 평가할지가 정확히 밝혀져야 합니다.

2) 대외 업무 연락 종류

대외적으로 상황 정리를 목적으로 하는 것은 공문과 업무 연락, 업무용 이메일 등이 있습니다. 업무와 관련해서 다른 부서, 외부 기관에 협조를 요청하거나 지역주민에게 안내문이나 홍보지 등으로 내용을 전파하는 것을 목적으로 하기에 공적 예의를 갖추어 작성합니다. 보통 담당자선에서 전화나 메신저로 비공식적 의사소통이 진행되고 합의가 되었더라도, 공식적으로 정리하여 문서로 남겨야 합니다.

3) 내부 계획서/ 기안서 종류

기관 내부적으로 의견과 방향을 결정하는 것을 목적으로 하는 문서는 계획서와 기안서 종류가 있습니다. 계획서는 새로운 일을 추진할 때 전체적인 내용과 큰 방향, 전략을 정리하여 허락받는 것을 목적으로 하기 때문에 장기적인 시각과 방향성을 담아야 합니다. 계획서가 승인을 받은 후, 실행 단계에서는 기안서를 작성합니다. 기안서는 계획서를 현실로 구현해 내는 과정에서 업무 단계별로 상사 의견을 확인하고 승인을 공식적으로 받는 절차로 정확한 수치를 제시하고 실현 가능하도록 작성합니다.

4) 내부 평가서/ 결과 보고서 종류

기관 내부적으로 상황 정리를 목적으로 하는 것은 평가서와 정산서, 결과 보고서 등의 문서가 있습니다. 계획서와 기안서로 승인을 받은 후 모든 업무의 종료 시마다 작성합니다. 특히 계획과 다르게 된 부분이 있다면 상세히 기술하고, 잘 된 점과 잘 안 된 점, 계획대로 진행된 점과 계획대로 안 된 점을 객관적이고 정확히 작성하는 것이 좋습니다.

4. 필요한 글쓰기 내용 파악하기

사회복지 기록에 포함되어야 할 기본적인 내용은 클라이언트에 대한 정보, 서비스 제공 이유와 방법, 서비스 제공에 영향을 미치는 요소, 개입의 목적, 종결 이유와 방법, 사후 계획 등입니다. 공통적인 요소는 이렇지만 구체적으로 각 글쓰기의 종류에 따라 들어가야 할 내용이 다릅니다.

기초상담을 하는 경우에는 기본 정보로서 이름, 성별, 가족 구성과 동거 여부들을 알아야 하고, 환경에서는 가계도, 생태도, 공식/비공식 자원, 욕구와 사정 분야에서는 의식주, 경제, 정서, 능력, 환경 등, 서비스 제공과 관련해서 목표와 촉진/방해 요인 등을 파악해야 합니다. 집단 상담 과정기록에서는 참석자 이름, 날짜, 장소, 회기, 진행 시간, 목적, 계획, 상호작용 내용, 사회복지사 구실과 활동, 클라이언트 상황 또는 문제, 반응, 반응에 대한 사회복지사의 사정, 평가, 사회복지사 활동에 대한 자기분석, 차기 계획 등이 기록되어야 합니다. 년 단위 사업계획서에는 기관 사명과의 관련성, 필요성, 클라이언트의 욕구나 문제, 이론적 배경, 경험적 근거, 서비스 이용자와 선정 기준, 프로그램 목적과 목표, 세부 프로그램 내용, 담당 인력, 예산, 평가 계획 등이 기록되어야 합니다.

초급 사회복지사가 많이 하는 실수 중 한 가지가 본인이 글을 써야 하는 내용이 무엇인지 모르고 인테이크를 하거나 상담을 하거나 슈퍼비전을 받는 것입니다. 글을 써야 하는 내용을 모르고 가정 방문을 다녀오면 글을 작성하는 과정에서 수집하지 못한 자료가 생겨 가정방문을 다시 해야 하는 경우도 있습니다. 글을 쓰기 전에, 상담을 하기 전에, 가정방문을 하기 전에, 슈퍼비전을 받기 전에 내가 어떤 내용으로 글을 써야 하는지 글쓰기 내용을 먼저 살펴보아야 야근을 줄일 수 있습니다.

5. 기록 도구 확인

요즘은 기록 도구가 다양해지고 있습니다. 예전에는 거의 다 수기로 작성했다고 선배들이 말했었는데요, 점차 수기 작성이 점점 줄고 HWP 문서, MS word 문서, 엑셀, PPT 등 컴퓨터 프로그램으로 작성하는 문서가 늘고, 구글 워크시트나 네이버폼 등으로 인터넷에서 바로 작성하는 문서들도 있습니다. 또 이용자 정보관리, 예산회계, 상담기록의 경우 진우, 더존, 인트라넷, 시설정보시스템 등 별도의 정보 시스템을 사용하는 경우도 있습니다. 각 문서마다 수기, 컴퓨터 프로그램, 인터넷, 별도의 정보시스템 등 어떤 기록 도구로 작성해야 하는지 확인 후 작성합니다.

다양한 기록 도구

구 분	사용 프로그램 예시	작성 문서 예시
수기	-	출퇴근부, 출석부
컴퓨터 문서	HWP, MS word, 엑셀, PPT	대부분의 업무용 문서
인터넷 작성	구글 워크시트, 네이버폼	만족도 조사, 회의록, 업무일지
정보 시스템	진우, 더존, 인트라넷, 시설정보시스템	정보관리, 예산회계, 상담기록

작가는 글을 쓸 때 하루 종일 글 생각을 한다.
글을 쓰는 것보다 중요한 것은 글을 쓰기 위한 준비이다.
작가 김경윤

글쓰기 2단계 _ 정보 수집

글쓰기 두 번째 단계는 정보 수집 단계입니다. 사회복지사들이 업무용 글쓰기를 쓸 때 어려운 이유 중 한 가지는 글의 재료인 정보 수집을 충분히 하지 않기 때문입니다. 글을 쓰기로 결심하고 주제를 정했다고 바로 글이 나오지 않습니다. 천재 같은 작가들도 맨땅에 헤딩해서 글이 나오는 것이 아닙니다. In Put이 있어야 Out Put이 있습니다.

글쓰기로 먹고사는 작가들도, 몇십 년간 글을 쓴 작가들도 주제를 정하고 나면 주제에 대해 심도 있는 고민을 하면서 철저한 자료 조사를 합니다. 작가들끼리 하는 말로 In Put과 Out Put의 비율을 100:1이라고 말하는데요, 1장의 글을 쓰기 위해서는 100장의 자료 조사를 해야 한다는 말로, 충분한 자료 조사의 필요성을 나타내는 말입니다.

정보 수집은 시장조사와 자료조사가 있습니다.

가. 시장조사는 내가 정한 주제가 시장성이 있는지 판단하기 위한 조사 과정이고, 자료조사는 내가 쓸 글의 재료를 찾는 과정입니다. 독서법 책을 예로 든다면, 시장조사는 요즘 독서법 책의 트렌드가 무엇인지 서점에 가서 직접 찾아보고, 편집자가 하는 출판 동향을 살펴봅니다. 또 요즘 베스트셀러 독서법 책이 무엇이고 저자의 특징이 무엇이고, 출판사가 어디인지, 주요 대형 출판사에서 나온 최근 책 중 독서법 종류의 책 판매율이 어떠한지 조사합니다. 또 요즘 베스트셀러 독서법의 핵심 키워드가 무엇인지 블로그, 서평, 리뷰, 댓글을 검색하여 시장에서 수요가 있을지를 판단하는 과정입니다. 이 과정에서 독서법 시장이 시장성이 있다고 판단되면 해당 주제로 글을 쓰기로 결정합니다. 시장성

이 없다고 판단되면 그 주제를 버리고 새로운 주제를 찾아야 합니다. 즉 시장조사의 목적은 주제 찾기와 주제에 대한 확증입니다.

나. 시장조사 이후에는 자료 조사 순서입니다. 자료조사는 내가 쓸 독서법 책에 넣을 자료를 찾는 과정입니다. 자료조사를 하는 방법은 같은 주제의 책을 읽거나, 같은 형식의 글을 읽거나, 해당 주제를 다룬 논문이나 사례 수집을 하는 방법이 있습니다. 그 외에도 직접 설문조사를 하거나, 취재하거나, 인터뷰하거나 실제 경험으로 여행, 체험, 현장학습을 가는 방법이 있습니다. 글로 된 자료 외에 이미지와 영상 자료 찾기, 온라인 자료 찾기도 가능합니다. 또 타 기관 사례나 프로포절 선정 목록 등 다양한 방법으로 조사를 할 수 있습니다.

대표적인 자료수집 방법은 직접 경험입니다. 내가 쓰는 글 관련해서 개인적 경험이나 업무 경험, 여행, 체험, 현장학습 등이 있습니다. 간접 경험은 독서를 하거나 인터넷 서치(검색), 사례 수집, 전문가 인터뷰, 설문조사, 같은 형식의 글, 타 기관 유사 프로그램, 최근 선정된 프로포절을 살펴보거나, 최신 논문, 사회복지계 흐름, 신문/뉴스를 통한 사회적 변화, 지역사회 변화를 확인하는 방법 등이 있습니다. 글쓰기에 도움 되는 간접 경험을 책만 생각할 필요는 없습니다. 내가 써야 하는 주제와 관련된 논문, 유튜브, 뉴스, 칼럼, 사례 등을 많이 수집하는 것이 글쓰기의 재료를 풍부하게 만들어줍니다. 프로포절이나 연간 사업계획서 등 글을 써야 하는 주제가 정해져 있다면, 하루 1개씩 주제와 관련된 유튜브 검색, 칼럼 검색, 도서 읽기 등으로 자료를 수집하면 됩니다.

『대통령의 글쓰기』와 『회장님의 글쓰기』의 저자이자 30년 가까이 직업으로 글을 써 온 강원국 작가도 글을 쓰기 전에 해당 주제에 대해 매일 신문이나 칼럼을 1개 읽고, 유튜브를 1개 보고, 책이나 명언을 1개 보고, 블로그에 글을 1개 쓰면서 준비하는 시간을 가진다고 합니다.

저도 책을 집필하기 전에는 자료 조사 과정을 가집니다. 책을 쓰기 전 해당 분야의 책을 50권을 읽고, 각 책을 1장 내외로 필사를 합니다. 그리고 내가 쓰는 주제에 대한 기사와 뉴스, 조사 자료를 50개 이상 찾아서 출력을 하거나, 인터넷 링크를 따로 저장합니다. 그리고 해당 주제에 대해 설문조사를 50명 이상에게 한 후 책을 쓰기 시작합니다.

작가들은 자료조사를 위해 일상에서 항상 정보 수집을 합니다. 그래서 언제나 메모할 준비를 하고 다니면서 '작가 수첩'에 순간순간 떠오르는 생각이나 좋은 문장, 통찰력을 주는 정보를 적어둡니다. 여러분도 일상에서 정보 수집을 하는 것이 좋습니다. 볼펜과 수첩을 언제나 가지고 다니거나, 핸드폰 앱이나 메모에 적어두거나, 사진을 찍어두거나 동영상이나 신문기사들을 카카오톡 나에게 보내기 기능으로 일상에서 정보를 수집하는 것입니다. 이렇게 모든 정보들은 여기저기 분산해서 두면 필요할 때 찾아서 사용하기 어렵기 때문에 보통은 출력하거나 복사해서 종이로 한 장소에 보관하거나, USB에 파일로 모두 담아두거나, 블로그나 이메일 '나에게 보내기'로 작가들은 관리하는데요, 여러분만의 방법으로 관리를 해야 필요할 때 찾아서 사용할 수 있습니다.

제가 실제로 다니는 기관에서 2007년에 프로포절을 위한 자료조사했던 사례를 이야기하겠습니다. 가정폭력 전문 프로그램을 개발하기 위해 자료를 조사했습니다. 가정폭력이 클라이언트 가정 내에서 빈번히 목격되는 경험을 하였고, 가정폭력의 심각성에 대한 신문기사를 보았습니다. 클라이언트를 의뢰하기 위해 타 상담소를 방문하였는데 인근 지역에는 상담소가 없었습니다. 우리 지역 내에 수요가 없는 것인지 찾아보니, 법원에서 가정폭력 신고 이후 상담 명령을 받는 사람 중 우리 지역 거주자가 상당했습니다. 전문가를 초청해서 회의를 하고, 지역 욕구조사를 하였습니다. 관련 논문과 책을 읽었고, 담당자 3명이 가정폭력 전문상담원 100시간 교육을 이수했습니다. 이후 자원 확보 기회를 찾다 보니 가정폭력 전문 프로그램보다는 가정폭력 전문 상담소를 개소하면 여성가족부로부터 상담원 3명의 인건비와 복권기금 등 프로그램비를 지원받을 수 있다는 사실을 알게 되었습니다. 처음에는 복지관 내 가족복지팀의 1명 담당을 둔 가정폭력 사업을 하려고 시작한 자료조사 덕분에, 법인 산하 전문상담소를 개설할 수 있었고 현재까지 운영하면서 지역 내 가정폭력 피해자, 가해자를 위한 전문 프로그램을 제공할 수 있었습니다. 한 개의 프로그램을 예로 들었지만 다양한 자료조사가 어떻게 진행되었는지 잘 보여주는 예시여서 소개합니다.

사람들이 흔히 가장 먼저 하는 자료조사는 인터넷 검색입니다. 인터넷 검색을 할 때도 검색 순서가 있습니다. 먼저 키워드 검색을 합니다. 내가 알고자 하는 '단어'와 '유사어', '동의어'까지 검색을 합니다. 두 번째로는 인용 문헌 검색을 합니다. 6단어 이상 연달아 똑같으면 표절이 되기 때문에 정확한 출처를 찾아서 인용 표기를 해야 표절 문제가 생기지 않습니다. 세 번째로는 저자 검색을 합니다. 해당 분야의 전문가를 찾아서 검색을 하면 저자의 여러 저서나 기고한 글, 연구결과, 논문 등을 다양하게 찾을 수 있습니다. 마지막으로는 태그 검색을 합니다. #해시태그나 구글에서 필드 셋 태그로 고급 검색을 하면 자료 검색을 잘 할 수 있습니다.

인터넷 검색을 할 때는 국내 검색엔진과 해외 검색엔진을 둘 다 사용하는 것이 좋습니다. 국내 엔진과 해외 엔진은 검색 알고리즘이 달라서 같은 단어를 넣더라도 검색 결과가 다릅니다. 같은 단어를 검색하더라도 국내 검색엔진은 해당하는 '단어와 관련된 정보'를 제시하는 반면, 해외 검색 엔진은 해당하는 '단어를 포함하는 이미지와 영상'까지 제시하기 때문에 다양한 검색을 위해서는 국내와 해외 검색엔진을 모두 사용해 보세요.

국내 검색엔진 중 대표적인 곳인 '네이버', 해외 검색엔진 중 대표적인 곳인 '구글'에서 활용 가능한 기호가 있습니다. 네이버에서 검색시 ["전안나"] 처럼 "000" 큰따옴표 사이에 검색어를 넣으면 반드시 들어가야 하는 단어를 나타냅니다. 검색어가 모호할 때는 [전안나+책]처럼 검색어와 검색어사이에 + 플러스 표시를 하면 전반적인 검색을 해줍니다. 제외하고 싶은 검색어가 있다면 - 마이너스 표시를 하면 되는데요, 예를 들면 저와 동명이인인 전안나 판사에 대한 정보를 빼고 싶을때는 [-전안나 판사] 라고 검색하면 이 단어를 제외하고 검색이 됩니다. 구글의 경우도 ["전안나"] 처럼 "000" 큰따옴표 사이에 검색어를 넣으면 반드시 들어가야 하는 단어를 나타냅니다. 검색어가 모호할 때는 [전안나*책]처럼 검색어와 검색어 사이에 * 별표 표시를 하면 전반적인 검색을 해줍니다. 검색어의 유의어와 동의어를 같이 검색하고 싶을때는 [~전안나]처럼 물결무늬 표시를 표기하면 됩니다. [전안나2014..2017]처럼 검색어 뒤에 년도와 마침표 2개를 표시하고 년도를 쓰면 해당 년도 안의 자료만 검색할 수 있습니다.

자료조사에 유용한 사이트들이 있습니다. 검증된 자료를 찾고 싶지만 방법을 잘 모르는 분들을 위해 몇 개의 사이트를 알려드립니다.

가. 해외/외국어 자료

학술·전문 자료 중 해외 자료 포함 검색을 할 때는 세계 최대의 출판사 중립 인용 색인 및 연구 지능 플랫폼 ISI Web of science나, 데이터베이스를 제공하는 www.scopus.com(영어)를 추천합니다. 구글 학술검색 사이트인 스콜라 scholar.google.co.kr에서는 유료·무료 논문과 각종 단행본 검색이 가능합니다. 구글 스콜라는 논문의 형식을 갖추었으나 내용의 신뢰성이 떨어지는 경우가 있으니 꼭 교차해서 확인후 인용합니다. 디비피아 www.dbpia.co.kr는 유료 사이트로 국문과 영어, 일어, 중국어 등 외국어로 된 논문 검색이 가능합니다.

나. 국내 자료

국내 자료 검색은 국회도서관 www.nanet.go.kr 이나 학술연구정보서비스 www.riss.kr, 학지사 뉴논문 newnonmun.com 을 추천합니다. 국가전자도서관 www.dlibrary.go.kr 은 8개 공공기관-국립중앙도서관, 국회도서관, 법원도서관, 한국과학기술도서관, 한국과학기술정보연구원, 한국교육학술정보원, 농업진흥청 농업과학도서관, 국방전자도서관- 자료를 동시에 검색 가능합니다.

통계와 데이터 자료는 국가승인 통계를 제공하는 포털인 통계청 www.kosis.kr, 보건복지통계 hawelsis.kihasa.re.kr, 주요 지표 서비스는 e-나라지표 www.index.go.kr, 서울통계 stat.seoul.go.kr 가 유용합니다.

법령 정보는 단어 검색이 용이한 법제처 http://moleg.go.kr, 뉴스 검색은 카이즈 www.kinds.or.kr 를 자주 사용합니다. 경제·경영·산업·정책 관련 자료는 삼성경제연구소 www.seri.org, 키워드 관련 자료는 구글 트렌드trends.google.com 나 네이버 데이터랩 https://datalab.naver.com 을 추천합니다.

자료 찾기도 작가의 능력이다.

작가 강원국

글쓰기 3단계 _ 목차 구성

글쓰기 세 번째 단계는 그동안 자료 조사한 내용과 내가 어떤 말을 담을지 할 말을 정하고 어떤 구성으로 담을지 목차와 내용을 구성하는 단계입니다. 건축사가 집을 지을 때 먼저 설계도를 그리듯이, 글에도 설계도가 있습니다. 글의 설계도는 말의 순서를 정하는 것입니다. 자료조사를 하면 대략 글에 어떤 내용을 써야 할지 머릿속에 여러 가지 생각들이 떠오르는데, 그러한 생각을 큰 줄기 구성을 결정하는 단계입니다. 책으로 치면 목차인데요, 일반 글을 쓸 때도 목차를 먼저 잡으면 어떤 내용을 적을지 잘 정리할 수 있습니다.

자료조사를 바탕으로 내가 사용할 자료와 사용하지 않을 자료를 구분하고, 어떤 순서로 글을 구성할 것인지 할 말을 정리하고 목차를 구성해야 합니다. 사회복지 업무용 글쓰기는 창작이 아니고 논리적인 비문학에 해당하는 글이므로, 짜임새 있고 논리적인 구성이 매우 중요합니다. 논리적인 글쓰기는 논리적인 구성에서 시작됩니다. 문서에 어떤 생각을 어떤 구성으로 담을 것인가를 정하는 단계가 바로 내용을 구성하는 3번째 단계입니다. 사람들이 말하는 순서를 담는 형식이 있습니다. 시간의 흐름, 3단 구성, 4단 구성, 6하원칙, SWOT, 로직 모델 등입니다.

1. 시간 흐름에 따른 구성

시간의 흐름에 따른 구성은 "과거-현재-미래", "단기-중기-장기", "전-중-후", "계획-진행-평가", "As is- To be"의 방식으로 구성할 수 있습니다. "단기-중기-장기"에서 '단기'는 보통 1년 이내, '중기'는 2~3년, '장기'는 5년 이상 시간 간격을 염두에 두고 작성합니다. 사업계획서에서 많이 사용되는 형태로는 "As is- To be"가 있습니다. 'As is'는 현재 지금 우리의 모습이고, 'To be'는 이 사업 시행을 통해 변화될 모습으로 작성합니다.

2. 3단 구성

3단 구성은 "서론-본론-결론", "핵심 문제-목표-전략", "취지-개요-세부안", "정-반-합", "가설-조사-검증", "사례-일반화-결론"의 방식으로 구성할 수 있습니다. 대표적으로 "서론-본론-결론"의 구성을 따른다면 '서론'이 20%, '본론'이 60%, '결론'이 20% 정도로 내용을 구성하는 것을 전문가들은 추천합니다.

서론 - 본론 - 결론 3단 구성

제목: 비대면 사회

주제: 비대면 사회는 양면성이 있어서, 미리 잘 준비해야 한다.

서론 (20%) 비대면은 대세임으로, 돌이킬 수 없다.

본론 (60%) 1. 긍정적인 측면 2.부정적인 측면

결론 (20%) 우리는 000,000을 준비해야 한다

3. 4단 구성

4단 구성은 "기-승-전-결"이나 "서론-설명-증명-결론" 형태를 사용합니다. "기-승-전-결"의 4단 구성은 동양의 전통적인 시작법으로, 스토리텔링 형식의 사례집을 작성할 때는 기승전결에 따른 흐름이 자연스럽습니다. '기' 부분은 20% 정도로 짧게, 호기심을 불러일으키게 시작합니다. 호기심과 흥미를 유발해서 시선을 사로잡는 시작으로 생각거리를 던져서 끝까지 읽도록 만들어야 합니다.

'승'은 전체 내용 중 40% 정도로 길게 점점 내용으로 빠져들게 작성하면서 핵심 주제에 대한 힌트나 비유를 제시합니다. '전'은 30% 정도로 길게 작성하는데요, 책에서 제일 중요한 절정이자 클라이맥스입니다. 글이 너무 지루해지지 않도록 처음부터 분량을 정하고 쓰는 것이 좋습니다. 주제 혹은 하고자 하는 말의 요점이 드러나는 부분입니다. 마지막 '결'은 앞에서 이야기한 주제를 확인시키는 목적인데요, 없어도 될 정도로 짧게 쓰는 것이 포인트입니다. 처음 글을 쓸 때는 "기-승-전-결"로 쓴 다음에 퇴고 시 재배열하여 "승-전-결-기"로 구성하기도 하고, "결-기-승-전" 등으로 구성할 수도 있습니다.

4단 논법의 구성은 양괄식의 주장문 형태로 전문가들이 추천하는 방법입니다. 결론이나 핵심 내용은 처음과 끝에 2번 넣거나, 처음에 먼저 결론과 핵심 내용을 던지고 내용을 전개하면 전달하고자 하는 메시지가 분명해집니다. 4단 논법은 "주장-이유-증명-다시 주장" 순으로 글을 작성하는 것입니다.

4단 논법 예시

1. 핵심을 주장한다.	종이책이 전자책보다 좋다.
2. 이유/ 근거를 제시한다.	종이책 장/단점을 전자책과 비교하여 각 5개 제시
3. 증명한다.	MBC 뉴스데스크 2013년 5월 방송 근거 제시 - 가독성/ 오답률/ 뇌파 비교실험에서 종이책이 전자책보다 좋음
4. 핵심을 재주장한다.	종이책이 전자책보다 좋다.

4. 6하원칙

6하원칙은 '언제, 어디서, 누가, 무엇을, 왜, 어떻게'를 중심으로 작성합니다. 확장된 6하원칙이라고 해서 '언제 어디서 누가 무엇을 왜 어떻게' 에 2가지를 더해서 how long, how much 까지 더하는 방법도 있습니다. 보통 기사, 보도자료, 소식지용 글쓰기에서 많이 사용합니다.

6하원칙 예시

언제	20○○년 3월 9일
어디서	희망종합사회복지관
누가	자원봉사자 35명과 직원 20명
무엇을	세대당 7kg 김장 김치를 저소득 700세대에
왜	식생활 지원
어떻게	8개 업체의 후원금과 물품 후원으로 지급함
how long	2000년부터 지금까지 22년간
how much	28,000원(7kg)x700세대=19,600,000원 상당(4,900kg)

5. 로직 모델

로직 모델은 프로그램의 성과 평가, 성과 측정을 위해 활용하는 매우 기본적인 도구입니다. 특히 사회복지분야에서는 대부분의 프로그램이 설계 단계부터 로직 모델을 적용합니다. 사회복지 공부를 할 때 배우지 않았던 사회복지사라도, 사회복지공동모금회 프로포절에서 사용하는 양식으로 우리 눈에도 익숙한 양식인데요, 모두 5단계로 내용을 구성합니다.

'문제 사항'에서는 문제가 무엇이고 욕구가 무엇인지, 부족한 자원이 무엇인지 살펴봅니다. '투입'에서는 직원·봉사자·예산·시설·장비·법·규정·규칙을 투입하면, 상담·교육·치료·보호·캠프·자조모임·집단 프로그램 같은 '활동'을 통해서 '산출'과 '성과'를 내는 과정을 작성합니다. 산출은 상담 수·참여자 수·취업 인원·서비스 시간·집단 수 등이 있고 성과는 초기·중기·장기 성과로 구분해서 작성합니다. 성과는 단순히 시간의 흐름에 따른 작성이 아니라 초기 성과는 주로 지식, 기술, 태도, 가치 변화를 표시하고, 중기 성과는 행동의 변화, 장기 성과는 조건과 지위의 변화로 작성한다는 점을 확인해야 합니다.

로직모델

문제 상황	투입	활동	산출	성과
문제 욕구 부족한 자원	직원 봉사자 예산 시설 장비 법 규정 규칙	상담 교육 치료 보호 캠프 자조모임 집단 프로그램	상담 수 참여자 수 취업 인원 서비스 시간 집단 수	초기: 지식, 기술, 태도, 가치 변화 중기: 행동의 변화 장기: 조건과 지위의 변화

글쓰기는 단번에 완성되는 생산품이 아니라 점점 발전해가는 과정이다.
소설가 윌리엄 진서

글쓰기 4단계 _ 초고 쓰기

글쓰기 네 번째 단계는 지금까지 사전 준비한 내용과 자료 조사한 내용, 어떤 형식으로 담을지 정한 후에 드디어 글을 쓰는 단계입니다. 사전 준비와 자료조사, 개요 작성이 끝나면 이제야 초고 작성에 들어갑니다. 이때는 자료조사가 끝났기 때문에 하고 싶은 말들이 머릿속에 떠오를 때입니다.

아직 무엇을 써야 할지 안 떠오르면 자료조사부터 다시 해야 합니다. 초고를 쓸 때는 문장을 다듬거나 문맥을 아름답게 하지 말고 일단 무작정 목표 분량까지 작성합니다. 원고 분량보다 10%를 많이 써서, 퇴고로 10%를 줄여내는 것이 글쓰기 기술입니다.

제가 처음 책을 집필했을 때 출판사에서 들었던 이야기가 "가독성이 좋다" 라는 말이였습니다. 술술 읽히는 글을 가독성이 있는 글이라고 표현하는데요, 가독성 있는 글쓰기 비법 10가지를 말씀드리겠습니다. 어렵고, 전문용어가 난발하는 글보다, 누가 읽어도 읽고 싶은 마음이 들고 읽어서 이해가 잘 되는 글이 좋은 글입니다. 우리의 글쓰기 목표는 '가독성이 좋은 글' 입니다.

1. 클라이언트 중심으로 써라

글을 쓸 때는 클라이언트 중심으로 써야 합니다. 우리가 사회복지 실천을 할 때만 '클라이언트 중심' 이 아니고, 글을 쓸 때도 클라이언트 중심으로 생각해야 합니다. 글의 클라이언트는 바로 '독자' 입니다. 내가 보는 것은 일기이고, 남이 보는 것이 글입니다. 따라서 모든 글에는 독자가 있습니다. 학부모, 상사, 노인, 교사, 지역주민, 팀장, 관장 등 누가 읽을지에 따라 글은 다르게 써야 합니다. 독자의 연령, 성별, 인구사회학적 특징, 내 글에 기대하는 바가 무엇인지를 생각합니다. 독자에 따라 글씨체, 단어, 내용, 글씨 크기, 글씨 색 등을 모두 맞추어야 합니다. 독자를 의식하는 글쓰기가 가독성 좋은 글쓰기의 첫 번째 비법입니다.

2. 첫 문장부터 쓰지 마라

글을 쓸 때 첫 문장을 쓰는 부담감이 가장 큰데요, 어떻게 시작해야 할지 엄두가 안 나서 글쓰기의 두려움을 표현하는 사람들이 많습니다. 그런데 작가들은 첫 문장부터 쓰지 않습니다. 첫 문장부터 쓰지 않는다는 말에는 두 가지 뜻이 있습니다. '첫' 문장부터 안 쓴다는 뜻과, 처음부터 '문장'으로 쓰지 않는다는 뜻입니다.

글을 쓸 때 '첫' 문장부터 쓸 필요는 없습니다. 저는 책을 쓸 때 가장 할 말이 많은 부분부터 씁니다. 이 책도 1부의 목차 1부터 쓴 것이 아니라, 할 말이 가장 많은 3부와 4부를 먼저 작성했습니다. 내가 할 말이 많은 부분부터 작성해야 쓸 말이 많고 글에 자신감이 생깁니다. 작가들은 글을 쓸 때 가장 마지막에 쓰는 문장이 첫 문장입니다. 책 제일 앞의 인사말을 머리말이라고 부르는데요, 작가들이 가장 마지막까지 손에서 놓지 못하는 것이 머리말과 첫 문장입니다.

또 작가들은 처음부터 '문장'으로 쓰지 않습니다. 저는 목차를 구성하고 나면 각 목차별로 핵심 단어를 먼저 적습니다. '핵심 단어를 던져놓는다'라고 표현하는데요, 목차 "일반 글쓰기 목적 + 업무용 글쓰기 목적 + 사회복지 글쓰기 목적"이라고만 핵심 단어를 던져놓았습니다. 이렇게 자료조사를 바탕으로 핵심 단어를 던져 놓으면 내가 할 말을 놓치지 않습니다. '첫' 문장부터 안 써도 됩니다. 처음부터 '문장'으로 쓰지 않아도 됩니다.

3. 문장은 짧게 써라

셰익스피어 글쓰기 방법이 있습니다. 주어와 서술어 사이에 의미 있는 단어를 3개에서 5개만 넣는 방법인데요, 셰익스피어 당시에 희극은 현대처럼 조용하고 우아한 문화가 아니라 사람들이 술을 먹으면서 아무나 둘러앉아서 보는 분위기였다고 합니다. 그래서 아주 시끄럽고 집중하지 않는 분위기여서 연극배우들이 사용하는 대사가 길지 않고 짧아 누구나 이해할 수 있도록 했습니다. 문장이 길면 의미가 꼬입니다.

문장은 주어부터 마침표까지 길이를 말하는데요, 주어와 술어의 거리가 짧으면 짧은 문장이 됩니다. 글 중간에 ,(쉼표)를 쓰지 않고 .(마침표)를 사용합니다. A4 용지, 글씨 크기 10포인트 기준으로 1줄 이내로, 한 줄을 넘기지 않습니다. 애매모호하고 추상적·포괄적·광범위한·군더더기 표현을 하면 문장이 길어집니다. 명확하고 구체적이고 돌직구로 서술합니다. 중복되거나 반복되는 어휘를 사용하지 않습니다. 한 문장에는 하나의 요점만 담습니다.

4. 쉽게 써라

글을 어렵고 복잡하게 쓰려는 욕심을 버려야 합니다. 자기가 하고 싶은 말을 정확하고 쉽게 쓰면 됩니다. 아인슈타인은 '쉽게 쓰지 못한 글은 제대로 이해 못하고 있다는 뜻'이라고 했습니다. 글은 쉽게 써야 합니다. 쉽게 쓰는 방법은 전문용어, 외국어, 약어를 풀어서 쓰는 것입니다.

방송작가들이 텔레비전 방송을 만들 때 어린이부터 어르신까지 모두 볼 수 있는 전체 관람가의 경우, 초등학교 6학년을 기준으로 제작한다고 합니다. 출판사에서 책을 만들 때 전공서적이 아닌 일반 대중 서적은 중학교 3학년이 읽어도 이해하도록 제작합니다. 불특정 다수를 대상으로 하는 현수막, 홍보지는 초등학교 4학년이 이해하도록 작성하는 것이 적절하다고 전문가들은 말합니다.

5. 여백을 늘려라

하얀 종이에 같은 크기의 글이 빽빽이 있으면 읽기 싫어집니다. 글에 여백이 많아질수록 읽기가 좋아집니다. 소제목을 넣거나 단락을 나누거나, 글씨 크기에 변화를 주거나, 글씨체를 다르게 해서 강조를 하면 훨씬 읽기가 좋아집니다. 보통 문장 1개는 단어 12~15개 내외이고, 문단 1개는 3~5개의 문장으로 되어있습니다. 문단 1개가 단어 수로는 40개에서 65개 정도 수준인데요. 보통 A4 1매를 기준으로 문단은 3~4개 정도가 평균이라고 합니다. 문단을 나누어서 띄어쓰기를 해주거나, 주요한 단어에 색을 다르게 쓰거나 글씨 크기를 다르게 표시하면 같은 글이어도 읽기가 좋아집니다.

6. 그림·사진·표를 적절히 활용하라

'100장의 글보다 효과적인 1장의 사진'이라는 말이 있습니다. 사진과 표를 적절히 활용하면 전달력이 높아집니다. 그림과 사진과 표를 넣은 후에는 두 가지를 넣어야 합니다. 첫 번째는 그림과 사진과 표에 대한 설명, 두 번째는 출처 등의 정보입니다. 출처를 넣는 이유는 정당한 인용을 위해서 넣어야 하고, 설명을 넣는 이유는 같은 표나 그림이라도 사람마다 해석이 달라질 수 있기 때문에 간단히 설명을 넣습니다. 각 자료에 따라 설명과 출처를 넣은 위치가 다릅니다. 그림과 사진을 넣을 때는 설명과 출처를 하단에 표기합니다. 표를 넣을 때 설명은 상단에, 출처는 아래에 표기합니다.

7. 숫자로 표현하라

한국어는 모호한 표현이 많습니다. 영어로는 YELLOW, RED로 간단한 색 표현이 한국어로는 '누리끼리하다', '노르스름하다', '빨갛다', '불그레하다' 등으로 수십 가지로 표현됩니다. 요리법을 배울 때도 어른들은 소금 적당히, 설탕 적당히 이렇게 말을 해서 정확히 어느 정도인지 이해가 안 되었습니다. 요즘에는 요리법을 알려줄 때 종이컵 기준 반컵, 2 밥숟가락 등으로 구체적으로 표현을 해주니 예전보다 이해하기가 쉽습니다. 글을 쓸 때 "매우·무척·꽤·상당히" 같이 모호한 표현보다는 "70% 이상, 20명이, 7일" 등 숫자로 표현하면 구체적으로 보입니다.

글씨체 특징을 봤을 때도 한글 서체는 영어 서체에 비해 각이 많은 형태라, 한글 서체 사이에 숫자가 나오면 형태가 부드러워지고 주목성이 좋아집니다. 또 사회현상을 이야기할 때는 정확한 수치를 제시하면, 주장과 근거가 탄탄해 보입니다.

8. 눈길을 끄는 제목과 목차를 만들어라

제가 출판사 편집자를 만나서 들었던 이야기 중 제목과 목차의 중요성을 알려주는 이야기가 있습니다. "사람들은 흔히 본문이 제일 중요하다고 생각하지만, 실제로는 제목과 목차가 80%만큼 중요하고, 본문은 20% 정도 중요하다"라고 이야기를 들었습니다. 그 이유는 사람들은 책을 읽을 때 제목과 목차를 읽고서, 그 책을 읽을지 말지 선택을 하는데요, 우리가 쓰는 업무용 글쓰기에서도 마찬가지입니다.

여러분이 프로포절을 작성해서 낸다면 10매 이상의 분량을 가진 긴 글이 되는데요, 지원단체에는 비슷한 원고가 몇백 개가 들어올 것입니다. 현실적으로 투고된 모든 글을 꼼꼼히 읽기란 쉽지 않습니다. 첫인상이 중요하다는 것을 알고 있듯이 '제목과 목차' 가 읽고 싶은 마음이 들어야, 담당자에게 읽히는 글이 될 것입니다.

신문사에는 제목만 담당하는 편집자가 따로 있다고 합니다. 신문사에서 제목을 만드는 원리는 이렇습니다. 글감이 주제가 되고, 주제가 제목이 되기 때문에 제목에는 핵심어를 담아야 합니다. 아주 구체적이거나 아예 궁금하게 만드는 것이 좋습니다. 제목은 문어체보다 일상에서 쓰는 구어체가 좋습니다. 신문사 기자들이 말하는 제목 규칙이 있습니다. 10:10:10 규칙인데요, 10자 이내로 짧게, 10종류로 만들어서, 10번 고치기입니다.

9. 30% 차별성을 가져라

저는 좋은 글은 문장력의 문제가 아니라 생각의 문제라고 말합니다. 문장력이 아무리 좋아도 내용이 다른 책에서 본 듯한 내용이면 사람들은 식상하다고 말합니다. 드라마 속 여배우가 아무리 예뻐도 전에 봤던 드라마와 내용이 비슷하면 사람들은 별로라고 말합니다.

작가들은 "창의력은 타고나는 게 아니라 훈련의 결과물이다."라고 말합니다. 작성자의 생각을 뛰어넘는 문서는 없습니다. 여러분이 생각한 만큼, 고민한 만큼 글로 표현되는 것입니다. 우리가 써야 할 글에 대해 넓고 깊은 생각을 하면 좋은 글을 쓸 수 있습니다. 그런데 우리의 목표는 차별성 100%의 글이 아닙니다. 딱 30% 정도만 다른 사람에게 없는 차별성이 있으면 됩니다. 30%인 이유는 출판사에 투고되는 몇천 개의 글에서 1% 내외만 실제 계약을 하고 출판을 하는데, 기준이 되는 것 중 한 가지가 '다른 책에 없는 이 작가만의 차별성이 30% 있는가' 를 본다고 합니다. 그 이유는 어차피 하늘 아래 새로운 것은 없기 때문에 100% 차별성이 있는 내용은 없지만, 주제나 대상이나 작가나 방법에서 30%만 차별성이 있다면 출판 계약을 한다고 합니다. 여러분이 쓰는 글은 다른 사람에게 없는 차별성이 있나요?

10. 오랜 시간 정성껏 퇴고하라

가독성 좋은 글쓰기의 마지막 비법은 오랜 시간 퇴고하기입니다. 퇴고하기는 글쓰기의 마지막 5번째 단계이기도 합니다. 노벨 문학상은 받은 헤밍웨이는 '모든 초고는 걸레' 라고 말했습니다. 그는 『노인과 바다』를 400번 퇴고했다고 전해지는데요, 어쩌면 우리가 이렇게 글을 많이 쓰는데, 노벨문학상을 못 받은 이유는 퇴고를 400번을 안 했기 때문일지도 모르겠습니다. 헤밍웨이가 노벨문학상을 받을 수 있었던 '재능' 은 바로 400번을 고칠 수 있는 인내와 끈기라는 생각이 듭니다.

명문이란 어려운 것을 쉽게 쓴 문장, 쉬운 것을 재미있게 쓴 문장,
재미있는 것을 깊이 있게 쓴 문장이다.
극작가 이노우에 히사시

글쓰기 5단계 _ 퇴고하기

글쓰기 다섯 번째 단계는 내가 쓴 글을 고치는 퇴고입니다. 글을 처음 쓰는 것을 초고를 작성한다고 하는데요, 초고를 작성한 후에 글쓰기가 끝나는 것이 아닙니다. 헤밍웨이가 말한 '모든 초고는 걸레다'라는 말을 생각해 주세요. 퇴고를 충분히 거친 후에야 다른 사람들에게 읽히는 글이 될 수 있습니다. 글은 작성 후 바로 제출하는 것이 아닙니다. 제가 신입 직원일 때 들었던 이야기 중 가장 인상적인 퇴고에 대한 이야기는 "종이가 따뜻할 때 제출하지 말라"라는 가르침이었습니다. 프린트기에서 바로 나온 종이는 따끈따끈합니다. 그때 바로 제출하면 안 되고 다시 한번 살펴보고 종이가 식은 다음에 내라는 선배의 지혜가 담긴 이야기였습니다.

저는 초고 작성 시 10~50% 정도 분량을 더 많이 작성합니다. 예를 들어 책을 내기 위해서는 A4 100매 분량의 원고가 필요한데 처음 작성 시 최대한의 자료를 넣어서 110매에서 150매 정도 원고를 작성하고 퇴고하는 과정에서 필요 없거나 중복되는 내용을 삭제하는 형태로 A4 100매를 맞추는 퇴고를 합니다. 퇴고는 일종의 화장입니다. 우리가 민낯이나 집에서 입던 옷 그대로 중요한 자리에 나가지 않듯이, 퇴고를 하지 않은 글은 꺼내지 않는 것이 맞을 것 같습니다. 글은 읽는 것이 아니라 보는 것이니 퇴고를 통해서 독자 입장에서 살핀 후 내보내 주세요. 글쓰기의 마지막이자 가장 중요한 단계가 퇴고입니다.

출판사에서 책을 만들 때는 전문 편집자가 4가지 방법으로 퇴고를 합니다.

첫 번째는 '교정'입니다. 띄어쓰기, 붙여쓰기, 맞춤법, 오탈자를 검토합니다. 두 번째는 '교열'로 내용의 오류나 문맥 오류, 단어·어휘 문장의 오류를 검토합니다. 세 번째는 윤문으로 가독성을 위해 짧은 문장을 길게 만들거나, 긴 문장을 자르거나, 글의 순서를 바꾸면서 매끄럽게 다듬는 과정입니다. 마지막으로는 재작성으로 작가가 쓴 글 글을 삭제하거나 편집자가 추가로 다시 쓰기도 합니다.

출판사 전문 퇴고 4단계

교정	교열	윤문	재작성
띄어쓰기 붙여쓰기 맞춤법 오탈자 수정	내용 오류 문맥 오류 단어·어휘·문장 오류 수정	가독성을 위해 매끄럽게 다듬기	글을 삭제하거나 추가로 다시 씀

출판사에서는 작가가 퇴고해서 제출한 최종 원고를 다시 전문 편집자가 퇴고를 해주지만, 우리는 스스로 해야 합니다. 스스로 퇴고를 하는 방법은 보통 3가지 방법을 사용합니다.

1. 퇴고를 하는 첫 번째 방법은 글을 쓴 직후가 아니라 1주일이나 2주일 이상 묵혀두었다가 다시 꺼내서 퇴고하는 방법입니다. 처음에는 글이 곧 나이고, 내가 곧 글이어서 내가 쓴 글이지만 너무 잘 쓴 것처럼 자아도취가 되는 경향이 있습니다. 작가들은 글을 다 쓰면 1주일이나 2주일 이상 서랍에 넣고 문을 잠그고 아예 보지 않습니다. 그러다가 1주일이나 2주일 지난 후에 다시 꺼내서 보면 처음 글 작성 시는 보이지 않았던 오류들이 보입니다. 글과 내가 객관화가 되어야 이상한 점이 보이기 때문에 시간을 두었다가 퇴고를 합니다. 하지만 사회복지사 업무용 글쓰기는 보통 글을 쓰고 1~2주 이상 묵힐 시간은 없습니다. 따라서 최소한의 퇴고 시간을 확보하기 위해서는 미루지 말고 초고를 가능한 일찍 쓰는것이 방법입니다.

2. 퇴고를 하는 두 번째 방법은 출력을 해서 소리 내서 읽으면서 하는 방법입니다. 이렇게 낭독을 하면 시각과 청각을 동시에 사용해서 이상한 문장들이 귀에 먼저 들립니다. 대부분의 업무용 글은 출력해서 보관되거나 사람들에게 읽힘으로 출력물의 상태로 퇴고를 하는 것이 좋습니다. 소리 내서 읽으면서 퇴고를 하는 이유는 눈으로만 보면 자

연스럽지만 소리 내서 읽다 보면 귀에 거슬리는 문맥이나 단어가 더 잘 인식이 됩니다. 사람들은 한 문장을 한 호흡으로 읽는 경향이 있습니다. 소리 내서 읽으면서 너무 길거나 짧으면 호흡을 기준으로 문장을 수정하면 좋습니다. 출력하고 교정하고 수정하고, 다시 출력하고 교정하고 수정하는 과정을 반복할수록 더 좋은 글이 됩니다.

3. 퇴고를 하는 세 번째 방법은 직원들 상호 간에 도와줄 수 있다면 서로의 글을 퇴고해주면 좋습니다. 내 눈에는 보이지 않던 오타를 상사는 귀신같이 찾아내는 경험이 있으시죠?

스스로 퇴고를 할 때는 '내용의 퇴고'와 '형식의 퇴고'를 합니다.

가. 내용의 퇴고

내용 퇴고에서는 의미가 잘 전달되는지, 하고 싶은 말을 다 담았는지, 적절한 근거·예시·사례인지, 적절한 단어인지, 오타·맞춤법·띄어쓰기를 살펴보는 단계입니다.

내용의 퇴고를 할 때는 글의 흐름이 자연스러운지 소리 내서 읽어보고, 같은 내용이 반복되면 삭제합니다. 전달하고자 하는 핵심 주장과 뒷받침하는 문장 이외는 지우는 식으로 퇴고합니다. 모든 글의 기본은 맞춤법입니다. 문장력은 내가 전달하고자 하는 말을 정확히 전달하는 능력인데요, 문장력을 위해서 꼭 필요한 것이 맞춤법과 오타 수정, 띄어쓰기 등 기본을 지켜주는 것입니다. 한글은 맞춤법과 띄어쓰기 등 때문에 배우기 어려운 까다로운 언어인데요, 오타는 결정적인 손실이나 오해를 가져올 수 있습니다. 늦게 발견하면 수습이 힘들고, 작성자의 경력과 평가에 흠집이 생기고, 오타가 많은 글은 신뢰성을 의심받습니다.

1) 한글과 MS 워드 등 문서작성 프로그램에는 기본 기능으로 맞춤법 검사와 빠른 교정 기능이 있습니다. HWP 문서는 글을 쓰기 전에 '도구'에 들어가서 '맞춤법 검사' 기능과 '빠른 교정' 기준을 설정한 후 글을 작성하고, MS 워드는 '파일'에 들어가서 '옵션'을 클릭하고 'word 옵션'을 클릭 후 '언어 교정'을 설정해서 글을 작성하면 기본적인 맞춤법, 문법 오류는 알려주는 기능이 있습니다.

2) 한글과 MS 워드 등 문서작성 기본 검사 이후, 전체적으로 다시 한 번 맞춤법이나 문법 검사를 점검하고 싶다면 3개의 프로그램을 무료로 이용할 수 있습니다.

① 네이버 맞춤법 검사기

500자 이내 글자를 넣고 '검사하기'를 누르면 맞춤법, 표준어 의심, 띄어쓰기, 통계적 교정 등 4가지를 중점으로 오류를 알려줍니다. 네이버 맞춤법 검사기는 1회에 500자 이내 검사만 가능해서, 긴 글의 경우 여러 번 작업을 하는 불편함이 있습니다. 500자 이상 긴 글의 경우 다른 방법이 있습니다.

② 블로그 맞춤법 검사 기능

네이버에 회원 가입을 하고 블로그가 개설되어 있는 경우 글을 작성하고 '맞춤법'을 클릭하면 교정 사유와 함께 추천 문구를 알려줍니다. 500자 이내라는 글자 수 제한은 없지만, 이 또한 네이버에 회원 가입을 하고 블로그를 개설해야 이용할 수 있는 프로그램입니다. 다음으로는 회원 가입 없이 긴 글을 검사할 수 있는 프로그램도 있습니다.

③ 부산대학교 인공지능 연구실과 (주)나라인포테크 지원 – 한국어 맞춤법 문법 검사기

3개 무료 프로그램 중에서 가장 기능이 좋고 친절한 프로그램은 '한국어 맞춤법 문법 검사기'입니다. 어떤 부분이 왜 문법이나 맞춤법이 틀렸는지 설명과 함께 안내해 줘서 공부하는 효과도 있습니다. 다만 이 프로그램은 개인과 학생만 무료로 사용할 수 있으니 주의 바랍니다.

하지만 이런 기능도 100% 신뢰할 수는 없습니다. 한국어는 같은 단어라도 뒤에 이어지는 단어와 뜻에 따라 맞춤법, 띄어쓰기의 규칙이 달라지고, 또 발음은 같은데 뜻이 다른 동음이의어는 띄어쓰기가 달라질 수 있기 때문에 프로그램의 도움만으로 100% 바로잡을 수는 없습니다.

3) 국립국어원

그 외 의심스러운 개별 단어나 문법을 확인하고 싶다면, '국립국어원'을 활용하면 가장 정확한 최신 정보를 알 수 있습니다. 국립국어원은 앱, 홈페이지, 카카오톡 문의, 전화 문의가 모두 가능하다는 장점이 있습니다. 전화 문의는 1599-9979, 카카오톡 '우리말 365'도 이용 가능하고, 국립국어원에서 운영하는 앱은 '표준국어 대사전'입니다.

나. 형식의 퇴고

형식의 퇴고는 한눈에 보기 좋게 편집하는 것을 말합니다. 글에 여백이 늘어나면 읽기 좋습니다. 단락을 나누거나, 소제목을 달거나, 글씨에 밑줄을 치거나, 굵은 체로 강조하거나, 부호를 넣거나, 번호를 넣거나, 음영이나 글씨 크기, 색 등을 넣는 과정입니다. 서체도 중요한데요, 본문에 2개 이상 서체를 활용하면 복잡해 보임으로 기본적인 글씨체는 1개만 사용하고, 강조하고 싶은 부분만 부분적으로 다른 서체를 활용하는 것이 적절합니다. 참고로, 수험생 등이 필기시험 준비 시 사용하는 손글씨체는 '백강체' 입니다. 흔히, 군대체 혹은 '백강고시체' 라고 표현하는데요. 수기 글씨체 중 가독성이 가장 좋다고 알려져 있습니다.

문서 서체 중 명조체는 격식이 있게 느껴지고 고딕 계열은 잘 읽힙니다. 세로로 길쭉한 서체는 세련된 느낌을 주고, 가로로 넓은 서체는 장중한 느낌을 줍니다. 불법적으로 서체를 사용하면 저작권 문제에 소송이 걸릴 수 있으니 서체 선택에도 신중을 기할 필요가 있습니다. 요즘 언론사나 포털 사이트에서 무료 서체를 선보이는데, 조건부 무료인 경우는 저작권 문제가 생길수 있음으로 뒷부분에 나오는 '폰트와 이미지' 에 대한 주의사항을 확인 후 사용하세요.

다. 상사의 퇴고

그런데 업무용 글쓰기는 한 가지 퇴고가 더 있습니다. 바로 '상사 퇴고' 입니다. 업무용 글쓰기는 최종 책임자가 결재를 해야 문서로서 효력이 성립됩니다. 따라서 업무용 글쓰기는 두 가지 질문을 생각하면서 상사 퇴고를 합니다.

Q1. 상사가 이 문서의 내용에 동의할 것인가?

Q2. 이 문서를 들고 바로 위 상사에게 갈 수 있는가?

Q1과 Q2에 자신이 없는 문서라면, 상사에게 가기 전에 다시 수정하는 상사 퇴고가 필요합니다.

문장 고치기 전략에서 핵심은 더하기가 아니라 빼기이다.

작가 강창래

5부_ 사회복지 글쓰기 윤리

표절과 정당한 인용

글쓰기 윤리에서 첫 번째로 이야기하는 것은 저작권법과 관련 있는 표절과 인용입니다. 표절은 저작권법 침해보다 폭넓은 개념으로 법률 용어라기보다는 윤리적 개념입니다. 표절은 타인의 저작물을 마치 자신의 저작물인 것처럼 공표하는 것으로, 판례상으로는 연이어 6단어 이상 똑같은 경우가 표절로 인정되었습니다. 이미 발표된 타인의 글을 그대로 베껴서 쓰는 것, 출처를 밝히지 않고 부분을 베껴 쓰거나, 다른 사람의 저작물에 있는 문장이나 구절을 전부 혹은 일부를 그대로 옮겨오면서 출처를 밝히지 않은 경우 표절에 해당합니다. 표절의 대상은 타인의 고유한 생각, 아이디어, 독특한 표현-단어, 구, 절, 문장, 그래프, 표, 그림, 사진, 연구 가설이나 분석방법과 논리, 이론과 연구 결과, 데이터, 조사 자료까지 모두 표절의 대상이 될 수 있습니다.

표절이 되지 않으려면 '적법한 인용'을 하면 됩니다. 인용은 남의 글이나 말을 나의 글이나 말에 끌어다 사용하는 것으로, 다른 사람의 글을 비판적으로 논의하고 해석하기 위해서, 혹은 공통되거나 상반된 견해 인용을 통해 논의를 더욱 풍성하게 하기 위해서, 또는 자신의 주장을 뒷받침하고 강화하기 위해서 합니다.

저작권법 제28조에 따르면 "공표된 저작물은 보도·비평·교육·연구 등을 위하여 정당한 범위 안에서 공정한 관행에 합치되게 이를 인용할 수 있다."라고 명시가 되어 있는데요, 현행 저작권법 제28조에 공표된 저작물의 인용에 부합한다면 국내외 저작물을 막론하고 출처 명시를 전제로 모두 인용할 수 있습니다. 인용은 어디까지나 저작물의 공정

이용에 해당하는 것이므로 저작권자라고 하더라도 이를 막을 수는 없다는 것입니다. 즉 저작권자가 마음대로 판단할 수 있는 것이 아니라 "법에 따라 정당한 인용의 경우에는 저작권 침해가 아니라는 강제 규정"으로 '적법한 인용'이라면 원저작자가 인용을 반대하더라도 출처를 밝히기만 하면 법적 문제는 없습니다. 인용하는 글은 보통 정보 수집 단계에서 발견하게 되는데요, 정보 수집 때부터 출처와 원 저자명을 정확히 수집하는 것이 필요합니다.

정당한 인용은 어떤 경우일까요? 사회에 긍정적인 목적으로, 정당한 범위 안에서, 공정한 관행에 맞게 인용하는 경우 정당한 인용이라고 봅니다. 보도·비평·교육·연구의 목적으로 인용이 가능합니다. 새롭게 집필하는 책의 내용이 주(主)가 되고 인용되는 내용이 종(從)으로서 주종(主從) 관계가 성립되면 인용할 수 있고, 새롭게 집필하는 책이 인용된 책을 시장에서 대체하지 않을 수준이어야 하고, 비중을 따졌을 때 본인이 창작한 부분만 가지고도 저작물이 책으로서 성립된다면 인용 부분에 대한 출처를 명시해 주는 것만으로도 의무를 다한 것으로 이때 저작권법 침해의 문제는 발생하지 않습니다. 인용 부분이 빠지게 되면 책이 성립되지 않는다면 '짜깁기'를 한 것에 불과하므로 이는 '이용(利用)'에 해당되고, 이때에는 일일이 원저작자의 사용 허락을 얻어야만 합니다. 인용은 예증·해설·보충·강조·상세화·이유 제시 등을 위해 필요한 경우로서 그 분량이 지나치게 과다하지 않으면 됩니다.

인용을 할 때는 사회적인 통념에 비추어 인용되는 내용의 출처를 책의 본문과 구별되는 방법으로 표시하면 됩니다. 논문 제목이나 기사 제목, 소제목, 법령, 규정은 「」(홑꺽쇠) 로 표기하고 책으로 출판된 단행본, 신문, 잡지는 『 』(겹꺽쇠), 작품 제목은 〈 〉(홑화살괄호)로 표기하고, 전시회나 연작의 작품 제목은《 》(겹 화살 괄호)으로 표기합니다. 인용문 사이의 말 줄임표는 마침표 세 개로 [...]를 사용하고, 인용문은 큰따옴표(" ")로, 강조 어구는 작은따옴표(' ')로 구분합니다. 각주 내 참고 자료가 둘 이상 나열되는 경우 문헌정보 사이에 세미콜론(;)을 표기합니다. 이 작성법은 통상적 표준 양식이지만, 저널마다 사용 방식이 다름으로 확인이 필요합니다.

논문, 단행본, 번역본, 잡지나 신문 기사, 인터넷이나 온라인 자료도 인용 규칙이 있습니다. 학회나 단체마다 조금씩 다르지만 꼭 들어가야 하는 내용은 '저자명, 글(책) 제목, 발행연도, 인용 면수' 입니다. 대표적으로 논문, 단행본, 번역본, 잡지나 신문기사, 인터넷이나 온라인 자료를 작성 순서를 알아보겠습니다. 국내외 논문은 저자명, 「논문제목(홑꺽쇠)」 또는 『학술 지명(겹 꺾쇠)』, 권호 수, 발행처명, 발행년도, 인용 면수 순으로 작성합니다. 국내외 단행본은 저자명, 『단행 본명(겹 꺾쇠)』,(출판사명, 출판년도), 인용면수 순으로 작성합니다. 국내외 번역본은 저자명, 『단행본명(겹 꺾쇠)』, 번역자명(출판사명, 출판년도), 인용면수 순으로 작성합니다. 잡지나 신문 기사는 저자 이름, 「기사제목(홑꺽쇠)」, 『잡지나 신문명(겹꺽쇠)』, 게재일자, 인용면수 순으로 작성합니다. 인터넷이나 온라인 자료는 저자 이름, 글의 제목, 접속 날짜, 사이트 주소 순으로 작성합니다.

인용의 예시

①국내외 논문: 저자명, 「논문제목(홑꺽쇠)」, 『학술지명(겹꺽쇠)』, 권호 수, 발행처명, 발행년도, 인용면수
예시) 홍길동, 「미션비전 재정립 과정에 대한 연구보고서」, 『한국사회복지행정학회 추계학술대회』, 35호, 한국사회복지행정학회, 20xx, 29p

②국내외 단행본: 저자명, 『단행본명(겹꺽쇠)』, (출판사명, 출판년도), 인용면수
예시) 전안나, 『1천권 독서법』, (다산북스, 20xx), 105P

③국내외 번역본: 저자명, 『단행본명(겹꺽쇠)』, 번역자명(출판사명, 출판년도), 인용면수
예시) 호메로스, 『오뒷세이아』, 천병희(숲, 20xx), 532p

④잡지나 신문 기사: 저자이름, 「기사제목(홑꺽쇠)」, 『잡지나 신문명(겹꺽쇠)』, 게재일자, 인용면수
예시) 전안나, 「사회복지사의 읽기와 쓰기」, 『소셜 워커』, 20xx년 10월, 32p

⑤인터넷이나 온라인 자료: 저자이름, 글의 제목, 접속날짜, 사이트 주소
예시) 전안나, 어휘력 높은 사람들의 특징, 20xx1215, http://topclass.chosun.com

3줄 이내 짧은 인용과 4줄 이상 긴 인용문은 인용의 형식이 다릅니다. 3줄 이내 짧은 인용문은 "문장작성(작가. 년도. 페이지)"으로 표시합니다.

3줄 이내 인용 예시

> 현대 사회는 점점 더 많이 쓰는 사회가 되어가고 있습니다. 『미움받을 용기』의 저자 고가 후미 타케가 말하길 "1990년대 후반과 비교해보면 오늘날은 글을 너무 많이 쓴다..... 미래의 우리에게는 문장을 쓸 기회가 늘어나면 늘어났지 줄어들 일은 없다. 앞으로 더욱더 쓰는 시대가 된다.(고가 후미타케. 2015. 36p)"라고 말합니다. 이렇듯 글쓰기는 점점 중요해지고 있고, 글쓰기가 중요하다는 것을 우리는 이미 경험해 보았습니다.

4줄 이상 긴 인용문은 줄을 바꾸어 큰 따옴표를 사용하지 않고 5칸 들여 쓰기를 하고 문장작성(작가. 년도. 페이지)로 표기하는 것이 표준입니다.

4줄 이상 인용 예시

> 현대 사회는 점점 더 많이 쓰는 사회가 되어가고 있습니다. 『미움받을 용기』의 저자 고가 후미 타케는 이렇게 말합니다.
>
> 1990년대 후반과 비교해보면 오늘날은 글을 너무 많이 쓴다. 메일, 기획서, 프레젠테이션 자료, 사과문, 자기소개서, 블로그, 나아가 미래의 새로운 커뮤니케이션 서비스까지 미래의 우리에게는 문장을 쓸 기회가 늘어나면 늘어났지 줄어들 일은 없다. 앞으로 더욱더 쓰는 시대가 된다(고가 후미타케. 2015. 36p).
>
> 이렇듯 글쓰기는 점점 중요해지고 있고, 글쓰기가 중요하다는 것을 우리는 이미 경험해 보았습니다.

글쓰기는 글쓰기를 통해서만 배울 수 있다.
바깥에서는 어떤 배움의 길도 없다.

소설가 나탈리 골드버그

폰트와 이미지 사용

표절과 인용에 이어 살펴볼 저작권은 폰트와 이미지입니다. 폰트와 이미지도 일반 저작물처럼 저작권 보호를 받습니다. 폰트와 이미지의 잘못된 사용으로 사회복지기관이 저작권 시비에 휘말리는 경우가 있습니다. 저도 두 번 경험을 해보았는데요, 기관 내부 복도에 부착한 프로그램 홍보지를 외부인이 사진을 찍어 가는 것을 본 적이 있습니다. 지역주민인가 싶었는데 나중에 법률사무소에서 관내에 부착된 홍보지의 폰트가 저작권을 위배했다는 공문을 받고 처음으로 저작권에 대해 생각을 하게 되었습니다. 또, 전문 업체에 의뢰해서 제작한 소식지 글씨와 이미지가 저작권을 위배했다고 법률사무소에서 저작권 침해 공문이 와서 당황한 적이 있었습니다. 소식지를 제작했던 외부 업체에 연락을 하니, 정당하게 구입해서 사용했다는 증명이 있었고, 이를 해당 법률사무소로 보내서 저작권 침해 사실을 철회할 수 있었습니다.

1. 무료 폰트

무료 폰트로는 한국출판인회의에서 제공하는 'kopub 서체'나, 네이버문화재단에서 제공하는 '나눔 글꼴', 우아한 형제들에서 제공하는 '배달의 민족체', 노회찬재단에서 제공하는 '노회찬체' 등 이 있습니다. 지방자치단체에서 만든 무료 폰트도 있는데요, 서울시에서 제공하는 '서울 한강체'와 '서울 남산체', 서울 마포구에서 제공하는 '마포서체', 서울 성동구에서 제공하는 '성동체', 경기도에서 제공하는 '경기 천년체', 경기도 고양시에서 제공하는 '고양체'와 '고양 일산체', 전라북도 김제시에서 제공하는 '김제시체', 충청남도 아산시에서 제공하는 '이순신체', 부산시에서 제공하는 '부산체', 제주도에서 제공하는 '제주 고딕체'와 '제주 명조체', 문화체육관광부에서 제공하는 '바른 돋움체'와 '바른 바탕체', 영양군에서 제공하는 '음식 디미방체', 완도군에서 제공하는 '완도 청정바다체'와 '완도 희망체' 등이 있으며 활용 가능합니다.

무료 폰트 예시

한국출판인회의 kopub 서체	네이버 나눔 글꼴	우아한 형제들 배달의 민족체
빙그레제과 빙그래 싸만코체	위메프 위메프체	노회찬재단 노회찬체
서울시 서울 한강체, 서울 남산체	서울 마포구 마포서체	서울 성동구 성동체
경기도 경기 천년체	경기 고양시 고양체, 고양 일산체	전북 김제시 김제시체
충남 아산시 이순신체	부산시 부산체	제주도 제주 고딕체, 제주 명조체
문화체육관광부 바른 돋움체, 바른 바탕체	경북 영양군 음식디미방체	전남 완도군 완도청정바다체, 완도희망체

내가 즐겨 사용하는 글꼴의 사용범위를 확인하고 싶다면 '네이버 폰트연구소'에 들어가서 각 글꼴별로 '사용범위 자세히 보기'를 확인해야 합니다. 무료라고 되어있지만, 자세히 읽어보면 비상업용으로만 제한했거나, 개인용으로만 사용 가능한 경우가 많습니다. 또 지면용과 온라인의 무료 사용 조건이 다른 경우도 있습니다. 네이버문화재단에서 제공하는 글꼴도 개인용이나 상업용 모두 사용 가능하고, 폰트 파일 유료 판매 외에는 가능하다고 허용되어 있지만 [이 페이지에서는 네이버에서 제공한 나눔 글꼴이 적용되어 있습니다]라고 명시하도록 조건이 있습니다. 즉 무료 폰트도 정확한 사용범위는 폰트 다운로드 시 반드시 확인해야 한다는 뜻입니다. 아래 예시는 제가 즐겨 사용하는 네이버 문화재단 '나눔 글꼴'의 라이선스를 정리한 표입니다.

글꼴 라이선스 예시

구 분		네이버문화재단 '나눔 글꼴' 라이선스 사용범위	허용 여부
개인용		비상업적 사용	0
		상업적 사용	0
기관 단체	인쇄	브로슈어, 포스터, 책, 잡지, 출판용 인쇄물 등	0
	웹사이트	홈페이지, 광고 배너, 메일, e-브로슈어 등	0
	영상	영상물 자막, 영화 그레딧, UCC 등	0
	포장지	판매용 상품의 패키지, 포장지 등	0
	임베딩	웹사이트와 프로그램 서버 내 폰트 탑재, e-book 제작 등	0
	BI/ CI	회사명, 브랜드명, 상품명, 로고, 슬로건, 캐치프레이즈 등	0
	OFL	폰트 파일의 수정, 재배포 가능	0
		폰트 파일 유료 판매	X
	사용 조건	"이 페이지에서는 네이버에서 제공한 나눔 글꼴이 적용되어 있습니다." 명시 조건으로 허용	0

이렇듯, 다른 사람이 만들어 놓은 폰트와 이미지 사용 시에는 무료로 사용 가능한지, 무료 사용 시 어떤 조건이 있는지 확인이 필요합니다. 개인만 무료로 사용할 수 있고, 기관에서는 무료 사용이 안 되는 경우가 많습니다. 잘못 사용하면 저작권 침해로 몇백만 원을 달라는 공문을 받는 날이 올 것입니다. 개인용으로만 사용 가능한 글꼴은 지금 당장, 기관 업무용 컴퓨터에서 삭제하세요.

2. 무료 이미지

이미지와 관련해서도 저작권을 정확히 이해해야 합니다. 사용 불가, 부분 사용 가능, 모두 사용 가능 3가지 단계로 구분해볼 수 있습니다.

1) All rights reserved: 'All rights reserved'는 일반적으로 저작권자에게 저작권이 있다는 의미입니다. 무단으로 사용하면 저작권법에 위배되니 사용하지 않습니다.

2) Some rights reserved: 'Some rights reserved'는 일정한 조건만 지키면 저작권과 상관없이 상업적인 용도로도 사용이 가능하다는 뜻입니다. 저작권자가 요구한 일정한 조건만 충족하면 사용자 마음대로 쓸 수 있는 저작물을 CCL이라고 합니다. CCL은 'Creative Commons License'의 약자로 '저작물 이용 허가증'이라는 뜻입니다. CCL은 일정 조건을 지키면 저작물을 무료로 사용해도 된다는 뜻인데요, '일정 조건'은 보통 4가지를 말합니다. 출처 표기를 해야 하는지 안 해도 되는지, 상업 이용을 할 수 있는지 없는지, 2차 변형을 할 수 있는지 없는지, 단체나 기관이 사용할 수 있는지 없는지 등의 조건입니다. 각 저작물마다 무료 이용 조건이 다름으로 확인 후 사용합니다. 출처 표기를 해야 하는 경우에는 이미지 하단 메모란, 본문 작성란, 이미지 하단 등에 [출처: 얼라우 투(allowto)] , [이미지출처: 픽사베이(pixabay)] 등으로 표기하면 됩니다.

3) No rights reserved: 'No rights reserved'는 저작권자가 일체의 저작권을 조건 없이 포기했다는 의미입니다. CCo 는 일체의 어떠한 조건도 없는 저작물임을 의미합니다. CCo는 'Creative Commons Zero'의 약자로 우리가 지켜야 할 사항이 없이 자유롭게 사용할 수 있다는 뜻입니다. 즉 출처 표기를 안 해도 되고, 상업 이용을 할 수 있고, 2차 변형도 할 수 있다는 뜻입니다.

CCo은 원저작자가 전 세계적으로 해당 저작물에 대해 자신이 갖는 일체의 권리를 포기함으로써 저작물을 퍼블릭 도메인으로 양도하였다는 뜻입니다. 따라서 CCo은 저작물을 사용하거나 인용할 때 저자나 인정자로부터 승인을 받았다는 뜻을 별도로 표시하지 않습니다.

무료 이미지 사이트로는 픽사베이, 프리픽, 언스 플래쉬, 포토 AC 닷컴, 얼라우투, 플리커, 오픈 클립아트 등이 있습니다. '픽사베이'는 전 세계적으로 가장 유명한 무료 이미지 사이트 중 한 곳으로 '무료 이미지 사이트의 입문'이라고 불립니다. 100만 개 이상 사진, 일러스트레이션, 벡터 그래픽을 제공하고 매일 새로운 이미지가 업데이트됩니다. 출처를 밝히지 않고, 상업 이용과 2차 변형도 가능한 CCo 이미지가 많아서 많은 사람들이 선호하는 사이트로 한국어 검색도 가능합니다.

전문 디자이너들이 많이 사용하는 사이트도 있습니다. 디자이너들의 보물창고라 불리지만 하루 다운로드 가능한 횟수 제안이 있는 '프리픽'과 하루 다운로드 횟수 제한이 없고 정기적으로 업데이트가 되는 '언스플래쉬', 동양 사진이 많은 '포토AC닷컴', 예술가가 직접 수시로 올리는 개성 있는 사진이 많은 '셔터스톡' , 수시로 업데이트 되고 화려한 사진이 많은 '픽점보' 등입니다. '오픈클립아트'는 무료로 클립 아트를 제공하는 사이트입니다. ppt와 연동해서 2차 변형해서 사용할 수 있는데요, 다만, ppt 2016년 이상 버전에서만 가능합니다. 한국인이 운영하는 사이트로는 이미지가 많지 않지만 동양 사진이 제공되는 한국 사이트 '얼라우투', CCL이 없는 CCo 위주로 한국인 운영자가 운영하는 'CC제로포토' 가 있습니다.

무료 이미지 사이트

픽사베이 www.pixabay.com 기본 언어: 영어 한국어검색가능	프리픽 https://www.freepik.com 기본 언어:영어	언스 슬래쉬 https://unsplash.com 기본 언어:영어
포토AC닷컴 https://www.photo-ac.com 기본 언어:일본어	얼라우투 http://www.allowto.com 기본 언어: 한국	셔터스톡 http://www.gratisography.com 기본 언어:영어
CC제로포토 http://cc0photo.com 기본 언어:한국	픽점보 http://picjumbo.com 기본 언어: 영어	오픈클립아트 www.openclipart.org 기본 언어:영어

저작권 걱정 없이 사용하려면 본인이 직접 사진을 찍거나 그림을 그려서 사용하면 되지만, 대부분은 위의 저작권 보호법을 지키면서 다른 사람의 저작물을 사용합니다. 이상의 사이트는 주로 해외 사이트로 홈페이지를 열면 영어와 일본어 등 외국어가 나와서 당황할 수 있습니다. 크롬 번역기나 구글 번역기 기능을 사용하면 100% 정확하지는 않지만 한국어로 번역이 되니, 당황하지 말고 사용하세요.

글쓰기에는 정답이 없다.

이상원 교수

개인정보 보호

개인정보 보호는 단순히 윤리적 규범이 아니라 법적 근거를 가지고 있습니다. 개인정보 보호법의 전신은 1995년 1월 18일부터 시행된 「공공 기관의 개인정보 보호에 관한 법」입니다. 2011년 9월 30일부터 법률 제10465호 「개인정보 보호법」이라는 명칭으로 변경되면서 현재는 공공기관뿐 아니라 누구나 지켜야 하는 법으로 확대되었습니다.

개인정보는 살아있는 개인에 관한 정보로서 개인을 알아볼 수 있는 정보를 말합니다. 개인정보의 범위는 이름, 영상물, 고유번호(주민번호), 주소, 성별, 종교, 연락처, 가족관계 등 신상기록이 된 문서, 서류, 동영상, 사진 등입니다. 개인에 대한 객관적인 정보는 물론 개인에 대한 의견, 평가 등 제3자에 의해 생성된 주관적인 정보도 개인정보의 범위에 포함됩니다.

개인정보 처리라 함은 개인정보를 수집, 생성, 기록, 저장, 보유, 가공, 편집, 검색, 출력, 정정, 복구, 이용, 제공, 공개, 파기, 그 밖에 이와 유사한 행위를 말합니다. 개인정보 보호 시행자는 개인정보를 취득하는 모든 사람이 해당합니다. 사회복지사 또는 이용인이 작성하는 대부분의 서류가 이용인의 이름, 영상물, 고유번호(주민번호), 주소, 성별, 종교, 연락처, 가족관계 등 신상기록이 된 문서, 서류, 동영상, 사진에 대한 기록과 수립, 생성을 진행되기 때문에 사회복지사들은 개인정보 보호법을 준수해야 합니다. 개인정보 수집부터 폐기까지 단계별로 구체적인 실천 방법을 살펴보겠습니다.

1. 수집 시

개인정보는 가능한 최소한으로 수집하고, 주민등록번호와 건강 정보 등은 수집이 필요한 경우에만 최소한으로 수집합니다. 법령에서 고유식별 정보 처리를 허용한 경우는 사회복지사업법 시행령, 노인복지법 시행령, 장애인활동 지원에 관한 법률 시행령, 장애인복지법 시행령, 장애인연금법 시행령, 정신건강복지법 시행령 등이 있습니다. 법령의 근거가 있는 경우가 아니면 주민등록번호, 운전면허번호, 여권번호, 외국인 등록번호 등 '고유 식별 정보'와 건강 정보, 정치적 견해, 성생활, 범죄 경력, 유전 정보 등 '민감정보' 수집을 금지합니다. 개인정보 보호법 16조에 따르면, 개인정보 수집 시 최소한으로 수집했다는 입증책임은 사회복지시설의 몫입니다. 최소한의 정보 외 추가 정보 수집에 동의하지 않는다고 서비스 제공을 거부해서는 안 됩니다.

모든 개인정보 수집 시는 구두 말고 서면으로 동의서를 작성합니다. 서면 동의가 어려운 경우는 구두 동의를 녹음합니다. 만 15세 이상 개인정보 수집 시는 본인에게 동의받고, 만 14세 미만 미성년자인 경우는 법정 대리인에게 동의 받습니다. 법정 대리인에게 동의를 구하기 위해 법정 대리인 이름과 연락처는 해당 아동에게 직접 수집할 수 있습니다. 이 경우에도 법정 대리인의 정보를 수집하는 사람의 신분과 연락처, 법정 대리인의 성명과 연락처를 수집하고자 하는 이유를 해당 당사자에게 알려야 합니다. 그 외 장애인이나 노인 본인 또는 법정 대리인이 의사표시를 할 수 없는 상태거나 사전 동의를 받을 수 없는 경우에는 명백하게 정보 주체 또는 제3자의 급박한 생명, 신체, 재산의 이익을 위해 필요하다고 인정되는 경우에 수집합니다.

CCTV도 동영상 정보를 수집하는 것으로, 기관에서 CCTV를 운영할 경우 설치 목적, 장소, 촬영 범위, 담당자 등을 안내, 운영방침을 수립하여 안내판 설치하여 공개합니다. 홈페이지 회원가입을 받을 경우에도 I-PIN, 공인인증서 등 주민등록번호 이외의 실명 확인 대체수단을 도입해야 합니다.

2. 관리

기관 전체 관리 책임자를 지정합니다. 개인정보를 처리할 경우 개인정보 위탁 사실을 포함한 개인정보 처리 방침을 홈페이지나 사업장에 공개합니다. 개인정보가 해킹 등으로 유출되지 않도록 내부관리 계획, 방화벽·백신·접근통제 등 안정성 확보 조치를 철저히 이행합니다.

개인정보가 있는 서류인 사례관리 기록지, 사례관리 파일, 서비스 신청서, 각종 증명서, 통장 사본 등은 책상 위에 비치 후 자리를 비우지 않습니다. 갑자기 잠깐 자리 비울 때도 작성 중인 문서를 닫고, 서류는 서랍에 넣습니다. 퇴근이나 외근 시는 잠금장치가 있는 곳에 보관합니다. 열쇠는 부서장이 관리합니다.

담당자 부재 시 내방자가 관련 서류를 주고 가는 경우 봉투 안에 넣어서 안 보이게 보관하였다가, 담당에게 직접 전달합니다. 전체 사례 회의 시 이름과 주소 등 핵심 개인정보는 익명 처리 후 시행하고, 시행 후 바로 폐기합니다.

개인정보 입력하는 진우 프로그램, 인트라넷 시스템 활용 시 공용 아이디가 아니라, 개인별 아이디와 비밀번호 발급받아 로그인 후 기록합니다. 컴퓨터에 개인정보가 기록된 모든 문서 보관 시에는 기관 공동 암호를 사용합니다. 인트라넷 전자 결재 기안에 개인정보가 있는 서류를 첨부하거나 개인정보가 포함되는 기안 내용 작성 시는 '문서등급'을 '비공개'로 설정합니다.

법령의 근거 없이 다른 용도로 사용하거나 수집한 목적과 다르게 사용하거나 제3자 제공 금지함으로 유출하지 않도록 주의합니다. 개인정보 제공 주체인 클라이언트는 본인의 개인정보가 포함된 모든 문서를 요청할 수 있으며, 요청 시 제공해야 합니다.

3. 교육과 서약

직원 입사 시 개인정보 보호 교육 시행과 개인정보 보호 서약서 작성 후 개인정보 관련 업무를 시행합니다. 직원 외 자원봉사자, 실습생, 공익요원 등은 개인정보 입력을 금지합니다. 개인정보 보호법 제28조(개인정보 취급자에 대한 감독)에 근거하여 직원과 파견근로자, 시간제 근로자는 년 1회 개인정보 보호 보수교육을 권고하고 있습니다.

지역아동센터 비밀보장 서약서 양식 예

_______________(이하 "본인")은 ○○○지역아동센터 (이하 "센터")와의 원활한 업무 수행을 위해 아래 열거된 비밀유지 사항을 준수하고 입증하는 서약서를 제출합니다. 본 서약서의 내용은 본인이 센터에서 근무하는 기간 동안 적용되며 퇴직 후에도 동일하게 적용됨을 인식하고, 서명 전에 필히 숙독해 주시기 바랍니다.

1. 본인은 센터에 관한 정보와 비밀유지 대상으로 센터로부터 수령하거나 업무와 관련하여 지득한 정보에 대해서는 센터의 명시적인 승인을 받은 경우에만 이용한다.

2. 본인은 센터의 비밀정보에 대해 항상 비밀성이 유지되며 센터의 소유에 속하고 앞으로도 속할 것임에 동의한다.

3. 본인은 센터로부터 비밀을 유지해야 하는 정보자산(서류, 사진, 영상, 전자파일, 저장매체 등)에 대해서는 센터에서 승인한 이외의 방법으로 사용하지 아니한다.

4. 업무 수행에 의해 취득한 정보는 업무와 관계된 센터 직원에게만 정보를 공개 또는 제공하며, 어떠한 방법으로든 센터의 사전 승인 없이 전용하거나 제3자에게 공개와 누설하지 아니한다.

5. 본인은 센터로부터 제공받은 정보자산에 대해 무단 변조, 복사, 훼손, 분실 등으로부터 안전하게 관리한다.

6. 본인은 퇴직 시 센터에서 제공받은 모든 정보자산을 반드시 적법한 절차에 따라 반납할 것이며, 퇴직 후에도 퇴직 전의 정보는 물론이고 비밀정보 등의 누설로 인하여 센터에 손해가 될 수 있는 각종 정보에 대해 일체 누설하지 아니한다. 본인은 상기 서약 내용을 숙지하고, 이를 준수할 것에 동의합니다. 위반 시 관계법령에 따른 민·형사상의 책임질 것을 서약합니다.

년 월 일

직 위: ○ ○ ○

성 명: (서명 또는 인)

OOO 지역아동센터 귀중

개인정보 보호 서약서 양식 예

1. 본인은 개인정보 보호와 관련된 법적 준수 기준인 '개인정보 보호법'에 명시된 내용과 '기관의 개인정보 보호 관리 규정' 등 관련된 조항에 대해 숙지하였습니다.

2. 본인은 업무 중에 알게 된 개인정보와 기관의 업무에 관련된 정보에 대하여 개인정보 보호 관리 규정을 준수할 것이며, 적정한 절차 없이 개인정보를 무단으로 수집·조회·관리·유출·폐기하지 않을 것을 서약합니다.

3. 본인이 서약 사항을 위반하여, 업무상 알게 된 사항에 대하여 비밀을 누설하거나 정당한 사유 없이 수집·조회·관리·유출·폐기할 경우, 민·형사상의 책임과 법률 조항에 의거하여 제재를 받을 수 있음을 통고 받았으며, 이러한 제재에 대하여 이의를 제기하지 않을 것을 본인의 자의로 서약합니다.

년 월 일

소속:

성명: (인)

4. 정당한 자료 제공과 유출

클라이언트 자원연계나 권익활동을 위해 개인정보 제공도 개인정보 보호법상 정보유출이므로, 사전에 클라이언트에게 외부 자료 제공을 안내하고 서면으로 동의를 받습니다. 클라이언트 자원연계와 권익활동을 위해 개인정보 제공 시 어느 기관에 어떤 목적으로 정보를 제공하였는지 기안과 공문, 개인정보 제공 대장에 근거를 남기고 제공합니다.

개인정보 제공 동의 시 고지 내용

개인정보 보호법 제17조(개인정보의 제공)
1. 개인정보를 제공받는 자
2. 개인정보를 제공받는 자의 개인정보 이용 목적
3. 제공하는 개인정보의 항목
4. 개인정보를 제공받는 자의 개인정보 보유와 이용 기간
5. 동의를 거부할 권리가 있다는 사실과 동의 거부에 따른 불이익 내용

개인정보 보호법은 정보 주체의 '개인정보 자기 결정권'을 보장하는 것을 주 목적으로 합니다. 따라서 좋은 목적이어도 개인적 수집 이용 제공이 정보주체의 동의와 관련 절차가 정당하게 진행되고, 안전하게 관리해야 합니다. 개인에 대한 객관적인 정보는 물론 개인에 대한 의견, 평가 등 제3자에 의해 생성된 주관적인 정보도 개인정보의 범위에 포함됩니다. 따라서 클라이언트 본인이 작성하지 않고, 사회복지사가 작성한 상담 기록지, 초기 상담지, 후원 제안서 등도 반드시 동의를 구한 후 정당하게 자료를 제출합니다.

개인정보가 공정한 절차에 따라 제공되지 않고 유출된 경우 즉시 관리 책임자에게 알리고, '유출 사유서' 양식에 따라 작성 후, 관리 책임자는 정보 제공 주체에게 그 사실을 공지하여야 합니다. 개인정보가 유출된 것을 인지하면 5일 이내에 서면·전화·이메일 등의 방법으로 즉시 정보주체에게 통보합니다. 개인정보 보호법 위반 시 3천만 원 이하 벌금이나 5년 이하 징역이 적용됩니다.

5. 폐기

수집된 목적이 달성된 후, 서비스 기간 경과 등 개인정보의 이용이 끝난 후에는 반드시 파기합니다. 개인정보가 들어간 서류는 사용목적과 보관 연한이 끝나면 이면지로 사용하지 말고, 분쇄기로 완전히 폐기합니다. USB, CD, 컴퓨터 하드디스크 등 전자 파일도 복귀 불가능한 방법으로 영구 삭제 후 폐기합니다. 관련 정보를 직접 폐기하지 않고, 개인정보 처리 전문 업체를 활용하는 경우에는 보안 각서, 파쇄 증명서 등을 구비합니다.

개인정보 보호 관련 2개의 기념일이 있습니다. 1월 28일은 국제기념일인 '개인정보 보호의 날'이고, 7월 14일은 '정보보호의 날'로 2012년 지정한 법정기념일입니다. 그 외 개인정보 보호 관련 자세한 내용은 개인정보 보호 종합포털 (www.privacy.go.kr)에 등재되어 있는 '개인정보 보호 가이드라인(약국, 사회복지시설, 의료기관 편)'에 자세히 나와 있고, 개인정보보호 상담 문의는 118로 가능합니다. 개인정보 보호법은 일반법입니다. 따라서 사회복지사업법 등 개인정보 처리와 관련된 별도의 규정이 있으면 해당 법령을 우선 적용하고, 그 외 사안은 개인정보 보호법을 적용합니다.

자기 인식과 정직한 글쓰기

사회복지 글쓰기는 '기술'이라고 말했습니다. 초급 사회복지사의 경우는 업무용 양식에 맞게 해당 내용을 잘 집어넣는 '기술' 위주의 글쓰기를 하지만, 경력이 쌓일수록 점점 실천적인 측면, 가치적 측면이 반영되는 글쓰기를 원합니다. 똑같은 후원 제안서, 프로포절, 사례집, 사업계획서여도 사회복지사로서 고민과 실천을 어떻게 잘 담을 것인가? 어떻게 하면 클라이언트가 함께 참여하는 기록이 될 것인가를 고민합니다. 이런 실천적·가치적 측면을 반영하면서 '업무용 글쓰기 기술'을 발전시켜야 합니다.

사회복지 업무용 문서는 문서의 목적에 맞게 작성하고, 잘 된 점이나 잘못된 점 모두 정직하게 기록합니다. 문서별로 필요한 정보의 누락 없이 구체적으로 충분히 삽입되었는지 확인하고, 기록 목적에 부합하게 기록합니다. 그런데 실제 실천과 글쓰기의 내용이 다른 경우를 종종 보게 됩니다.

실제 실천과 글쓰기의 내용이 사실과 다른 경우에는 사회복지사의 자기 인식과 관련이 있는 경우가 많습니다. 사회복지 실천은 '사람을 활용해서 사람을 돕는' 전문직이기 때문에 자기 인식이 중요합니다. 사회복지사는 자신의 성격적 강·약점, 편견, 선입견, 스트레스, 저항, 불안, 두려움 등에 대한 통찰이 필요합니다. 자기 인식은 사회복지사로서 자신의 신념, 태도, 가치, 행동 습관 등이 사회복지 실천에 미치는 영향을 정확하게 인식하는 것을 의미합니다. 자기 인식을 개발하기 위한 노력은 자기 인식은 한 번에 모두 이루어질 수는 없습니다. 어느 정도의 기간에 걸쳐 점차 발전될 필요가 있습니다.

사회복지사는 자기 인식을 크게 3가지 방법으로 개발합니다.

동료들과 실천 상황들과 문제들에 대해 논의하는 동료 슈퍼비전, 인간의 행동을 연구하는 것, 조직화된 자아 학습을 하는 것입니다. 먼저, 동료 슈퍼비전 과정은 동료들과 실천 상황들과 문제들에 대해 논의하는 시간으로, 거창한 것이 아니라 동료나 선배들의 피드백과 슈퍼비전을 통해 자기 스스로 인식하지 못했던 관심사들과 태도, 가치가 다른 사람들과의 상호작용이나 전문가로서의 원조 능력에 대해 인식하는 시간입니다.

자기 인식을 높이는 두 번째 방법은 보편적인 인간의 행동을 연구하는 것입니다. 심리학이나 사회복지, 사회학, 생물학으로 인간의 행동을 연구하는 저서나 교육, 학습을 통해서 자신 또한 인간으로서 불완전하다는 점을 인식하는 것이지요.

세 번째 방법은 조직화된 자아 학습을 하는 것입니다. 사회복지 실천론 시간 과제나, 사회복지 현장실습 과제로 '자기 인식 보고서'를 작성해 본 경험이 있는지요? 저는 1년에 한 번씩 자기 인식 보고서를 업데이트합니다. 매년 작성하니 벌써 20여 년을 작성했지만 아직도 매년 새롭게 저에 대해 인식하는 점이 있다는 것이 놀랍습니다. 아마 죽을 때까지 나 스스로를 다 알기는 어려울 것 같습니다.

아래 양식은 Alexis. A. Johnson(1995)의 6가지 자기 지식 개발 틀에 따라서 생활방식과 인생철학, 윤리지침과 가치체계, 뿌리, 인생 경험, 개인적 욕구, 개인적 기능에 대해 작성하는 양식의 예시입니다.

Johnson이 제시하는 6가지 자기 지식 개발

1. 생활방식과 인생철학

- 생활방식: 다른 사람들과의 상호작용, 일하고 놀고 휴식하는 패턴에서 생활방식을 기술하고, 왜 그러한 특정 방식들을 선호하는지의 이유 작성

- 인생철학: 사람들과 사회에 대해 가지는 신념은 무엇인가? 나의 삶의 목적은 무엇인가? 어떻게 살아야 한다고 생각하는가? 인간의 본질에 대한 나의 신념은 무엇인가? 나의 삶에서 일과 가족, 오락의 위치는 어디쯤에 있는가? 나는 언제, 어떤 상황에서 다른 사람에게 의존하는가? 인간의 복지에 대해 나는 어떤 생각을 가지고 있으며, 어떤 책임감을 가지고 있는가? 인간과 신은 어떤 관계인가? 인간과 자연은 어떤 관계인가? 등에 작성해 보고, 왜 그러한 특정 방식들을 선호하는지의 이유 작성

2. 윤리지침과 가치체계
- 윤리: 행동에서 어떤 것이 옳게, 어떤 것이 그르게 고려하는가?, 가치: 바람직한 것, 혹은 선호되는 것은 무엇인가?를 작성하고 왜 그러한 윤리지침과 가치체계를 가지게 되었는지에 대한 원인 규명으로 과거의 문화적 유산, 가족, 종교 관계를 포함한 집단관계, 개인적·교육적 경험들에 의해 어떻게 영향받았는지 분석하기

3. 뿌리
- 나를 중심으로 3대의 가계도를 그리고 성명, 연령, 학력, 직업, 가족 사건, 가족관계 묘사, 사망원인, 신체·정신건강, 가족규모, 가족 내에서의 위치, 돌림자 이름 모두 적고, 가계도에서의 패턴을 분석하기

4. 인생 경험
- 가족 내에서의 경험, 학습경험, 학습에 대한 태도, 학습의 결과 축적된 지식 등의 교육적 경험,동료들과의 경험, 지역사회와의 경험, 이웃 속에서의 경험, 조직화된 집단 상황들, 종교 활동들, 질병, 장애, 빈곤, 그리고 경제적 지원과 관련된 경험을 모두 적고, 이런 경험들에 의해 어떻게 영향을 받았는지 분석하기

5. 개인적 욕구
- 의식주와 보호, 안전, 소속, 성장과 학습의 기회 등 보편적인 인간의 욕구와 관련된 개인적 욕구는 무엇인가?
- 제도적 인종차별, 선입견, 편견 등 인간의 다양성으로 인한 욕구는 무엇인가?
- 가족, 동료 집단, 직장, 학교, 소속된 조직, 이웃과 지역사회, 문화집단과 같은 사회체계에서 나에게 부여하는 기대와 책임감으로 인한 욕구는 무엇인가?

6. 개인적 기능
- 개인적 욕구를 어떻게 충족시키는가?
- 소속된 사회체계에 대한 책임을 어떤 시각으로 보는가?
- 체계 내에서 구실이 무엇인지 알고 그 구실을 어떻게 수행하는지?
- 종합적으로, 자신에 대해 어떻게 느끼는가?

위의 각 문항에 대해 최대한 성실히 작성을 하고, 정기적으로 수정 업데이트를 하면 자신에 대한 올바른 인식을 높일 수 있을 것입니다. 이런 자기 인식을 토대로 우리는 윤리적 글쓰기를 해야 합니다.

제가 자기 인식을 글쓰기와 연관해서 말하는 이유는, 신입 직원들의 기안서를 결재과정에서 반려하면 어떤 사회복지사의 경우 "문서를 반송하니, 내가 반송당하는 기분이

다" 라며 감정적으로 받아들이는 경우가 많습니다. 사회복지 글쓰기는 클라이언트에게 효과적인 서비스 제공과 사회복지사로서 전문성 향상을 위해서 하는 것이고, 그래서 전문성 있게 잘 하기 위해 훈련을 하는 것인데, 이를 개인적으로 받아들입니다. 결재자가 자신에게 주의를 주는 것을 감정적으로 받아들이지 않고, 전문성 향상을 위한 기회로 생각해야 합니다.

또 어떤 사회복지사는 계획 수립 시 올해 만족도 점수가 93점이었는데 내년도 사업 목표에서 만족도를 85점 목표로 작성해서 제출하는 경우가 있습니다. 낮춘 이유를 묻자 다시 93점을 받을 자신이 없어서 낮췄다고 대답을 합니다. 너무 달성하기 쉬운 목표를 세우고 업무를 하는 것은 자기 자신을 속이고 클라이언트를 속이는 것이라고 생각합니다.

또 어떤 사회복지사는 평가서를 반성문처럼 잘못한 점만 쓰고, 또 어떤 사회복지사는 평가서를 자아도취에 빠져서 잘한 점만 작성합니다. 평가서는 잘한 점과 잘못한 점, 앞으로 계속 유지할 점과 개선한 점을 정직하게 작성해야 하는데 반성문과 자기자랑 모두 정직하지 않은 글쓰기입니다.

바른 자기 인식으로 정직한 글쓰기를 하는 사회복지사가 되면 좋겠습니다.

독서는 지식이 많은 사람을, 토론은 준비된 사람을, 글쓰기는 정확한 사람을 만든다

철학자 프랜시스 베이컨

글쓰기와 윤리적 딜레마

윤리는 어떤 행동이 도덕적으로 옳으며 또한 도덕적으로 옳은 행동은 어떠해야 하는지 말합니다. 사회복지 글쓰기는 당사자가 작성하는 글이 아니라, 클라이언트를 대변하여 제3자인 사회복지사가 작성하다 보니 글쓰기 과정에서 사회복지사가 만나는 여러 딜레마 상황이 있습니다.

1. 빈곤 포르노 딜레마

크라우드 펀딩이나 모금을 위한 글 작성 시, 모금 성공을 위해 과장하거나 동정심을 유발하는 글쓰기를 하게 됩니다. 동정심을 유발하게 쓰면 모금이 잘 되는 게 사실이지요. 그러다 보면 빈곤 포르노 딜레마에 빠져서 더 자극적이고 더 불쌍하게 쓰게 되고 나중에는 사실을 과장하거나 거짓이 들어갈 수 있습니다.

하지만, 우리는 사회복지 전문가로서 정확한 사실을 전달하는 것을 목적으로 글쓰기를 해야 합니다. 사람의 감정이나 동정심을 불러일으키는 글은 '문학'에 해당하는 글쓰기라고 앞에서 말씀드렸는데요, 우리 사회복지 글쓰기는 사실과 정보를 정확히 전달하는 "비문학"에 해당하는 글쓰기이므로 과장하거나 거짓을 말하거나 동정심을 불러일으키려는 목적으로 글을 쓰는 사람은 사회복지 전문가가 아닙니다.

우리가 사회복지 전문가라면, 사실과 정보의 전달과 이 모금을 통한 성과와 효과성에 대해 전문성을 기반으로 후원자들을 설득하는 글쓰기를 해야 합니다. 우리가 지금 당장 모금을 하기 위해 동정심을 유발하거나 좀 더 불쌍해 보이도록 과장하는 글쓰기를 하는 것은 클라이언트의 인권을 모독하는 글쓰기입니다. 이 글을 클라이언트 당사자가 봤을 때도 동의할 수 있는지 점검해야 합니다.

2. 제3자를 대변하는 글쓰기에서 오는 딜레마

제가 책을 집필하고 나서 알게 된 것은 책쓰기가 사회복지 글쓰기보다 쉽다는 것입니다. 그게 무슨 소리야?라고 생각할 수도 있는데요, 책을 쓸 때는 작가가 쓰고 싶은 한 가지 주제를 정해서 A4용지로 100매를 작성하면 됩니다. 책을 쓴 후 상사의 결재를 받을 필요도 없고, 작가가 쓰고 싶은 대로 쓰면 됩니다. 이렇게 일반 개인적인 목적의 글은 기본적으로 작성자가 자신의 생각을 중심으로 전개하면 되는데, 사회복지 글쓰기는 클라이언트 당사자와 결재자, 지원처 등 이해관계자가 많아서 글쓰기가 힘듭니다.

특히 클라이언트를 대변하여 글을 쓸 때는 당사자의 삶에 공감을 어느 정도 해야 하고, 주관적이면 얼마나 주관적이어야 하는지, 객관적이면 얼마나 객관적으로 해야 하는지 고민이 됩니다. 또 클라이언트가 스스로 자신의 생각이나 감정, 상황을 잘 표현을 해주면 좋은데, 적절히 표현을 못 하는 경우에는 사회복지사가 상상해서 임의로 작성해야 할 때도 있습니다. 내가 거짓으로 쓰고 있는 것은 아닌가 하는 딜레마가 오지요.

클라이언트가 자신의 생각, 감정, 상황을 잘 표현하지 못한다면 시간을 들여서 대화를 다시 하거나, 그림이나 음악 등 다른 방법으로 표현할 수 있는 도구를 찾아주세요. 제3자를 대변하는 글쓰기에서는 클라이언트가 표현한 내용과 사회복지사가 전문가로서 사정한 내용을 구분하여 작성하면 좋습니다. 클라이언트가 주관적으로 표현한 내용은 이에 대해 사회복지사가 객관적인 자료 확인이 필요합니다. 그리고 사실과 담당자의 생각/판단을 정확히 구분하여 작성하는 것이 좋습니다. 예를 들어 "할머니는 생활이 매우 어려워 보였다."라는 글은 사실이 아니라 담당자의 판단이 들어가 있습니다. 이 문장을 사실로 기록하려면 "김복순(80세)은 월수입이 30만 원으로, 경제의 어려움을 호소하였다."가 더 정확한 표현입니다. 이를 바탕으로 전문가적 견해로 사정한 내용을 구분하여 작성하여 클라이언트의 관점도 존중하면서 전문가로서의 견해도 함께 반영할 수 있습니다.

또한 글을 다 쓴 후에 클라이언트와 함께 글을 공유하는 시간을 가지는 것도 좋습니다. 사회복지사가 작성한 상담 일지, 클라우드 펀딩 제안서, 후원 제안서, 사례관리 계획서 등을 혼자 작성해서 보내는 것이 아니라, 사전에 클라이언트에게 보여드리고 동의를 구하는 시간을 가진다면 담당 사회복지사뿐 아니라 클라이언트 본인도 만족하는 글쓰기에 가까워지지 않을까 생각합니다.

3. 변조와 위조의 유혹

여러분은 평가서를 프로그램 시행 후 며칠 뒤에 작성하시나요? “시행 후 3일 뒤에 작성하는 평가서는 소설이다 ”라는 말이 있습니다. 우리가 평가서를 작성하는 이유는 프로그램 진행시 잘한 점은 지속하고, 부족한 점은 개선하여 다음번에 더 나은 실천을 하기 위해서인데, 3일이 지나면 잘 기억이 나지 않아서 대충 꾸며서 작성하게 됩니다. 의도하지 않았지만 추측해서 작성하게 됩니다. 이는 정확한 평가가 아닙니다. 되도록 빠른 시간 내에 작성해야 바른 평가와 모니터링을 할 수 있습니다.

때로는 위조나 변조의 유혹이 생길 때도 있습니다. 보건복지부 평가나 재위탁 심사를 앞두고 모든 사회복지 기관에서 평가 기준에 미달되는 항목에 대해 서류를 만들어 내야 할 것인가? 정직하게 있는 그대로 평가를 받을 것인가를 고민하게 됩니다. 변조는 실제 내용을 바꾸어 제시하거나 사실과 다르게 서술하는 것으로 문헌 자료를 변조하거나 설문이나 실험 결과 데이터를 변조하는 경우가 있습니다. 위조는 의도적으로 속일 것을 전제로, 존재하지 않는 데이터나 연구 결과를 허위로 만들고 이를 기록하거나 보고하는 행위로 실제 실험이나 관찰, 시뮬레이션을 하지 않고 허위로 만들어 내거나, 설문조사를 제대로 하지 않고 설문 응답자의 응답 내용을 꾸미는 행위 등을 말합니다.

우리는 사회복지 전문가입니다. 전문가로서 윤리강령을 준수해야 하고, 사회적 규범적 윤리행동을 해야 합니다. 윤리적 딜레마의 유혹을 이겨내기 바랍니다.

4. 낙인감을 주는 사회복지 용어

사회복지사가 글쓰기를 하면서 전문용어를 사용하다 보면 윤리적 딜레마를 접할 때가 있습니다. 사회복지 전문용어가 대개 영어를 직역해서 사용하다 보니, 번역어로 사용하면 어감이나 뉘앙스가 적절하지 않다는 생각이 듭니다.

'사례관리'나 '클라이언트'의 경우가 그러한 예입니다. 사례관리는 case management의 번역어로 복합적인 문제를 가진 사람을 돕는 종합적이면서도 전문적인 사회복지 서비스를 말합니다. 그런데 '관리'라는 단어에서 "사람이 관리의 대상인가?" 라는 의문이 생깁니다. 일반 기업에서는 직원을 채용하고 교육 훈련하는 과정을 HRM 즉, '인적 자원 관리'라고도 표현하지만 이런 표현은 휴먼 서비스를 하는 사회복지 기관에는 맞지 않는 용어이고, 직원뿐 아니라 클라이언트에게도 적절하지 않다고 생각하는 사람들이 있습니다.

또 '클라이언트client'는 전문적인 서비스를 찾거나 제공받는 개인, 집단, 가족을 지칭하는 사회복지 용어로 사용됩니다. 아시는 바와 같이 일반 기업에서 '손님'이나 '고객'이라는 뜻으로 클라이언트 단어를 사용하고, 병원에서는 '환자'를 클라이언트라고 합니다. 사회복지 현장에서 이전에는 클라이언트란 단어가 사회복지 전문가에게 단순히 도움을 받는 사람이나 문제를 갖고 있는 사람으로 인식되었고 그렇게 사용되었습니다. 그러나 얼마 전부터 지역주민이나 이용인의 참여와 주체성이 강조되고 사회복지사와 그들의 협력적 관계가 중요해지면서 '클라이언트'란 단어를 계속 사용하는 것이 적절한지 고민하는 사람들이 늘어나고 있습니다. 대체 용어 중 하나인 '대상자'라는 단어도 인간을 대상화 한다는 비판을 받고 있고요.

사례관리, 클라이언트, 대상자 등의 언어를 사회복지 전문용어로 학습해 온 우리가 자연스럽게 사용하고 있지만, 이미 현장에서 고민하면서 직원들과 협의를 통해 바꾸어 사용하고 있는 몇몇 기관들이 있습니다. A기관에서는 사례관리라는 용어를 사용하지 않고 '사례 지원' 이라고 부르고, 사례관리팀을 '사례지원팀'으로 지칭합니다. B기관에서는 사례관리라는 단어 대신 '휴먼 서비스' 라고 부르고, 부서명도 '휴먼 서비스팀'으로 부릅니다. 또 C기관에서는 클라이언트라는 용어 대신 '당사자'나 '이용인'이라고 하고, D기관에서는 클라이언트 대신 '회원' 이라는 단어를 사용합니다. 또 E기관에서는 대상, 대상자 라는 용어를 사용하지 않고 '참여, 참여자' 라는 단어를 사용합니다.

예전에는 사회복지 현장에서도 고아원, 불구자, 벙어리, 편모·편부라는 표현을 사용했지만 지금은 아동양육시설, 장애인, 청각장애인, 한부모로 용어가 바뀌었습니다. 이렇듯 우리가 사용하는 단어는 인식의 변화를 반영하며, 시각을 바꾸어 줍니다. 사회복지사가 사용하는 전문용어도 시대의 변화를 담아 변해야 할 때가 되었습니다. 사회복지 용어 변경에 대한 사회복지계 논의가 활성화되기를 기대해봅니다.

생각을 향상시키면 글의 품질이 좋아진다.
내털라 커내버 기자

윤리적 글쓰기 체크리스트 7가지

윤리는 어떤 행동이 도덕적으로 옳으며 또한 도덕적으로 옳은 행동은 어떠해야 하는지를 다루는 개념입니다. 사회복지직은 처음 출발부터 소외계층을 위하는 자선에서 시작되었다는 점 때문에 다른 직업보다 강한 규범적인 성격을 가지고 있습니다. 윤리를 잘 준수하고 올바른 결정을 내리기 위해서는 윤리적 민감성이 중요합니다. 윤리적 민감성은 "윤리에 관한 이슈를 자각하고 이를 윤리적 의사결정 과정에서 고려할 수 있는 능력"을 말합니다. 즉 윤리적 민감성은 실천 현장에서 윤리적 문제가 발생할 수 있다는 것을 예측하고, 윤리적 문제의 발생 가능성과 대안을 예측하면서 준비하는 것을 통칭합니다.

서울대학교 교수학습개발센터 글쓰기 윤리 서약서

본인이 제출한 리포트는 글쓰기 윤리를 준수했음을 서약합니다.

1. 이 글쓰기 과제물은 다른 사람으로부터 받거나 구매하지 않고 나(우리)가 직접 연구하고 작성한 것이다
2. 정확한 출처 없이 다른 사람의 글이나 아이디어를 가져오지 않았다.
3. 인용한 모든 자료는 왜곡하지 않았으며 인용표시를 바르게 하였다.
4. 과제물 작성 중 도표나 데이터를 위조 혹은 변조하지 않았다.
5. 이 과제물에 실질적으로 참여하지 않은 사람을 공동 제출자로 명기하지 않았다.
6. 해당 과제물의 동일한 내용을 다른 교과목의 과제물로 제출한 적 없다.

년 월 일 홍길동 (인)

앞의 자료는 서울대학교 교수학습 개발 센터에서 만든 글쓰기 윤리 서약서입니다. 작성자가 직접 연구하고 작성했는지, 출처 표시를 명확히 했는지, 자료를 왜곡/변조하지 않았는지 등에 대한 내용을 점검합니다. 일반적인 글쓰기의 윤리를 말하고 있습니다.

그런데 우리 사회복지사가 쓰는 글은 사람을 중심으로 하는 특징 때문에 위의 기본적인 글쓰기 윤리 외에도 '인권 기반' 으로 '윤리적' 글쓰기를 했는지 점검이 필요합니다. 제가 처음 사회복지를 시작했을 때는 지금보다 '사회복지사 중심', '제공자 중심' 이었습니다. 그런데 사회복지에서 점점 강화되는 부분은 '클라이언트 중심', '클라이언트 참여' 입니다.

사회복지 실천의 윤리 원칙으로 생명보호, 자기결정, 비밀 보장, 진실성, 기회 균등, 객관성, 최소 손실, 효과성, 규칙 준수를 말합니다. 우리는 사회복지 글쓰기에서 이런 윤리 원칙을 어떻게 적용시킬 수 있을까요?

1. 생명 보호의 원칙 : 사람의 생명을 보호하여야 하는 의무는 헌법 제10조 '생명 보호의 절대성의 원칙' 을 기반으로 합니다. 사회복지사는 개인이나 사회의 기본적인 생존의 보장을 가장 중요한 것으로 생각하여야 합니다.

2. 자기 결정의 원칙: 사회복지사는 클라이언트의 자율과 자유와 독립성을 최대한 보장하는 사회복지를 실천하여야 합니다. 인간은 누구나 어떤 결정을 내릴 때 자유로운 분위기에서 자기 뜻에 맞게 자기 스스로 결정할 수 있는 환경이 보장되어야 하며, 어느 클라이언트에게도 예외일 수 없습니다. 클라이언트의 자기결정을 위해서는 여러 가지 대안을 제시하고 선택할 수 있는 기회를 제공해야 합니다. 의사결정을 위한 클라이언트의 기회를 극대화하는 것이 필요합니다. 클라이언트를 대신해서 결정을 내리는 것은 피해야 합니다.

3. 비밀 보장의 원칙: 사회복지사는 직무 수행과 관련하여 알게 된 타인의 비밀을 누설하거나 발표해서는 안 됩니다. 내담자의 동의가 없다면 내담자의 가족이나 직장 상사, 동료는 물론이고 정부기관에도 내담자의 비밀을 발설하지 않습니다. 이는

개인정보 보호법 준수와도 관련이 높습니다.

4. 진실성의 원칙: 사회복지사는 클라이언트가 진실을 알고자 할 때 그 알고자 하는 권리를 보호해 주어야 합니다. 하얀 거짓말은 없습니다. 사회복지사는 클라이언트에게 진실만을 이야기해야 하며 그가 원하는 정보는 모두 진실되게 알려주어야 합니다.

5. 기회 균등의 원칙: 사회복지사는 사상, 성별, 연령, 지위, 인종, 가족, 계급, 종교, 출생, 계층 등의 요소로 클라이언트를 차별하지 않고 모두 똑같은 기회를 제공합니다. 이를 통해 제한된 자원을 공정하게 분배해야 합니다.

6. 객관성의 원칙: 객관성의 원칙은 사회복지사 개인의 주관이나 편견이 개입되지 않고 감정적 비논리나 편견에 의한 것이 아니어서 일반적으로 타당하다고 생각될 수 있어야 합니다. 주변의 상황이나 자신의 일시적인 기분에 좌우되지 않고 사물을 있는 그대로 관찰하는 것을 뜻합니다.

7. 최소 손실의 원칙: 모든 선택의 결과가 유해할 때 가장 최소한으로 유해한 것은 무엇이고 또한 가장 비영리적이고 손쉽게 원상 복귀 가능한 것은 무엇인가를 생각하고 선택하여야 합니다.

8. 효과성의 원칙: 사회복지사의 직무 성과로 목표 달성에 도달한 정도를 의미합니다. 우리의 실천이 목적에 맞게 실천되었는지, 사회복지 실천의 효과성 검증을 위한 능력입니다.

9. 규칙 준수의 원칙: 사회복지사는 소속기관의 내규-사칙, 운영규정, 업무지침을 준수해야 하고 사회복지사 윤리강령과 사회복지사 선서, 그리고 사회적 법- 헌법, 부정청탁 및 금품등 수수에 관한 법률, 개인정보 보호법, 저작권법 등 사회 제반의 규칙을 준수하여야 합니다.

'윤리'와 '인권'이라는 단어만으로 초급 사회복지사에 너무 어려운 글쓰기라고 생각하고 포기하지 않을까 염려가 됩니다. 그런데 윤리적, 인권 기반 글쓰기 어렵지 않습니다. 쉽게 생각해도 됩니다. 이용자의 의견을 충분히 듣고 이를 반영한 글쓰기를 하는 것은 바로 '자기 결정권을 존중'하는 글쓰기입니다. 사회복지사가 쓴 글을 클라이언트 당사자가 보았을 때 윤리적 문제는 없는지, 클라이언트 처지에서 글꼴이나 글씨 크기가 가독성이 좋고, 내용이 잘 이해되는지 생각하며 글을 씁니다. 이것이 바로 '당사자를 의식하는 글쓰기'입니다.

사회복지사가 작성하는 글은 전문가적 윤리를 바탕으로, 적법한 권한을 가진 사람에 의해, 수용된 이론에 근거를 두고 클라이언트의 관점을 존중하며 작성하여야 합니다. 이것이 바로 '사회복지 전문가 윤리'를 준수하는 글쓰기입니다.

이제는 개인정보 보호법에 따라 개인정보 제공 주체인 클라이언트는 본인의 개인정보가 포함된 모든 문서를 요청할 수 있으며, 기관은 요청 시 제공해야 합니다. 여러분이 작성한 상담 일지, 사례관리 기록지, 사례관리 회의록 등도 정보주체인 클라이언트 요구 시 본인에게 제공해야 하고, 좋은 목적이라도 본인의 동의 없이는 외부로 유출하지 않는 것, 이것이 바로 '개인정보 보호법'을 준수하는 글쓰기입니다.

글 안에 사회복지사 자신이 가지고 있던 오해나 선입견, 차별적인 요소는 없는지 자기 인식을 하면서 글을 씁니다. 편견이나 추측, 정확하지 않은 사정, 잘못된 판단, 클라이언트에 대한 선입견, 차별 등 사회복지 윤리 원칙이 반영되지 않은 글은 비윤리적이며, 비인권적 글입니다. 이것을 의식하면 바로 '인권 기반 글쓰기'입니다. 간단한 체크리스트를 제시합니다. 글을 다 쓴 후 퇴고 단계에서 꼭 한번 스스로 점검해 보세요.

김경희 교수(서울여대. 2003)의 연구에 따르면 사회복지사의 윤리적 책임 행동에 영향력을 미치는 변인으로 기관 규정과 행정절차의 명문화, 사회복지사의 전문적 태도, 최고관리자의 리더십, 사회복지사의 전문적인 능력 등 4가지 요소를 연구했습니다. 해당 연구에서 사회복지사의 윤리적 책임 행동에 가장 큰 영향을 미치는 것은 '사회복지사의 전문적인 능력'이라고 하는데요, 전문적 능력을 바탕으로 윤리적 책임 행동을 하는 사회복지사가 되어야겠습니다.

인권기반 윤리적 글쓰기 체크리스트 7가지

1. 저작권 보호
   정당하게 인용하고, 저작권에 저촉되지는 않는가?
2. 공식 문서 적법성
   적법한 책임을 가진 자에 의해 처리하고, 관계 법령을 준수하였는가? 글쓰기의 목적에 맞게 작성하고, 구체적으로 잘 된 점과 잘못된 점 모두 정직하게 기록하였는가?
3. 개인정보 보호
   수집부터 폐기까지 전체 과정에서 개인정보 보호와 비밀을 보장하고 있는가?
4. 전문가 윤리 준수
   내용과 절차, 과정에 있어 전문가 윤리를 준수하고, 사회복지사의 자기인식을 기반으로 오해나 편견, 선입견을 점검하였는가? 왜곡이나 변조하지 않았는가?
5. 사회복지 전문성
   전문가로서 발전을 위해 노력하였는가? 수용된 이론에 근거를 두고, 용어를 적절히 사용하였는가? 이 결과물이 최선인가?
6. 인권 기반 윤리적 글쓰기
   사회복지사가 쓴 글을 당사자가 보았을 때 윤리적 문제는 없는가? 클라이언트의 자기 결정권과 관점을 존중하였는가?
7. 전문가의 가치
   사회복지 실천에서 가장 중요하게 생각하는 가치가 지켜졌는가?

긍정적인 글쓰기는 글을 읽는 사람의 삶을 풍요롭게 하고
아울러 글쓴이 작가의 삶도 풍요롭게 해준다.
글쓰기의 목적은 살아남고 이겨내고 일어서는 것이다.
행복해지는 것이다. 행복해지는 것 .

소설가 스티븐킹

인문학적 소양을 갖춘 글쓰기

2012년 스티브 잡스가 인문학 돌풍을 일으킨 후 직장인들 사이에서 인문학 열풍이 불었습니다. 몇 년이 지나 이제, 사회복지계에서도 인문학에 관심을 가지기 시작했습니다. 어떻게 하면 인문학을 기반으로 한 글쓰기를 할 수 있는지 방법을 물어보시는데요, 인문학을 기반으로 한 글쓰기를 위해서는 인문학적 소양을 먼저 갖추어야 합니다.

인문학은 '인간에 대한 학문'이라는 뜻으로 사람에 대한 학문을 말합니다. 인문학적 소양은 학원에서 배울 수 있는 것이 아닙니다. 다른 사람이 가르쳐줄 수 있는 것이 아닙니다. 문학, 역사, 철학, 종교 분야의 고전을 읽으면서 생각하는 힘을 기르는 것이 인문학입니다. 그런데 사회복지사가 왜 인문고전 독서를 해야 할까요? 사회복지사가 사람을 다루는 직업, 사람 전문가이기 때문입니다. 우리 직업 자체가 인문학입니다. 사회복지사는 모든 사회 구성원들이 삶의 질을 향상하고, 인간의 존엄성과 가치를 존중하고, 인권의 보장에 헌신하는 사람 전문가입니다. 스스로 자신의 목소리를 낼 수 없고, 글로 쓸 수 없는 소외되고 고통받는 사람들의 편에서 서서 저들의 인권과 권익을 지키며 사회의 불의와 부정을 거부하고 개인 이익보다 공공 이익을 앞세워야 합니다. 그런 측면에서 사회복지사는 인문학과 그 결을 같이 합니다.

인문학적 소양의 첫걸음은 '고전'과 '질문'을 통한 접근입니다. 먼저 '고전'입니다. 고전이라고 하면 오래된 책만을 생각하는 분이 많을 텐데요, 도서 외에도 음악, 건축, 미술, 여행, 체험 등을 통해 '위대한 것'들을 접하는 것이 선행되어야 합니다. 이지성 작가가 말하길 "생각 사思는 정수리 신囟과 마음 심心이 합해진 것이다. 즉 생각은 머리와 마음으로 하는 것이다."라고 말했습니다. 즉 머리와 마음이 생각을 하도록, 위대한 것에 나를 노출시켜 자극을 받아들이는 것에서부터 생각이 시작됩니다. 사람들은 뇌 기능 중 극히 일부분만을 사용한다고 알려져 있는데요, 지금보다 몇 %만 뇌 기능을 더 사용할 수 있다면 우리는 천재가 될 수 있을 것입니다. 우리가 알고 있는 레오나르도 다빈치, 아인슈타인, 칸트, 빌 게이츠, 스티브 잡스 등은 고전을 '원어'로 만나는 경험을 통해 위대한 자극을 몇 년간 혹은 몇 십년간 해낸 사람들입니다. 천재가 우리와 다른 이유가 무엇인지 이제 아셨죠? 천재들의 비밀은 바로 고전입니다.

위대한 고전을 만난 이후는 '질문' 단계입니다. 인문학에서는 질문을 중요하게 생각합니다. "글쓰기가 어려운 것은 생각하는 훈련이 안 되어있기 때문이다."라고 강원국 작가는 말하는데요, 질문은 생각을 발전시킬 수 있는 좋은 열쇠가 됩니다. 유대인들이 인구 수에 비해 노벨상 수상자나 세계를 주름잡는 기업·사회·국가의 지도자가 많은 비밀이 '교육'과 '토론'라고 알려져 있습니다. 유대인 토론 교육의 시작은 밥상머리 교육이라고 해서 아버지가 주축이 되어 식탁에서 가족이 함께 토론하는 것입니다. 토론의 소재는 무엇이든 될 수 있습니다. 밥상머리 토론은 어린 시절부터 IQ 발달과 논리적 말하기, 언어력 향상, 창의력에 도움이 됩니다. 또 유대인의 전통교육법은 '하브루타'로 보통 2~4명의 인원이 짝을 지어 끊임없이 계속 토론하는 것인데요, 서로 질문을 생각하고 서로의 질문에 끝장 토론을 합니다. 그래서 유대인들 도서관 예시바에서는 한국처럼 각자 조용히 책을 읽는 것이 아니라 모르는 사람과 1:1로 즉석 토론을 합니다.

유대인이 전 세계에서 노벨상을 가장 많이 받는 이유로 토론의 일상화 때문이라고 하는데요, 읽는 것은 생각 없이도 할 수 있지만 말은 생각 없이 할 수 없습니다. 그런데 말은 생각을 부르고, 생각은 또 생각을 부르기 때문에 생각을 키우기 위해서는 토론을 해야 한다고 가르칩니다. 이렇듯 유대인의 전통 교육법에서는 질문 만들기, 생각하고 답하기가 가장 중요한 과제이지만, 한국 사람들은 주입식 교육으로 질문을 하지 않는 것이 미덕으로 알고 있고, 고전뿐 아니라 일반 책도 읽지 않아서 인문학적 글쓰기는 어렵기만 합니다.

사회복지사로서 인문학적 소양을 갖추기 위한 방법 세 가지를 소개합니다.

1. 인문 고전 독서

흔히 사람들이 인문 고전을 어려워하는 이유로 '어렵다' 그리고 '두껍다' 두 가지를 말합니다. 너무 두꺼워서 읽기 전에 질려버리고, 큰 마음먹고 책장을 펼쳐도 무슨 말인지 이해가 안 되고 어려워서 책장을 넘길 수가 없는 것이 바로 인문 고전의 벽입니다. 하지만 두껍고 어려운 인문 고전도 읽는 방법이 있습니다.

1) 두꺼워서 힘든 인문 고전은 한 번에 다 읽어버리겠다는 마음을 버리고 천천히 조금씩 나눠서 읽으면 됩니다. 인문 고전류의 책은 하루에 15분이나 하루에 50쪽만 읽겠다는 마음으로 천천히 읽습니다. 그러면 짧은 시간 동안 집중하면서 읽을 수 있고, 이렇게 읽으면 7일이면 350쪽짜리 인문 고전을 읽어낼 수 있습니다. 쪼개 읽기의 힘은 강력합니다.

2) 입문서로 시작해서 차츰 그 난이도를 높여가며 읽습니다. 어려워서 힘든 인문 고전은 청소년용이나 직장인용 등으로 쉽게 풀이된 책들이 있습니다. 원본이나 전공자용 책, 한자나 영어가 많은 책은 읽기가 어렵지만 입문서로 시작해서 차츰 그 난이도를 높여가면 기본 이해를 바탕으로 원본의 맛을 느낄 수 있습니다. 이는 우리가 영화를 보기 전에 예고편을 먼저 보고 주인공이 누구인지, 영화 장르가 무엇이지 파악하고 나서 본편을 보는 것과 비슷합니다.

3) 외국어나 한자가 원본인 고전이 많습니다. 한국어로 번역된 인문 고전은, 가급적이면 최근에 출판된 책을 고르는 것이 좋습니다. 출간된 지 오래된 책은 번역상의 문제나 줄 간격, 글씨 크기 때문에 가독성이 떨어지는 경우가 많습니다. 번역가가 누구인지, 몇 년도에 출판되었는지 확인하고 가능한 최신판으로 읽으면 읽기에 수월합니다.

4) 인문 고전을 읽는 또 다른 방법은 필사입니다. 인문 고전을 그냥 읽기에 어렵고, 읽는다고 100% 완벽하게 이해가 되지 않습니다. 그래서 종이와 펜을 준비하고 책 전체

를 똑같이 따라 쓰는 전체 필사나, 읽은 부분 중 마음에 드는 핵심 문장만 따라 쓰는 부분 필사를 하면 눈으로만 읽을 때보다 훨씬 기억하기 좋습니다.

저도 인문학적 소양을 갖추고 싶어서 인문 고전을 읽기 시작했습니다. 전문가들은 최소 100여 권 이상의 철학, 수학, 과학, 역사, 고전 관련 책을 읽으라고 권유합니다. 가능하면 원서로 읽어야 하는데 독서뿐 아니라 음악, 미술, 건축의 위대함을 만나야 한다고 강조합니다. 베스트셀러나 에세이 위주의 가벼운 글만 읽으면서 인문학적 소양을 기대하는 것은 참 어려운 이야기입니다. 인문학에 이제 막 관심갖기 시작한 분들에게 추천하고 싶은 책이 몇 권 있습니다. 『구운몽 _ 김만중』, 『햄릿 _ 윌리엄 셰익스피어』, 『동명왕의 노래 _ 이규보』, 『발해고 _ 유득공』, 『하늘의 무지개를 볼 때마다 _ 윌리엄 위즈워스』, 『격몽요결 _ 이이』, 『겨울 나그네 _ 윌리엄 뮐러』, 『금오신화 _ 김시습』, 『논어 _ 공자』, 『새벽에 홀로 깨어 _ 최치원』 등 10여 권입니다. 두껍지 않으면서, 가독성이 좋고, 재미있는 책으로 인문 고전이 꼭 어렵고 두꺼운 것만은 아니라는 것을 경험할 것이니, 걱정하지 말고 시작해 보세요.

2. 생각과 사색

인문 고전 책을 읽은 후에는 읽는 것만으로 끝나면 안 됩니다. 읽은 다음에는 필사하고 사색하고 토론하는 시간이 필요합니다. 몇백 년 전, 혹은 몇천 년 전에 쓰인 이 책이 오늘날 나에게 어떤 이야기를 하는지 집중해서 읽습니다. 무조건적 수용이 아닌, 문장과 이야기의 의미를 발견하면서 비판적으로 읽습니다. 그리고 그 의미가 우리 현실에 어떻게 적용될 수 있는지, 자신을 돌아보고 성찰하고, 자신의 방법으로 표현하는 과정이 필요합니다.

인문학적 접근법은 글쓰기 기초 체력을 높이는 5가지 방법 중에서 '독서' 그리고 '생각'과 관련이 많습니다. 작가보다 작가의 책이 먼저 수명을 다하는 시대입니다. 그런데 어떻게 고전은 몇백 년 이상, 몇천 년 이상 읽히는 것일까요? 인문 고전은 시대를 관통하는 지혜가 있습니다. 지혜의 원천이 숨겨져 있습니다. 인문 고전을 읽다 보면 생각하게 됩니다. "왜 이 책이 몇백 년, 몇천 년 동안 읽히는 것일까?" "왜 이 책이 고전이 되었을까?" "이 이야기가 전하는 정신은 무엇일까?" "몇백 년 전에 이 글을 쓴 작가는 어떤 사람일까?" 이렇게 의문이 시작되면, 생각이 꼬리를 물고 이어집니다. '왜'라는 질문을 5번만 하면 문제 해결을 위한 근본 원인을 발견할 수 있다고 합니다.

인문학 전문가들이 말하는 이런 '생각 훈련'을 지속하면, 우리가 하는 사회복지의 목적과 본질, 우리의 구실을 찾아가는 전문가가 될 수 있지 않을까요? 생각하면서 살지 않으면, 사는 대로 생각하게 된다고 합니다. 우리는 사람을 상대로 하고, 사람인 나 자신을 도구로 사용하기 때문에 매 순간 내가 무슨 일을 하고 있는지 왜 하는지 생각을 놓치지 않아야 합니다. 인문학적 소양을 쌓아 인간 중심, 클라이언트 중심으로 생각하고 실천하는 사회복지사가 되었으면 좋겠습니다.

3. 하브루타 독서 토론

사회복지사에게 처음부터 고전을 읽고 생각과 사색을 하라고 하면 어려워합니다. 한국인들에게는 익숙하지 않은 문화이지요. 사회복지사 동료들과 함께 팀이나 기관차원에서 해볼 수 있는 방법으로 하르부타 독서토론을 추천합니다.

저는 하브루타 독서토론 자격증을 가지고 있습니다. 배운 후에 초등학생 아이들과, 사회복지사와, 시각장애인과, 직장을 다니는 일반인들과 하브루타로 독서토론을 해 본 경험이 있습니다. 글을 읽고 생각만 할 줄 안다면 나이와 성별 직업에 상관없이 할 수 있습니다. 유대인이 하는 하브루타 토론은 2명에서 4명이 짝을 지어서 종교 경전이나 탈무드를 읽고 한 명이 질문을 하고 그 질문에 꼬리에 꼬리를 무는 답변과 질문을 계속 이어나가는 끝장토론과 비슷하게 진행합니다. 저는 우리나라 현실에 맞게 변형해서 이렇게 진행합니다.

1) 책을 함께 읽습니다. 하브루타 독서토론에서는 낭독을 추천합니다. 책이 두꺼워서 전체를 낭독해서 읽기 어렵다면 부분만 낭독을 해도 되고, 짧은 단편으로 선정해서 돌아가며 소리 내서 읽어도 좋습니다. 탈무드처럼 A4 1매 이내의 짧은 이야기를 읽어도 좋습니다.

2) 책을 읽고 떠오르는 질문을 자유 연상으로 개수 제한 없이 종이에 적습니다. 책의 내용과 관련해서 떠오르는 질문을 마구 적습니다. 한국 사람들은 질문에 익숙하지 않기 때문에 어려워할 수 있습니다. 처음에는 누가 가장 질문을 많이 만드는지 놀이처럼 접근하면 됩니다. 아래는 〈회색 인간〉이라는 단편을 읽고 사회복지사들이 함께 만든 질문입니다. 20페이지 정도 밖에 안되는 단편 소설인데도 50개가 넘는 질문이 만들어졌습니다. 그중 일부를 제시합니다.

하브루타 질문 예시 〈회색인간 _ 김동식〉

1. 본능에 충실한 인간을 회색인간이라고 표현되어야 하는가?
2. 사람들이 점차 순응하고 적응하며 회색인간으로 변해가는 모습을 어떻게 보셨나요?
3. 이런 일이 생긴다면 사랑하는 사람과 함께 인 것이 좋을까? 혼자 인 것이 좋을까?
4. 처음 여인이 부른 노래는 어떤 노래였을까?
5. '인간의 존재가 밑바닥까지 추락' 이란 말에서 인간의 밑바닥이라고 단정 짓는 이유는?
6. 이 책의 결말이 희망적이라고 보나요?
7. 그날 이후 사람들은 조금씩 변해갔습니다. 왜? 무엇이? 그들을 변화시켰나?
8. 인간에게 가장 중요한 것은 무엇인가?
9. 지구인 말고 다른 생명체가 있을까?
10. 너무 찝찝하고 기분 나쁜 이야기이다. 작가가 이런 이야기를 쓴 까닭은 무엇일까?
11. 삶에서 예술이 주는 힘이란?
12. 이런 일이 처음 있었던 일일까? 이전에도 있었지만 기록되지 않아서 모른 것은 아닐까?
13. 그녀는 배가 고팠다. 정말 정말로 배가 고팠다 ... 이런 말을 내가 진심으로 공감할 수 있을까?
14. 현 시대의 노동현실을 그리는 것 같다. 불합리한 구조, 희망은 없는가?
15. 인간이 기록을 남기고 싶어 하는 이유는 무엇일까?

(이하 중략)

3) 각자가 적은 질문을 보면서 같은 질문과 다른 질문을 비교해 봅니다. 그중 같이 이야기해 보고 싶은 질문 몇 개만 골라봅니다. 적은 질문 모두를 토론하면 좋겠지만 시간 대비 실효성이 떨어집니다. 질문 중에 같이 이야기해 보고 싶은 질문 몇 개를 같이 고른 후 그것만 깊이 있게 이야기하면 됩니다. 질문을 고르기가 어렵다면 질문을 포스트잇에 적어서 제비뽑기로 나온 질문에 대답하기를 해도 됩니다. 질문을 출제한 사람이 무슨 뜻인지 설명하고, 질문에 대한 각자의 생각을 돌아가면서 이야기하는 것입니다.

4) 토론의 마무리는 토론 소감 나눔입니다. 혼자 책을 읽었을 때와, 질문을 만들었을 때, 질문을 가지고 이야기를 했을 때 어떤 것을 새로 알게 되었고, 책으로 이야기를 하니 어떠한지 소감을 나누고 마무리하면 됩니다. 이 모든 과정에서 즐거움과 흥미, 새로운 생각을 했다는 것을 인지하는 것이 중요합니다.

오늘 제가 제시하는 인문학에 대한 접근은 어렵다고 생각해서 다른 사회복지사들이 쉽게 도전하지 못할 수 있습니다. 그런데 좋은 생각을 할수록, 깊고 넓게 생각할수록 더 좋은 글쓰기를 할 수 있습니다. 스티븐 킹이 말하길 "글을 쓴다는 것은 자신만의 세계를 창조하는 일"이라고 했습니다. 남들과 다른 생각과 글로 나만의 세계를 창조하는 전문적인 사회복지사가 되면 좋겠습니다. 인문학적 소양을 갖춰 남과 다른 생각, 차별성 있는 생각, 사람을 먼저 생각하는, 본질을 꿰뚫어 볼 수 있는 탁월한 사회복지사가 되길 바라봅니다.

사회복지사가 글쓰기를 잘해야 하는 이유는, 사회적 책임 때문입니다.
사회문제 해결을 위해서입니다.
전문적이고 효과적인 실천을 위해서입니다.
진짜 전문가가 되기 위해서입니다.
함께 행복하게 사는 사회를 만들기 위해서입니다.
사회복지 전문가로서 책무성이 있기 때문입니다.
그래서 사회복지사는 오늘도 글을 써야 하고, 잘 써야 합니다.

나에게 철학 이론을 배우지 말고 철학하는 방법을 배워라.
스스로 사색하고 연구하라. 그리고 스스로 서라

철학자 칸트

부록 _ 업무용 양식과 작성 예시

1부 대내용 _ 계획서/ 기안서

2부 대내용 _ 평가서/ 결과보고서

3부 대외용 _ 업무연락

4부 내외용 _ 사업제안서

사회복지사가 업무에서 자주 사용하는 23가지 문서 양식과 예시를 지금부터 함께 보겠습니다. 이 책에서 보여주는 각종 행정용 글쓰기 양식과 견본, 작성법은 글쓰기 학습을 위한 참고용입니다. 따라서 독자는 각 기관의 상황에 맞게 변형해서 사용하면 됩니다. 최근에는 인트라넷 전자 결재가 활성화되면서 문서 형식에 신경 쓰지 않고 내용만 작성하면 자동으로 서식 관리가 되기도 합니다. 이곳에 작성된 양식과 소속 기관의 양식이 다른 경우 소속기관의 양식을 우선하여 사용하세요.

업무용 양식과 작성에 참고한 자료를 아래에 명시하니, 필요하면 추가 학습을 해도 좋습니다.

구 분	자 료	자료 출처
간행본	비즈니스 글쓰기 상식사전 / 송세진	길벗출판사
	너무나도 쉬운 비즈니스 글쓰기 / 황성근	한겨례출판
	비즈니스 글쓰기의 모든 것 / 내털리 커내버 외	다른출판사
	문서 작성의 기술/ 박혁종	미래와경영
무료 배포 온라인자료	사회복지공동모금회 사업수행 안내자료	사회복지공동모금회
	한국사회복지사협회 표준 실습교육 매뉴얼	한국사회복지사협회
	이용시설 종사자 분산근무 가이드라인	서울시
	사회복지시설 종사자 운영지원계획	서울시
	행정회계매뉴얼	한국사회복지사협회
	서울지원단 운영길라잡이_개정판2	지역아동센터 서울지원단
	지역아동센터 사업안내	보건복지부
	사회복지시설 사업안내	보건복지부
	지역사회서비스 제공기관 역량강화 교육자료집	한국보건복지인력개발원
	시설정보시스템 업무용 문서 양식	시설정보시스템
	네이버 오피스 문서 템플렛	네이버
	구글 문서, 스프레드 시트 템플렛	구글

1부 대내용 _ 계획서/ 기안서

기관 내부적으로 의견과 방향을 결정하는 것을 목적으로 하는 문서는 계획서와 기안서가 있습니다. 계획서는 새로운 일을 추진할 때 전체적인 내용과 큰 방향, 전략을 정리하는 것을 목적으로 하기 때문에 장기적인 시각과 방향성을 담아냅니다. 계획서에 따른 실행 단계에서는 기안서를 작성합니다. 기안서는 계획서를 현실로 구현해 내는 과정에서 업무 단계별로 상사 의견을 확인하고 승인을 공식적으로 받는 절차로 정확한 수치를 제시하고 실현 가능하도록 작성합니다. 년 단위 사업계획서, 회기별 프로그램 계획서, 내부 기안서를 중심으로 살펴보겠습니다.

년 단위 사업계획서

년 단위 사업계획서에는 사업명, 사업의 필요성, 클라이언트의 욕구나 문제, 이론적 배경, 경험적 근거, 서비스 대상자와 선정 기준, 프로그램 목적과 목표, 세부 프로그램 내용, 담당 인력, 예산, 평가 계획 등이 기록되어야 합니다. 프로포절 작성에서 기관에 대한 소개 부분을 제외하고 작성하면 대략적인 년 단위 사업계획서가 됩니다.

예시 1. 년 단위 사업계획서

아동청소년 가족 관계증진 프로그램

(부제: 특별한 소풍, 행복한 우리가족)

1. 사업명: 특별한 소풍, 행복한 우리가족

2. 필요성과 이론적 배경

최근 주 5일제 근무와 격주 토요일 학교 휴교가 시행되면서 일반 가정의 개인 단위 혹은 가족 단위의 여가활동은 증가추세에 있다. 개인 여가활동에 대한 최길례의 20○○년 연구에 따르면 여가시간을 활용한 문화체험과 여가활용은 개인과 가족 구성원의 삶의 질 향상과 자아실현 및 행복 추구, 건강 유지 및 증진에 의미있는 역할을 한다고 하였으며, 가족 여가에 대한 노재준의 20○○년 연구에 따르면 아동기의 여가 활동 여부는 가족 구성원의 여가활동 여부와 관련이 많다는 결과를 살펴보면 가족 여가활동의 중요성과 아동기 가족 여가경험의 필요함을 알 수 있다.

그러나 본 복지관이 위치한 ○○동의 영구 임대아파트에 거주하는 저소득층 아동청소년 대상으로 20○○년 12월에 실시한 실태조사 결과에 의하면 일과 중 "TV 보기나 비디오, 만화책 보기와 컴퓨터 게임 혹은 특별히 하는 일 없다"라는 응답이 전체의 46.8%를 차지하였다.

또한 가정방문으로 욕구사정 결과에서도 경제적 이유와 가족 여가활동 경험이 없어서 놀토에 아동이 집에서 인터넷 게임이나 TV 시청, 학교 근처나 지역 인근을 방황하며 오히려 방임되는 경향이 있으며, 가족 간에도 여가시간을 활용하여 가족 여가활동을 시행하기 보다는 TV 시청이나 각자 개별로 이웃이나 친구들과 논다고 응답한 경우가 많았다. 이러한 결과는 ○○2동 지역의 특성상 한 부모나 맞벌이, 조손 가족이 많아서 함께 여가할 시간이 없고 여가 경험이 없는 결과라고 볼 수 있다. 실태조사 시 기관에서 도움을 주었으면 하는 부분에 대한 응답 중 "재미있게 놀 수 있는 오락, 레크리에이션, 댄스 등 문화 활동을 해주면 좋겠다"라는 의견이 17.3%로 희망사항 2위를 차지하였다. 기관에 대한 희망 사항 1위가 학습지도인데 이는 학령기 아동이 공통으로 응답하는 부분이 학습지도라는 점을 고려하여보면, 사실상 ○○2동의 아이들이 가장 크게 가지고 있는 욕구는 문화에 대한 욕구라고 볼 수 있겠다. 따라서 본 복지관에서는 여가활동과 문화체험에 대한 아동의 욕구를 수렴하여 아동에게 문화체험의 기회를 제공하고, 아동이 여가활동을 하는데 가장 많은 영향을 주는 아동의 가족을 대상으로 문화체험과 여가활동을 지원하는 기회 제공이 필요하다고 평가되어 본 사업을 계획하게 되었다.

3. 경험적 근거

본 복지관에서는 저소득 아동의 건강한 성장을 위해 다양한 사업을 진행하고 있는바 20○○년 결식아동 특기 적성교육과 멘토링, 독서모임을 진행하였고, 20○○년 결식아동 밑반찬 조리교육과 식생활 영양 교육을 통해 결식예방사업을 진행하였다. 그외에도 야간 방과 후 교실과 결식아동도시락 배달 사업, 진로탐색 프로그램, 멘토링 지원센터 등을 통해 아동의 학업과 진로탐색, 문화활동 지원 등을 시행하여왔으며, 가족관계 향상과 가족 여가활동 지원을 위해 가족 관계증진 프로그램과 가족캠프, 가족축제, 가족 자원봉사, 건강가정 게시판운영 등을 시행하였다. 이러한 사업을 통해 본 복지관에서는 저소득 아동의 건강한 성장을 지원하고 아동에게 긍정적인 영향을 미칠 수 있는 가족환경 만들기를 위해 지속적으로 노력하고 있다.

4. 목적 및 목표

목적	목표	세부 목표	세부 사업
저소득층 아동 20명과 가족 20세대의 여가지원 프로그램을 통해 가족관계를 증진시킨다.	자아존중감과 사회성을 사전 대비 50% 이상 향상	- 20명의 아동에게 학기 중 문화체험과 방학 중 집단 프로그램 시행 - 자아존중감과 사회성을 사전대비 50% 향상	- 오리엔테이션 1회 - 놀토 문화체험 8회 - 집단 프로그램 8회 - 평가회 1회
	가족관계 인식 변화가 사전 대비 50% 이상 향상	- 아동과 가족 20세대가 함께하는 여가활동과 가족캠프시행 - 가족관계 인식 변화가 사전대비 50% 이상 향상	- 개별 오리엔테이션 1회 - 가족 문화체험 2회 - 여가활동비 지원 2회 - 가족축제 1회 - 가족캠프 2회 - 평가회 1회

5. 사업내용

1) 세부사업 내용

(1) 특별한 소풍: 아동 집단 프로그램

사업명	일정	목표	사업 진행 내용
특별한 소풍 1회 오리엔테이션과 놀토 문화체험	3월	프로그램 안내와 사전검사, 문화 체험 기회 제공	프로그램에 대한 세부적인 안내를 실시하고, 문화체험으로 영화관람을 시행하고 영화 속 인물에 대한 생각을 이야기하면서 서로를 이해하도록 하고 사회성을 향상하도로 한다.
특별한 소풍 2회 놀토 문화체험	4월	뮤지컬 문화 체험 기회 제공	문화체험으로 뮤지컬 관람을 시행하고, 뮤지컬 속 인물에 대한 생각을 이야기하면서 서로를 이해하고 사회성을 향상하도록 한다.
특별한 소풍 3회 어린이축제	5월	어린이날 기념 축하행사로 추억 만들기	어린이날을 맞아 어린이축제를 열어 먹거리, 경제장터, 레크레이션, 꿈날리기를 시행하여 기억에 남는 어린이날이 되도록 한다.

(2) 행복한 우리가족: 가족 집단 프로그램

사업명	일정	목표	사업 진행 내용
행복한 우리가족 1회 오리엔테이션	2~3월	프로그램 안내와 사전검사	개별 만남으로 프로그램에 대한 세부적인 안내를 한다
행복한 우리가족 2회 가족축제	3월	가족축제로 가족 여가 기회 제공	가족이 자유롭게 참여할 수 있는 실내 여가프로그램-가족사진 찍기, 가족엽서 쓰기 등을 개설하여 가족이 여가를 함께하는 경험을 하도록 하여 향후 프로그램에 대한 기대감을 높인다.
행복한 우리가족 3회 가족 여가활동 지원	4월	화분 심기로 여가 문화활동 기회 제공	식목의날을 맞아 화분 식물 심기를 시행한다.

2) 세부사업 진행일정

내용 \ 기간		1월	2월	3월	4월	5월	6월	7월	8월	9월	10월	11월	12월
사업계획 수립		0											
사업 홍보			0	0									
대상자 선정			0	0									
사전 검사				0									
아동	오리엔테이션				0								
	토요 체험				0	0	0		0	0	0	0	
	어린이날 축제					0							
	집단 프로그램							0					0

3) 담당 인력 구성

이름	담당 부서 및 직위	경력	사업 내 역할	할당 시간 (단위:일주일)
전안나	가족기능강화팀 팀장	7	사업 주진행 - 행복한우리가족 주진행 - 특별한소풍 1그룹 진행	15시간
박○○	가족기능강화팀 사회복지사	3	사업 주진행 - 행복한우리가족 보조진행 - 특별한소풍 2그룹 진행	10시간

6. 서비스 대상 및 선정 기준

- 서비스 대상 : 본 서비스가 필요한 아동 20명과 가족 20세대(=40명)
- 실인원 : 60명

대상 구분	서비스 대상자 산출 근거	단위 수(명)
일반 대상	○○구 ○○동 초등학교 아동과 가족	1,990명 / 1,016세대
위기 대상	일반대상 중 국기초/ 차상위 아동과 가족	247명 / 122세대
표적 대상	위기 대상 중 초등학교 고학년 아동과 가족	123명 / 61세대
실 인원	표적대상 중 본 프로그램 참여의사가 있는 아동과 가족	20명 / 20세대

7. 예산

산출 근거		
내 용	금 액	
특별한 소풍 1회	영화 관람비 7,000원*22명=154,000원 차비, 간식비 5,000원*22명=110,000원	264,000원
특별한 소풍 2회	뮤지컬 관람비 20,000원*22명=440,000원 차비, 간식비 5,000원*22명=110,000원	550,000원
특별한 소풍 3회	어린이축제 5개 코너*30,000원=150,000원 어린이날 선물 20명*5,000원=100,000원	250,000원
특별한 소풍 4회	양떼목장과 기차여행 패키지 아동 45,000원*20명=900,000원 패키지 성인 48,000원*2명=96,000원	996,000원

8. 평가

구 분 (세부목표)	목표에 대한 평가방법 (평가지표 및 평가도구)		
	성과 지표	측정 도구	측정 방법
아동 자아존중감 향상	- 인원 중 사전대비 50% 향상 - 아동 참여율 80% 이상	- 자아존중감 척도 - 사회성 척도 - 프로그램 전후 아동 문화체험 횟수	- 사전 사후 검사 - 참석률
아동 사회성 향상			
가족관계 인식변화 향상	- 참여가족의 50% 사전대비 향상 - 가족 참여율 80% 이상	- 가족관계 인식변화 척도 - 프로그램 전후 가족 여가활동 횟수 변화	

양식 2. 년 단위 사업계획서

홍보사업

1. 조직 사명과의 연관성

20○○년 홍보사업에서는 사회적 약자를 배려한 홍보물을 제작하는 것과 오프라인 홍보 중 페이스북 회원 수 증가와 기사 게재 확대, 주민참여형 홍보를 확대하는 것을 주요 목표로 삼고 있다. 이는 홍보사업을 통해 우리 기관의 비전 2인 '존중하고 소통하고 협력하는 복지관'의 달성을 위해 복지관의 모든 사업이 주민 및 주요 이해관계자와 소통하게 되고 소통의 결과로 협력과 존중이 발생하도록 하고자 한다. 비전 1인 '모델을 제시하는 전문적인 복지관'은 각 사업과 기관의 사업 모델을 제시하는 방법으로서의 홍보사업뿐 아니라 홍보사업 자체로서 '비영리 기관 홍보의 모델이 되는 복지관'으로서의 비전을 제시한다. 타 기관에서 우리 기관의 페이스북 이벤트 포맷을 인용한 점, 기획기사 구독률이 1,700건으로 전년도 대비 8배 이상 증가한 점, 타 기관에서 기관 내부 홍보시설물에 대한 견학으로 동일하게 모델링한 점 등이 선도적이라고 보여진다.

홍보사업의 중장기 목표는 크게 4가지로 첫 번째는 주민참여(생산)형 홍보 확대, 두 번째는 담당자의 비영리 기관 홍보 전문가로서 역량 개발, 세 번째는 다문화 시대에 맞춘 모든 기관 홍보물의 외국어 병행 표기, 네 번째는 ○○복지관 홍보 브랜드화로 이러한 중장기 목표의 달성을 통해 우리 기관 미션인 '선도적 사회복지, 행복한 지역사회'로의 달성으로 이어질 수 있을 것이라고 사료된다.

2. 필요성

1) 사회적 필요성

지역사회복지관은 지역사회를 중심으로 지역주민과 함께 하며 이들의 경제적, 사회적 자원과 함께 지역공동체를 형성하기 위한 다양한 노력들을 하고 있다. 이러한 사회복지서비스는 지역사회와 동떨어져 단독으로 실시될 수 없다. 즉 지역사회복지관은 지역사회에 대한 자원과 정보를 제공하고 지역사회로부터 인적, 물적 자원을 환원 받음으로써 성장, 발전하게 된다. 그러나 사회적 욕구가 커짐에 따라 지역사회복지관은 더 많은 일들을 해야 하나 정부의 지원은 한정되어 있으므로 지역사회복지관에 있어서 안정적인 재정 확보는 중요한 이슈가 되었으며 전문적인 마케팅의 도입과 홍보의 필요성이 요구되고 있다.

지역사회의 다양한 자원을 잘 관리하고 재생산과 발전을 이루기 위한 효과적인 방법으로 홍보는 필수적이라고 할 수 있다. 기관의 존재 이유인 사명과 활동을 지속적으로 주민들에게 잘 알려 안정적인 인적, 물적 자원을 확보할 뿐 아니라 또 다른 클라이언트에게 도움을 제공할 수 있는 기회의 장이 되기도 한다. 복지관에서 진행되는 사업은 모두 공익을 목적으로 제공되는 사업으로 지역사회복지관에 대하여 클라이언트는 물론 지역의 주민, 언론들이 사회복지관의 운영과 사업, 프로그램에 대하여 관심을 갖고 주목하게 된다.

이러한 결과에서처럼 홍보활동은 기관의 명성관리와 후원 모금사업, 자원봉사 동원, 수익사업, 복지사업에 직·간접적인 효과를 주므로, 빠른 환경의 변화와 정보화시대에 발맞춰 on-off line 홍보활동을 통해 기관의 대내외적 이미지와 복지사업에 대한 정보제공의 필요성이 제기된다.

2) 프로그램 대상자의 욕구, 문제, 어려움

① CT/ 지역주민/ 잠재적 이용대상자

기존 홍보물들의 수신 대상과 방법은 지역주민 대상 - 현수막, 관내 게시물, 아파트 단지 내 부착물 위주이다. 기존 홍보물의 경우 글씨 크기가 작아서 보기 어렵고, 관내에 내방해야만 볼 수 있다는 한계가 있다. 20○○년 우리기관 이용자 통계 중 60대 이상이 56% 임을 고려할 때 어르신용 각종 홍보물이 큰 글씨로 제작되어야 홍보의 효과가 있음을 알 수 있다. 또한, 20○○년 우리기관 이용자 통계를 보면 이용자 중 15%가 다문화가정이므로 한국어 위주의 홍보물 제작에서 벗어나 외국어로 제작된 홍보물이 필요하다. 20○○년 홍보 모니터링단의 의견에서도 동일한 욕구가 표현되는데 어르신용 별도 홍보지 제작, 큰 글씨 홍보물 & 소식지 제작 등의 요청이 있었으며 지역 아파트내 게시물에도 적극적인 기관 홍보에 대한 요청이 있었다.

② 이해관계자(자원처, 후원자, 법인, 구청)

이해관계자들은 평소 대면하여 홍보할 기회가 적기에 법인의 경우 소식지 외에 법인 홈페이지에 기관 링크를 통한 홍보를 확대해야 한다. 후원자 및 자원봉사자, 기관들을 적극적 페이스북 친구 등록이나, 홈페이지 회원, 소식지 발송 대상으로 확대하여 기관에 조금 더 관심을 가지도록 맞춤형 홍보물을 제작해야 한다.

3) 지역복지자원 현황

법인: ○○ 소식지

지역 오프라인: ○○신문 지면, ○○ 1단지/ 2단지 아파트 게시판

지역 온라인: ○○구청 홈페이지
기관 오프라인: 관내 게시판, 아트월, 소식지 2회, 년차 보고서
기관 온라인: 홈페이지, 페이스북

4) 이론적 배경

홍보는 마케터가 비용을 지불하지 않고 방송매체나 인쇄매체를 통해 기업이나 제품에 관한 정보를 전달하는 것을 말한다. PR은 기업과 다양한 이해관계자간에 호의를 구축하는 데 이용되는 마케팅 커뮤니케이션 도구를 말한다. PR 노력은 소비자, 종업원, 공급자, 주주, 정부, 일반 공중, 그리고 민간 운동단체 등 다양한 이해관계자를 대상으로 이루어진다. 지역사회의 다양한 자원을 잘 관리하고 재생산과 발전을 이루기 위한 효과적인 방법으로 홍보는 매우 중요한 수단이라고 할 수 있다. 마케팅이란 일반적으로 "개인과 집단이 다른 사람들과의 제품과 가치의 창조와 교환을 통하여 자신들이 필요로 하고 원하는 것을 획득하는 사회적 및 경영 관리적 과정이다"라고 정의된다(Kotler, 1991). 마케팅의 범위는 영리기업에만 한정하지 않고 비영리조직에도 확대 적용된다. 최근 발간된 7권의 도서를 분석하여 보면서 고전적인 홍보외에 SNS를 활용한 홍보가 일상생활 중에 자연스럽게 고객에게 누출되는 형식으로 변화 중인데, 아래는 SNS 유형별로 특징을 분석한 내용이다.

종 류		사용자	강점/ 특징
카카오	톡	한국인이 가장 많이 사용하는 SNS 한국인 3,800만명과 외국인 1,000만명 사용 중	한국인기준으로 스마트폰 이용자의 90%가 카카오톡을 사용 중. 오픈률도 13%로 이메일 1%, SNS 5%에 비해 월등히 높음. 카카오톡의 비즈니스형. 관리자 4명 가능. 전체 메세지로 홍보가능 (비용발생 1건 11원 이미지 22원)
	스토리	사용자 2,400만명 한국 29세 이하가 28%, 30세 이상이 72%	카카오톡과 연동하여 홈페이지처럼 운영되는 별도의 게시판을 '카카오스토리'로 호칭
페이스북		전세계 14억 9천만명 한국인 2번째 사용하는 SNS 한국인 1,000만사용 한국이용자 중 39세 이하 70%, 4~50대가 30%	'페이스북'은 개인형과 '페이스북 페이지' 비즈니스형으로 분리하여 운영되며 비즈니스형의 경우 여러 명의 관리자를 설정할 수 있는 점이 강점 별도의 비용이 없이 운영가능한 점이 강점. 최소 5,800원부터 유료 홍보 가능
네이버	블로그	한국인 인터넷검색 점유율70~80%	연관 검색어, 키워드 검색가능
	밴드	한국 29세 이하가 25%, 30세 이상이 75% 사용 중	스마트폰, PC 접근

5) 경험적 근거

① 우리기관

사업 영역	수행 기간	수행 내용	도출 성과
내부/ 외부 게시판	1993 ~	관내/ 외부 아파트 홍보물 부착	복지관 홍보 및 인지도, 신뢰도 상승
기관 소식지	2001 ~	년 2회 기관 소식 공유	
법인 소식지	2001 ~	년 12회 법인소식지 게재	
홈페이지	2004 ~	기관/ 사업소개	
기관 내방	1993 ~	기관 내방자 응대	
지역신문, 유관 기관	1993 ~	외부 보도자료	
페이스북	2012 ~	기관 소식 공유	
연차 보고서	2015 ~	년 1회 기관 성과 공유	

② ○○구내 종합사회복지관 홍보사업 비교

20○○년 12월 15일 기준으로 해당 기관의 홈페이지, 출판물, 페이스북 운영을 조사한 결과는 아래와 같다. 홈페이지 운영과 년 2회 소식지 발간, 페이스북 개설 등은 대부분 기관에서 운영 중이나, 세부적인 부분에서 홈페이지 기기별 최적화나, 연차보고서 발간, 페이스북 기사의 충실도와 특이성(기획기사) 등에서 우리 기관의 장점이 있다고 보인다. 추후에는 ○○구 외 타 기관들 중 홍보활동이 활발한 기관을 중심으로 홈페이지 구성과 소식지 구성, 페이스북 등에 대한 세부적인 분석을 통해 기관에 적용점을 찾아볼 필요가 있다.

기관	홈페이지			출판		페이스북					
	운영	최적화	게시글	소식지	연차 보고서	개설	회원수	기사수	이벤트	홈피 연계	비고
우리 기관	●	●	79	년 2회	●	2012	419	99	오프 라인	●	기획 기사
A	●	●	14	년 2회	×	2011	1,451	25	온라인	×	사진만 기재
B	●	×	67	×	×	2011	317	×	×	×	2013년 이후 미운영
C	●	×	×	년 2회	×	●	●	1	×	●	후원처 이벤트
D	●	×	×	×	×	●	●	72	×	×	내용 충실

3. 서비스 대상 및 선정기준

1) 서비스 대상

- 서비스 대상 : ㅇㅇ구 거주주민 및 우리기관 이해관계자
- 실 인원 : 7,000명

대상 구분	서비스 대상자 산출 근거	단위 수(명)
일반 대상	대한민국에 거주하는 인구	5,151만
위기 대상	ㅇㅇ에 거주하는 인구	1,033만
표적 대상	ㅇㅇ구에 거주하는 인구	282,552
실 인원 (클라이언트 수)	1. 오프라인 실인원: 주공1단지/ 2단지 지역주민 약4,000세대 2. 온라인 실인원: 홈페이지 1,100명/ 페이스북 400명 3. 관계자(유관기관, 기관내방, 후원자, 봉사자): 1,500명	7,000

2) 선정기준

누구나 가능. 해당사항 없음

4. 목적 및 목표

1) 중장기 계획

중 기	장 기
1. 주민참여(생산)형 홍보 확대 2. 비영리기관 홍보전문가로서 역량 개발	1. 다문화 시대에 맞춘 외국어 병행 표기 2. ㅇㅇ복지관 홍보 브랜드화

2) 당해 연도 목적 및 목표

목 적	목 표	산출(세부) 목표	성과(세부) 목표
기관 미션 비젼 중심으로 대상별로 차별화된 홍보를 통해 복지관의 인지도와 신뢰도를 향상시킨다.	온라인 홍보 강화	- 페이스북 신규 회원 100명 및 기사 게재 년 150회	- 페북 회원 수 25% 증가(400명→500명) - 기사 게재 50% 향상(년100건→년150건)
	오프라인 홍보 강화	- 관내 게시 관리 년 100건 (아트월 2건, 조직도 2건, 게시물 96건) - p별 게시물 개선 30건 - 기관내방 홍보 12건	- 사회적 약자 배려 홍보물 4종 구비 여부
	주민 참여형 홍보 확대	- 소식지 참여 주민 4명 - 페이스북 이벤트 1회 - SNS홍보 경진대회 2회 - 홍보 심층 의견조사 40건	- 홍보 주민 참여률 1,000% 증가(4명→40명) - 홍보 심층의견 조사 실시 여부

5. 사업 내용

1) 사업 개요도

투입 input		활동 activities		산출 outputs		성과 outcomes
직원 2명 주담당 - 전안나 부담당 - ○○○ 사업예산 ○○원	→	온라인 홍보활동 오프라인 홍보활동 실무자 교육	→	- 페이스북 신규회원 100명 - 페이스북 기사게재 년 150회 - 홈페이지 업데이트 년 12회 - 2/ 3층 영어안내도 - 큰 글씨 리플렛/ 소식지 제작 - 관내 게시 관리 년 100건 - 프로그램실별 게시물 개선 - 기관 내방 홍보 12건 - 외부 매체 홍보 년 36회 - 홍보실무 직원교육 1회 - 기관 홍보물 제작 - 소식지 참여 주민 4명 - 페이스북 이벤트 1회 - SNS홍보 경진대회 2회 - 홍보 의견조사 실시 여부	→	단기: - 페이스북 회원 수 증가 & 기사 수 향상 - 사회적 약자 배려 홍보물 4종 구비 - 기사 보도률 향상 - 홍보방법/처 신규 개발 - 홍보 실무역량 개발 - 기관 홍보물 배포율 향상 - 주민 생산 홍보 증가 중장기: 1. 주민참여형 홍보 확대 2. 다문화시대에 맞춘 외국어 홍보 병행시행 3. 복지관 홍보 브랜드화

* 세부사업 흐름도

AS IS		TO BE
기존 이용자 위주의 홍보 사회적 약자 배려 없는 홍보 직원이 제작하는 홍보물	→	지역적, 언어적 한계를 넘어서는 홍보 사회적 약자를 배려하는 홍보 주민이 참여하여 양상하는 홍보물

2) 세부사업 내용

목표	성과목표	세부사업	수행활동/ 산출활동	수행시기
오프라인 홍보 강화	사회적 약자 배려 홍보물 4종 구비여부	홍보물 제작 시 외국어, 큰 글씨로 제작	2/ 3층 층별 안내도 한글+영어 병행표기 제작 리플렛/ 소식지 큰 글씨 제작 다문화사업 기제작한 리플렛을 업데이트하여 리플렛 출력	홍보물 제작 시

홍보 코디 네이터 수행	보도자료 기사 25% 증가 (16개→20개)	외부매체 홍보	매월 3개 이상 외부 보도자료 발송 12개월*3개=년36건	매월
	새로운 홍보법/처 3개 이상 신규 개발	홍보처/ 법 신규 개발	직원이 선호도 조사를 하여 홍보처/법3개 개발 및 확보	연중
주민 참여형 홍보 확대	홍보 주민 참여률 100% 증가 (4명→40명)	소식지 참여 주민	소식지에 주민 작성글, 작품,인터뷰 게시 년 2회*2명=4건	4월, 11월
		개관 기념일 페이스북 이벤트	개관기념일에 페이스북에 참여자 선물 1회*23명=23건	3월 1~2주
		SNS홍보 경진대회	주민 각자 소유한 SNS에 기관홍보 기사 게재하여 우수 게시자 시상 2회*10명=20건	상반기 하반기

3) 세부사업 진행일정표

내용 \ 기간		1월	2월	3월	4월	5월	6월	7월	8월	9월	10월	11월	12월
페이스북	팬 확대 홍보 상시	○	○	○	○	○	○	○	○	○	○	○	○
	기획기사 게재	○	○	-	○	○	○	○	○	○	○	○	-
	복지관 소식 홍보	○	○	○	○	○	○	○	○	○	○	○	○
홈페이지 유지 보수		○	○	○	○	○	○	○	○	○	○	○	○
관내 게시 관리		○	○	○	○	○	○	○	○	○	○	○	○

6. 담당 인력 및 슈퍼비전 체계

1) 담당 인력

구분	이름	담당 부서 및 직위	프로그램 수행역량 (경력, 전문성, 자격)	사업 내 역할	할당 시간 (단위: 주)
주	전안나	총무팀 사회복지사	- 사회복지경력 11년 - 해당사업경력 1년 - 사회복지사 1급	주담당	8

2) 수퍼비전 체계도

구분	이름	담당 부서 및 직위	수퍼비전 수행역량 (경력, 전문성, 자격)	사업 내 역할
내부 슈퍼 바이저	000	관장	- 사회복지경력 19년	총괄 운영 슈퍼비전

내부 슈퍼 바이저	000	부장	- 사회복지경력 21년 - 사회복지사 1급 - 사회복지학 석사	사업 방향성 점검
외부 슈퍼 바이저	000	ㅇㅇ마케팅 연구소장	- ㅇㅇ대학 ㅇㅇ전공 석사 - ㅇㅇ 마케팅연구소장	월1회 홍보 자문진행

7. 예 산

내 역		산출 근거	금액
오프라인 홍보	안내도	영어안내도 디자인 & 출력비 2개	400,000
	게시판	포켓패드, POP판 구입	100,000
홍보 코디네이터	홍보비	유료홍보비 40,000원*12개월	480,000
	역량 강화	홍보실무 교육강사비 180,000원	180,000
	홍보물 제작	리플렛 한국어(1,500부) 2,000,000 외국어(300개) 240,000 연차 보고서(1,000부)*5,000,000=5,000,000 홍보물품 300*3,000원=900,000	8,140,000
자문	외부 슈퍼비전	10,000원*12회	1,200,000원

8. 지역사회 자원동원 계획

구 분	시 기	자원 종류		방 법
개발	연중	온라인 - 법인 홈페이지		기관 기본 정보 등록 및 링크 요청 공문발송
		외부 매체	[온라인] ㅇㅇ구청 홈페이지 ㅇㅇ신문 홈페이지	공문 첨부 개발 시도
			[오프라인] ㅇㅇ구청 신문 ㅇㅇ신문 지면	
		내부 매체	문자홍보, 카카오톡 옐로페이지, 로비TV 홍보, 길거리 현수막홍보, 페북 친구페이지 홍보 등	
확보	기확보	ㅇㅇ 1, 2단지 아파트게시판		매월 1회 관리소 전달
		관내 게시판, 아트월		매주 게시물 등록
		기관 홈페이지		상시 관리
		기관 페이스북		상시 관리

9. 평가 계획

구 분		평가 내용	지 표			자료원	자료수 집시기	평가 방법 (평가설계)	평가시기
			지표	기준치	목표치				
산출	활동	페이스북 회원증가	회원 수	400명	500명	페이스북 총계	분기별	페이스북 총계 분석	6월, 11월
		페이스북 기사게재	기사 수	108건	150건		분기별		6월, 11월
		관내 게시 관리	게시물 부착 수	100건	100건	인트라넷 홍보 게시판	분기별	게시물 수 분석	6월, 11월
		외부 매체 홍보	기사 발송	12	36	발송 기안	연중	발송 횟수 분석	6월, 11월
성과	단기	약자 배려 홍보물 구비 여부	구비물 수	0	4종	안내도 리플렛 2종 큰 글씨 소식지	연중	어르신/ 외국인	6월, 11월
		외부 기사 보도률	보도률	16건	20건	보도자료	연중	보도자료 기사스크랩	6월, 11월
		주민 주도 홍보참석률	홍보 참석률	4명	40명	참석자 목록	연중	참석자 목록 분석	6월, 11월
		홍보법/ 처 신규 개발	개발처 수	0	3	신규개발목록	연중	신규개발 활용여부 분석	6월, 11월

* 실적계획

내용 \ 기간		1월	2월	3월	4월	5월	6월	7월	8월	9월	10월	11월	12월	계
페이스북	팬 확대 홍보 상시	10	8	8	8	8	8	8	8	8	8	8	10	100
	기획기사 게재	1	1	-	1	1	1	1	1	1	1	1	-	10
	복지관 홍보	13	13	13	12	12	13	12	12	13	12	12	13	150
홈페이지 유지보수		1	1	1	1	1	1	1	1	1	1	1	1	12

* 참고문헌

『홍보도 전략이다』 장순옥외
『카카오 마케팅 컨설팅북』. 오종현 .
『나는 페이스북마케터다』, 구마사카 리토미. 길벗
『네이버에 미쳐라』 김성대. 앱북스
『백만방문자와 소통하는 소셜홍보마케팅』, 김진. 한빛미디어
『블로그&키워드 마케팅전략』, 원동욱, 앱북스
『페이스북&카카오스토리 마케팅비법』, 서보성외, e비즈북스
『혼자서도 할 수 있는 바이럴마케팅』, 유성철. 앤써북
『홍보로 사회사업하기』. 김종원. 푸른복지

회기별 프로그램 계획서

년 단위 사업기획서와 회기별 프로그램 계획서는 목적이 다르므로 작성 양식도 다릅니다. 년 단위 사업기획서는 새로운 일을 추진할 때 전체적인 내용과 큰 방향, 전략을 정리하는 것을 목적으로 합니다. 회기별 프로그램 계획서는 기획서 승인 이후 단계별로 구체적인 내용을 목적으로 작성합니다. 연간 사업기획서는 A4 7~15매 내외 작성이 평균이고, 프로그램 계획서는 A4 1~3매 내외로 작성하는데요, 양의 차이에서 알 수 있듯이 프로그램 계획서는 전체 큰 방향이 아니라, 지금 바로 당면한 프로그램 진행을 위한 구체적인 계획을 명시한 문서를 말하기에 구체적으로 실현 가능하게 작성합니다.

프로그램 계획서는 실현을 앞두고 작성하는 문서이므로 프로그램의 목적과 내용 그리고 진행 방법과 예산 등을 최대한 실현 가능하게 구체적으로 작성합니다. 프로그램 세부 내용은 진행일 당일을 기준으로 사전 준비, 진행 단계, 마무리 단계로 나눠서 일자와 내용, 담당자, 준비물 등을 작성합니다. 담당자가 실제로 어떻게 프로그램을 진행할지 세세한 내용을 구체적으로 작성합니다.

예시 1. 프로그램 계획서

어르신 한글교실 문화활동 계획서

<table>
<tr><td>프로그램명</td><td>어르신 한글교실 1차 문화활동
[영화 관람]</td><td>일자 및 시간</td><td>20○○. 4. 4.(화)
16:20 ~19:00</td></tr>
<tr><td>담당 인력</td><td>홍길동, 보조 2명</td><td>담당 역할</td><td>무료지원 신청, 계획서,
진행, 결과보고</td></tr>
<tr><td>장 소</td><td>CGV ○○지점</td><td>대 상</td><td>한글교실 회원 중
사전 신청자 20명</td></tr>
<tr><td>목 표</td><td colspan="3">한글을 주제로한 영화 관람을 통해
한글교실 참여자의 교육의지 향상 및 관계 형성</td></tr>
</table>

<table>
<tr><td rowspan="6">예 산</td><td>항 목</td><td>계획 금액</td><td>산출 내역</td><td>지출 방법</td><td>예산 출처</td></tr>
<tr><td>영화 관람</td><td colspan="2">무료 지원(○○구청지원)</td><td>-</td><td></td></tr>
<tr><td>간식비</td><td>60,000원</td><td>3,000원*20명=60,000원</td><td rowspan="3">체크 카드</td><td rowspan="3">한글교실</td></tr>
<tr><td>여행자보험</td><td>26,000원</td><td>1,300원*20명=26,000원</td></tr>
<tr><td>예비비</td><td>14,000원</td><td>-</td></tr>
<tr><td>총계</td><td>100,000</td><td>-</td><td>-</td><td>-</td></tr>
</table>

프로그램 내용

<table>
<tr><td>단 계</td><td>시 간</td><td colspan="2">내 용</td><td>준비물</td></tr>
<tr><td>사전
준비</td><td>3/14~4/3</td><td colspan="2">○○구청 지원 무료자원 확보
신청서 제작 및 발송, 신청서 20부 취합
여행자보험 가입, 간식구입</td><td>-</td></tr>
<tr><td rowspan="4">진 행</td><td rowspan="4">4/4</td><td>~ 16:20</td><td>복지관 1층 1교육실 집합
2인 1조 짝궁 만들기</td><td rowspan="4">간식</td></tr>
<tr><td>~ 17:00</td><td>스타렉스로 CGV ○○ 지점 이동
안내데스크 - 티켓 수령
간식배분(팝콘 및 미니음료 1인당 1개)
참석 및 화장실 이용안내</td></tr>
<tr><td>~ 18:30</td><td>영화 관람 및 간식
소감 나눔</td></tr>
<tr><td>~ 19:00</td><td>차량 탑승
귀가 지도</td></tr>
<tr><td>사후
처리</td><td>4/5</td><td colspan="2">만족도 조사
평가서 및 정산</td><td>-</td></tr>
</table>

예시 2. 회기별 프로그램 계획서

글쓰기 역량강화 직원교육

1. 프로그램 개요

1)프로그램: 사회복지 글쓰기 역량강화 직원교육

2)목적/목표/세부목표

목 적	목 표	세부목표
사회복지사 글쓰기 역량을 강화한다.	1. 대상자중 90% 교육 이수 2. 교육 만족도 90점 이상 3. 참여자중 50% 이상 에세이 수준 향상 자기 평가	- 5명*1회=5건 - 교육 참석률 90% - 만족도 조사결과 90점 이상 - 참여자중 50% 이상 향상 자기평가

4)일시: 20○○. 3. 15.(수) 13:30~15:30 2시간

5)장소: ○○지역아동센터 2교육실

6)대상: ○○지역아동센터 직원 5명

7)투입 인력

구 분	이 름	역 할
주진행	홍길동 센터장	계획서/ 평가서 작성, 강사 섭외, 협조 요청
보조진행	이민주 복지사	장소대관, 간식 구입, 만족도 조사, 예산 청구 기안
교육 강사	전안나 강사	강사, 글쓰기강의 2시간 진행, 강의 교안 준비

8) 일정표

내 용	20○○년 3월												담 당
	5	6	7	8	9	10	11	12	13	14	15	16	
직원교육팀 회의	0												홍길동 센터장
강사 섭외		0											홍길동 센터장
계획 기안 작성		0											홍길동 센터장
직원교육 협조요청			0										이민주 복지사
강사/간식 확인										0			이민주 복지사
사전 에세이 취합											0	0	홍길동 센터장

2. 프로그램 세부 내용

단 계	시 간	내 용	담 당	준비물
사전	12:30~13:30	교육실/ 간식 세팅	이민주 복지사	노트북 빔프로젝트 교육자료 출석부 간식 강의확인서 카메라 만족도조사지 결과보고서
		강사 도착 확인		
		참석자 출석 확인		
진행	13:30~13:35	교육 취지 소개, 강사 소개	홍길동 센터장	
	13:35~15:30	강의1. 사회복지 글쓰기의 특징	전안나 강사 홍길동 센터장	
		강의2. 업무용 글쓰기 잘 하는 비법		
	15:30~15:45	질의응답		
		에세이 수정 제출		
마무리	15:45~16:○○	강의 확인서 서명		
		참여자 만족도 조사	이민주 복지사	
		사전/ 사후 에세이 내용 분석		
		교육실 정리		

3. 예산

항 목	계획 금액	산출 내역	비 고
강사비	280,000원	2급 강사 1시간 180,000원 추가 1시간 100,000원	사회복지 공동모금회 기준
원고료	144,000원	파워포인트 3매(A41매)당 12,000원x6매x2시간	
홍보비	60,000원	현수막 30,000원x2개x1회	5m*0.9m 표준규격
간식비	30,000원	3,000원x5명x2회	
합계	574,000원	-	-

4. 평가 방법

세부목표	평가 방법		
	평가 지표	측정 도구	측정 방법
1. 대상자 중 90% 교육 이수 2. 교육 만족도 90점 이상 3. 참여자 중 50% 이상 에세이 수준 향상	교육 출석인원 5명	출석부	출석부 참석자 수 확인
	만족도 평균 90점	만족도 조사지	네이버폼으로 만족도 조사진행
	참여자 중 50% 이상 사전사후 에세이 수준 향상	에세이	에세이 질적 분석

예시 3. 프로그램 계획서

독서 특화 프로그램 계획서

1. 프로그램: 11기 독서 특화 프로그램
2. 프로그램개요
   1) 목적: 정서적 안정감이 필요한 아동의 의사 표현 역량과 감정 발견을 지원한다.
      세부목표 1. 출석률 80% 이상 달성
      세부목표 2. 아동의 자기 의사 표현 능력을 향상
      세부목표 3. 자신의 강점을 7개 이상 발견하도록 돕는다.
   2) 일시 및 시간: 20○○. 2. 4(화)~27(목) 매주 화/목요일 15:30~16:30 주 2회 60분 총 8회기
   3) 장 소: ○○종합사회복지관 2층 제2교육실
   4) 대상: 정서적 안정감이 필요한 초등학교 3~4학년 아동 6명
      (독서심리상담사 및 보육교사 추천)

5) 인력 및 역할

진행 인력	역 할
전안나 사회복지사	프로그램 총괄진행, 회원모집, 사업비 확보, 평가
○○○ 독서심리상담사	독서프로그램 진행

6) 일정별 진행표

내 용	1월			2월				담 당
	2주	3주	4주	1주	2주	3주	4주	
계획	0							전안나
홍보, 학부모 모집		0	0					전안나, ○○○
수업 진행				0	0	0	0	전안나, ○○○
평가, 청구							0	전안나

7) 프로그램 내용

회 차	날 짜	참고 도서	학습 내용
1	2/4(화) 15:30~16:30	나는 나의 주인 채인선 토토북	프로그램소개 & 자기탐색 자신에 대해 긍정적인 판단과 평가를 할 수 있다. - 자신의 마음의 소리를 듣고 함께 나누기 - 나에 관한 질문 뽑고 대답하기 - 얼굴책 만들기
2	2/6(목) 15:30~16:30	윌리와 악당 벌렁코 앤서니브라운 웅진주니어	나만의 개성을 그대로 인정하고 다른 사람들 앞에서 당당히 표현할 수 있다. - 남들과 다른 나 찾아보기 - 느낌, 생각나누기, 발문 토의하기 - 만화 그리기
3	2/11(화) 15:30~16:30	슬픔을 치료해 주는 비밀책/ 카린케이츠 봄봄	슬픔의 감정을 이해하고 스스로를 위로할 줄 안다. - 슬픔의 상황 이야기 나누기 - 발문 토의하기 - 나만의 슬픔을 치료하는 비밀 목록 만들기
4	2/13(목) 15:30~16:30	까마귀소년 야시마타로 비룡소	왕따의 문제점을 알고 친구의 소중함을 생각해 볼 수 있다. - 책 읽고 생각 나누기 - 스피드 상황극 꾸미기

8) 예산

항 목	계획 금액	산출 내역	지출 방법	예산 출처
강사비	400,000원	50,000원*8회기	송금	교육청 지원금
진행비	192,000원	간식비 2,000원*6명*8회 재료비 2,000원*6명*8회	체크카드	
수업 진행용 교재 구입비	100,000원	10,000원*10권		
총계	692,000원	-	-	-

3. 평가 방법

세부 목표	평가 방법		
	성과 지표	측정 도구	측정 방법
출석률 80% 이상	출석 80% 이상	만족도 조사지, 독서활동 자료, 종결 평가회	만족도 조사지 내용분석, 독서활동 자료 내용분석, 종결 평가회 발표 참여
자기 의사 표현 능력을 향상	사전 사후 평가지		
자신의 강점을 발견하도록 돕는다.	강점 7개 이상 찾기		

내부 기안서

기안서는 '품의서'라고 부르기도 합니다. 업무 내부용 문서를 통칭하는데요, 공문서와 함께 가장 많이 사용하는 직장인 업무용 글쓰기 형식입니다. 기안서는 기관 내 업무협조를 끌어내고, 업무 전반에 대한 흐름을 짚어 내는 것을 목적으로 합니다. 직장인은 기안서 작성으로 글쓰기 능력뿐 아니라 업무 능력까지 평가받음으로 기안서 작성능력 숙지가 필요합니다. 일반 기업에는 대부분 기관 나름의 기안서 양식이 있습니다. 기안서의 표준 분량은 A4 1장 내외입니다 본문 내용은 나열식이나 서술식이 아닌 항목별로 일련 번호를 붙이면서 요점만 적는 '개조식'으로 작성합니다. 기안서는 간략히 작성하고, 첨부 서류로 계획서나 신청서, 공문 등을 첨부하기도 합니다.

1. 기안서 서두

문서명, 기안 일자 , 문서 번호를 작성합니다. 문서 번호는 "팀명 - 연도 - 문서 분류번호 - 일련번호" 순으로 작성합니다. 기안 부서와 기안자를 작성하고, 결재란은 부서장부터 상급자 순서로 표기합니다.

문서 번호 예시)

조직 21 120-0876

(조직:팀명 / 21는 연도, 즉 2021년이라는 뜻 / 120은 문서 분류번호 / 0876은 일련번호)

2. 기안서 본문

제일 먼저 제목을 작성합니다. 제목은 ○○회의 개최, ○○간담회 시행, ○○사업 조사 시행, ○○대상자 의뢰 등으로 '대상과 방법'을 명시합니다.

제목 아래 내용에는 문서작성 '목적'을 1개의 서술형 문장으로 작성합니다. 외부로 발송하는 공문서가 기관을 대표해서 작성하는 문서라면, 기안서는 부서를 대표하여 작성하는 글입니다. 내부 기안문서는 팀을 대표해서 작성하는 것으로, "○○복지관 ○○팀에서는...."이라는 형식으로 첫 문장은 기관명과 팀명으로 시작합니다. 별도의 팀이 없는 소규모 시설에서는 "○○센터에서는...."이라고 기관명으로 첫 문장을 시작합니다.

문장의 어미는 상사에게 결재를 받는 기안이라면 '재가하여 주시기 바랍니다.', 혹은 '승인 바랍니다.' 혹은 '결재 바랍니다.'로 작성합니다. 부서 간 업무협조를 요청하는 기안이라면 '협조하여 주시기 바랍니다.' 혹은 '협조 바랍니다.'로 작성합니다.

> 예시)
> 희망종합사회복지관 서비스 2팀에서는 회원간 네트워크를 위해 노인 일자리 사업 조장 간담회를 아래와 같이 진행하고자 하오니 재가하여 주시기 바랍니다.

> 예시)
> 희망종합사회복지관 총무팀에서는 효과적인 사업 진행을 위해 상반기 사업평가회를 아래와 같이 진행하고자 하오니 각 사업 부서에서는 협조하여 주시기 바랍니다.

제목과 목적 다음에는 본문 내용을 작성합니다. 위 아래 한줄 띄기는 해도 되고 안 해도 되는 선택 사항이지만, 위 아래 한줄 띄기를 하는 것이 가독성이 조금더 좋습니다.

내부 기안 예시. 양식 1번

CI 희망종합사회복지관

기안일자	20○○년 ○월 ○일
문서번호	○○제○○○○-○○
기안부서	○○부
기안자	홍 길 동

협조	담당	팀장	부장	관장

제목 V ○○○○의 건 (13포인트)

V희망종합사회복지관 ( )부서에서는 ( )의 ( )을 위해 아래와 같이 ( )을 계획하고자 하오니 재가하여 주시기 바랍니다. (10포인트)

(한 줄 띄기)

1.V

2.V

VV가.V○○○○○○○○○○○○

VVVV1)V○○○○○○○○○○○○

(한줄 띄기)

붙임VV1.V세부계획서 1부.

2.V참석자 명부 1부.VV끝.

내부 기안 예시. 양식 2번

CI 희망지역아동센터

수 신　　∨∨내부결재
제 목　　∨∨○○○○○의 건

우리 센터에서는 (　)의 (　)을 위해 아래와 같이
(　)을 계획하고자 하오니 재가하여 주시기 바랍니다.
1.∨○○○○○○○○○○○○
∨∨가.∨○○○○○○○○○○○○

붙임∨∨1.∨세부계획서 1부.
2.∨참석자 명부 1부.∨∨끝.

담당 홍길동　팀장 이영희　과장 고은주　부장 김철수　관장 이둘리
협조자　총무팀장 김은식
시 행　희망20○○_0123호 (20○○.∨5.∨30.)　접 수　(　)
우 01234 서울특별시 희망구 희망로1길 51 / http://qwe.or.kr
전화 02-123-1234 / 전송 02-123-1230 / 이메일 book365@kakao.com / 공개

가. 사업계획기안 양식 샘플

앞의 표준 기안 형식을 활용하여 사업 계획서 제출, 평가서 제출, 정산서 제출 등 다양한 업무용 기안으로 응용 가능합니다. 사업계획서 제출의 경우 예시입니다.

기안 샘플

기안서

기안일자 20○○. 5. 1.
문서번호 교육제2○120-05
기안부서 직원교육팀
기안자 홍 길 동

협조

담당	팀장	부장	관장

제목∨ 전직원 5월 공통교육 계획의 건

우리복지관 직원교육팀에서는 직원 전문성 향상을 위해 아래와 같이 5월 공통교육을 계획하고자 하오니 재가하여 주시기 바랍니다

(한줄 띄기)

- 아래-

1.∨기안 내역: 5월 직원 공통교육 계획의 건
2.∨계획 일시: 20○○. 5. 15.(목) 10:30~12:00
3.∨계획 내용: 프로포절 작성법 교육
4.∨계획 인원: 전직원 37명
5.∨진행 인력: 3명
∨∨가. 강사-이해인 교수
∨∨나. 주진행-홍길동 팀장
∨∨다. 보조진행-김철수 사회복지사
6.∨계획 장소: 희망종합사회복지관 2층 교육실
7.∨계획 금액: 300,000원(금삼십만원)
8.∨예산 구분: 3622 직원교육

(한줄 띄기)

붙임∨∨1.∨세부계획서 1부.
2.∨참석자 명부 1부.∨∨끝.

나. 각종 휴가용 기안 샘플

휴가의 종류는 크게 연가, 병가, 공가, 특별 휴가 등으로 분류됩니다. 아래 내용은 내부 기안서 형식으로 작성 가능한 내부 휴가 기안서 글쓰기 양식과 샘플입니다. 위의 기안서 형식에 본문 내용만 아래의 구성 요소를 구비하여 작성하면 됩니다.

1) 연가는 연차휴가의 줄임말로서 정신적·신체적 휴식을 취함으로써 근무 능률을 유지하고 개인생활의 편의를 위하여 사용하는 휴가로 근로기준법을 시행 근거로 합니다. 휴가사유는 법정 휴가로 이유를 묻지 않는 것이 맞습니다. 따라서 연가기안 양식에 휴가사유가 있는 경우는 '개인사유' 라고만 적어도 됩니다.

양식	샘플
1. 부서/ 이름 : 2. 휴가 종류: 3. 휴가 일시: 4. 휴가 산정기간: 5. 년가 일수: 6. 사용 년가: 7. 신청 년가: 8. 잔여 년가: .끝.	1. 부서/ 이름 : 서비스팀 홍길동 사회복지사 2. 휴가 종류: 연차 휴가 3. 휴가 일시: 20○○.4.27.(화) 4. 휴가 산정기간: 20○○. 1. 1.~20○○.12.31. 5. 년가 일수: 15일 6. 사용 년가: 11일 7. 신청 년가: 1일 8. 잔여 년가: 3일. 끝.

2) 공가는 우리가 한 직장의 직원, 사회복지사 이전에 일반 국민의 자격으로 국가기관의 업무 수행에 협조하거나 법령상 의무의 이행이 필요한 경우에 부여받는 휴가를 말합니다. 대표적인 공가 사유는 병역법 기타 다른 법령에 의한 병역판정 검사·소집·검열점호 등에 응하거나 동원 또는 훈련, 건강검진, 투표, 감염병 예방법에 따른 코로나 검사에 참여할 때 등이 해당합니다.

양식	샘플
1. 이름/ 부서: 2. 휴가 종류: 공가 3. 휴가 일시: 4. 휴가 사유: 5. 휴가 시행근거: .끝.	1. 부서/ 이름 : 서비스팀 홍길동 사회복지사 2. 휴가 종류: 공가 3. 휴가 일시: 20○○. 4. 27.(화) 1일 4. 휴가 사유: 건강검진 5. 휴가 시행근거: 운영규정 제36조 특별휴가 1.공가 끝.

3) 병가는 질병 또는 부상으로 직무를 수행할 수 없는 경우 또는 감염병에 걸려 다른 직원의 건강에 영향을 미칠 우려가 있을 때 부여받는 휴가입니다. 서울시 보조금 지원을 받는 기관의 경우 입원 수술 통원치료 등에 의사 진단서나 진료확인서가 있는 경우, 기관장 승인을 득하면 필요시 최대 60일까지 사용 가능합니다. 단순 감기나 치료 목적은 사용이 불가합니다.

양식 1	샘플 1
1. 이름 /부서: 2. 휴가 종류: 병가 3. 휴가 일시: 4. 휴가 사유: 5. 휴가 시행근거: .끝.	1. 부서/ 이름 : 서비스팀 홍길동 사회복지사 2. 휴가 종류: 병가 3. 휴가 일시: 20○○. 4. 20.(화)~31.(금) 11일 4. 휴가 사유: ***질병 입원 치료로 인한 병가 5. 휴가 시행근거: 운영규정 제36조 특별휴가 4.병가. *첨부-진단서/ 입퇴원확인서 각 1부. 끝.

양식 2 (양식 출처: 서울시 보조금 지원 계획)	샘플 2
1. 부서/ 이름/ 직급: 2. 신청일: 3. 비상 연락처/ 관계: 4. 휴가 기간: 5. 증빙서류: □진단서 □진료확인서 □진료영수증 □기타 6. 병명 및 병가 사유: 7. 기타: .끝.	1. 이름/ 부서/ 직급: 서비스팀 홍길동 사회복지사 2. 신청일: 20○○. 4. 15. 3. 비상 연락처/ 관계: 010-9876-5432 / 배우자 4. 휴가 기간: 20○○. 4. 20.(화)~31.(금) 11일 5. 증빙서류: □진단서 ■진료확인서 ■진료영수증 □기타 6. 병명 및 병가 사유: ***질병 입원 치료로 인한 병가 7. 기타: 특이사항 없음 . 끝.

4) 그외 특별휴가

- 경조 휴가는 사회통념 및 관례상 특별한 사유(경조사 등)가 있는 경우 부여받는 휴가를 말합니다.

양식	샘플
1. 이름/ 부서: 2. 휴가 종류: 경조 휴가 3. 휴가 일시: 4. 휴가 사유: 5. 휴가 시행근거: .끝.	1. 부서/ 이름 : 서비스팀 홍길동 사회복지사 2. 휴가 종류: 경조 휴가 3. 휴가 일시: 20○○. 4. 27. (화) 1일 4. 휴가사유: 조부상 5. 휴가시행근거: 운영규정 제36조 특별휴가 2.경조휴가 끝.

- 출산 전후 휴가는 임신 중의 여성 근로자에게는 산전과 산후를 통해 주어지는 90일의 휴가를 말합니다. 이때 산후에 45일 이상의 휴가 기간이 배정되어야 합니다. 임신 중인 여성이 유산이나 사산을 한 경우에는 근로자의 청구에 의해 보호휴가를 주어야 하는데, 보호휴가는 임신기간에 따라 차등적으로 부여됩니다.

양식	샘플
1. 이름/ 부서: 2. 휴가 종류: 출산 전후 휴가 3. 휴가 일시: 4. 출산 예정일: 5. 휴가 시행근거: .끝.	1. 부서/ 이름 : 서비스팀 홍길동 사회복지사 2. 휴가 종류: 출산 전후 휴가 3. 휴가 일시: 20○○. 10. 2.~ 12. 31. 90일 4. 출산 예정일: 20○○.10.15 5. 휴가 시행근거: 운영규정 제36조 특별휴가 3.출산전후휴가. 끝.
1. 부서/ 이름 : 2. 휴가 종류: 3. 휴가 일시: 4. 임신 주차 수: 5. 유산 사산일: 6. 휴가 시행근거: .끝.	1. 부서/ 이름 : 서비스팀 홍길동 사회복지사 2. 휴가 종류: 사산 유산 휴가 3. 휴가 일시: 20○○. 10. 2.~10. 11. 10일 4. 임신 주차 수: 15주 5. 유산 사산일: 20○○. 10. 2. 6. 휴가 시행근거: 운영규정 제36조 특별휴가 4.유산사산휴가. *첨부-진단서/ 입퇴원 확인서 각 1부. 끝.

2부 대내용 _ 평가서/ 결과 보고서

기관 내부적으로 상황 정리를 목적으로 하는 것은 평가서와 정산서, 결과보고서 등의 문서가 있습니다. 계획서와 기안서로 승인을 받은 후 모든 업무의 종료 시마다 평가서와 결과보고서를 작성합니다. 프로그램 평가서, 운영일지, 상담 기록지, 슈퍼비전 기록지, 회의록, 교육 보고서, 업무일지, 업무 인수인계서, 경위서, 전화 메모 등이 있습니다.

회기별 프로그램 평가서

프로그램 평가서는 프로그램 계획서가 계획한 바에 따라 실행되었는지를 확인하는 문서입니다. 기관 내부적으로 상황 정리를 목적으로 하는 문서로 계획서와 기안서로 승인을 받은 프로그램이 실행된 후 업무의 종료 시마다 작성합니다. 특히 계획과 다르게 된 부분이 있다면 상세히 기술하고, 잘 된 점과 잘 안 된 점, 계획대로 진행된 점과 계획대로 안 된 점을 객관적이고 정확히 작성하는 것이 좋습니다. 사업 계획의 모든 항목 – 사업 참여 대상과 인원, 추진일정, 사업 내용이 계획 대비 초과 또는 저조, 협력에 있어 변동 상황, 그 외 계획에 차질이 생겼거나 장애물이 발생한 경우 내용과 이유를 상세히 작성합니다. 사전에 작성한 계획서가 프로그램의 목적과 내용과 진행 방법과 예산 등을 최대한 실현 가능하게 구체적으로 작성되었다면 평가를 하기가 쉽지만, 계획서가 잘 작성되지 않았다면 평가가 어려워집니다.

과정 평가에서는 일정표의 계획대로 진행이 되었는지 일정에 대한 평가를 합니다. 그다음으로는 프로그램 내용과 진행에 대한 평가, 인력과 시설 기자재, 예산 투입 등 자원 투입에 대한 평가를 작성합니다. 담당자의 시각과 참여자의 의견이나 만족도조사 결과, 상사의 의견 등을 종합하여 잘 된 점과 개선이 필요한 점, 계획 대비 진행이 안 된 점 위주로 정직하게 작성합니다. 목표 달성 평가에서는 본 프로그램의 목표 달성이 되었는지 사전에 설정한 평가 지표에 따라 달성 여부를 평가합니다. 총괄 평가와 제언에서는 전체 평가에 대한 총정리와 다음에 개선 또는 반영할 사항을 정리합니다. 마지막으로 프로그램 진행 사진을 1~2장 첨부하고 해당 사진에 대한 간단한 설명을 서술합니다.

예시 1. 프로그램 평가

사회복지 글쓰기 역량강화 직원교육 평가서

1. 프로그램 개요

1)프로그램: 사회복지 글쓰기 역량강화 직원교육

2)목적/ 목표/ 세부목표

목 적	목 표	세부목표
사회복지사 글쓰기 역량을 강화한다.	1. 대상자 중 90% 교육 이수 2. 교육 만족도 90점 이상 3. 참여자 중 50% 이상 에세이 자기평가 향상 여부	- 교육 참석률 80% - 만족도 조사결과 90점 이상 - 참여자 중 50% 이상 에세이 수준 향상

3)일시: 20○○. 3. 15.(수) 13:30~15:30 2시간

4)장소: ○○요양원 2교육실

5)대상: ○○요양원 직원 10명

6)투입 인력

구 분	이 름	역 할
주 진행	홍길동 센터장	계획서/평가서 작성, 강사 섭외, 협조 요청
보조 진행	이민주 복지사	장소대관, 간식 구입, 만족도 조사, 예산 청구 기안
교육 강사	전안나 강사	강사, 글쓰기강의 2시간 진행, 강의 교안 준비

7) 일정표

내 용	20○○년 3월												담 당
	5	6	7	8	9	10	11	12	13	14	15	16	
직원교육팀 회의	0												홍길동 센터장
강사 섭외		0											홍길동 센터장
교육장소 대관		0											이민주 복지사
강사 이력서/개요		0											홍길동 센터장
계획 기안 작성		0											홍길동 센터장
직원교육 협조요청			0										이민주 복지사
부서별 참석 여부 확인				0									이민주 복지사

2. 과정 평가

1) 계획대비 진행평가 (0 계획대로진행, ■ 연기진행)

내 용	계획 / 진행												
	5	6	7	8	9	10	11	12	13	14	15	16	17
강사 섭외		0											
교육장소 대관		0											
강사 이력서/개요		0		■									
사전 에세이 취합										0	■		
교육 진행											0		
사후 에세이 취합											0	■	
청구 기안 작성												0	■
만족도 결과 분석												0	■
평가서/기안 작성												0	■

전체적으로 계획 진행 잘 진행되었으나 강사 이력서 취합과 사전 에세이 취합/사후 에세이 취합이 계획 대비 진행되지 못하고 각 2일, 1일 연기 진행되었음. 강사 이력서 취합은 제출 일정을 정확히 공지를 안 해서 늦게 제출되었음. 추후 업무용 이메일 발송 시 제출 일정을 명시하여 의사소통 필요함. 사전/사후 에세이는 계획보다 1일씩 연기 진행되었는데 1주일의 작성 시간이 충분하지 않았다는 직원들의 피드백이 있었음. 추후에는 최소 2주 전에 공지 필요.

2) 프로그램 내용 및 진행 평가

〈잘된 점〉

① 담당자 평가

- 교육 주제: 우리 기관 인재상에 맞는 글쓰기 역량 강화 교육이었음. 강의 주제에 맞게 교육이 적절히 진행됨. 사전 직원교육 욕구조사 1순위가 글쓰기 교육으로 참여자 욕구에 맞는 프로그램으로 진행됨.

- 교육 시기: 프로포절 작성 전 글쓰기에 대한 교육으로 시기적절하였음.

프로그램 설계: 단순 교육이 아니라 사전 사후 에세이 글을 작성하고 스스로 수정하는 과정에서 글쓰기 교육을 몸으로 체득하는 기회로 좋은 프로그램 설계라고 평가됨.

② 참여자 평가

- 만족도: 만족도조사 결과 강의 만족도가 93점, 추후 강의 개설 시 수강 여부도 90%로 만족도가 높음.

- 사전과제: 교육 전 에세이를 제출하고, 교육 이후 에세이를 수정 제출하도록 교육을 설계하여 교육받은 내용을 바로 적용하는 연습이 되어서 좋았다는 참가자의 피드백이 있었음.

- 내용: 가장 많이 사용하는 기안서와 공문의 작성 근거를 알 수 있었고, 서명 날인도 문서 종류에 따라 다르게 하는 부분을 정확히 숙지할 수 있었음.

〈보완될 점〉

① 담당자 평가

교육 횟수: 강의 시간이 2시간으로 짧아서 추후 교육 시 3시간 또는 여러 회기 교육으로 글쓰기 실습을 병행하는 것이 효과적이라고 생각됨.

교육 시간대: 오후에는 클라이언트 내방이 많아서 추후에는 오전 시간으로 교육을 진행하는 것이 교육 집중도가 높을 것으로 예상됨.

② 참여자 평가

사전 에세이: 사전 에세이는 부담스러웠음. 추후에는 필수 제출이 아니라 선택으로 하면 부담 없이 작성할 것 같음. 에세이 주제는 자유주제보다 몇 가지 예시를 제시해 주는 것이 적절해 보임.

교육자료: 사전 준비단계에서 교육 자료를 미리 배부해 주고 내용을 숙지 후 참여했으면 교육 이해도가 높았을 것 같음. 교육자료 요약본을 강사에게 요청해서 공유 희망함. 자료 공유가 된다면 교육의 효과가 지속될 것으로 보임.

추가 교육: 동일한 내용으로 재교육 또는 후속 교육 희망함.

3) 자원투입의 평가

① 인력 투입의 적절성

전안나 강사: 해당 분야 전문성을 갖추고 있어 교육 주제에 적합한 강사였음.

홍길동 센터장: 직원 교육 팀장으로 사전 강사와 프로그램에 대한 충분한 논의를 통해 계획대로 진행함.

이민주 사회복지사: 업무 분장에 따라 적절하게 보조업무를 수행함. 네이버 폼 제작이 서툴러 당일에 만족도조사를 하지 못한 점은 보완이 필요해 보임.

② 시설과 기자재 투입의 적절성

교육실: 책상과 의자 등이 설치되어 교육 장소로 적합하였음.

마이크: 사전에 마이크 사용 여부를 확인하지 못해 급하게 무선 마이크로 진행함.

빔 프로젝터: 중간중간 화면 흐림 현상이 나타나서 총무팀에 점검 요청이 필요함.

③ 예산 투입의 적절성

항 목	계획 금액	사용 금액	집행율	평 가
강사비	280,000원	280,000원	100%	계획 대비 93% 사용으로 총예산 사용금액은 적절하나 간식비 항목이 초과 사용하였음. 1인당 3,000원로 다과비 책정한 산출은 적절하였으나, 강사용 다과비를 누락하여 초과 집행함, 추후에는 개선하겠음.
원고료	144,000원	144,000원	100%	
홍보비	60,000원	28,00원	47%	
간식비	30,000원	31,000원	101%	
합계	514,000	429,900원	93%	

3. 목표 달성 평가

세부목표	평가 지표	평 가
1. 대상자 90% 교육 이수	교육 출석 인원 9명	출석부로 참여 인원 확인한 결과, 계획 인원 10명 대비 8명 참석으로 80% 출석으로 미달성함 . 결석 2명은 당일 휴가로 불참함.
2. 교육 만족도 90점 이상	만족도 평균 90점	네이버폼으로 만족도 조사 결과 만족도 93점으로 목표 달성함.
3. 참여자 50% 이상 에세이 수준 향상	참여자 50% 이상 사전사후 에세이 수준 향상 자기 평가	에세이 질적 분석결과 참여자의 70%가 사전대비 사후 에세이 수준이 향상되었다고 자기 보고함.

4. 총괄 평가 및 제언 (전체 평가에 대한 총정리와 다음에 개선/반영할 사항)

계획 대비 진행, 당일 프로그램 진행, 사후 마무리 적절히 잘 되었음.

참가자 욕구에 맞는 교육으로 주제를 선정하였고, 해당 분야 전문가에게 원하는 교육과 교육 의도에 대한 의사소통이 활발히 이루어져 교육 목적에 맞게 수행함. 직원 욕구에 맞는 교육으로 만족도 93점, 추후 교육 개설 시 재 참석 의사 90%로 높은 만족도를 보임. 추후에도 직원 교육 욕구조사 순위에 따른 교육으로 진행하는 것이 직원 참석률과 만족도에 많은 영향을 끼칠 것으로 보임.

당일 프로그램 진행시 사전에 마이크 사용 유무를 확인하지 못한 점과 만족도조사 네이버 폼을 확인하지 못한 점은 개선이 필요함. 교육 시간이 오후여서 교육 중 내방객으로 인해 교육장소를 이탈하는 경우가 4~5회 발생하여 추후에는 교육시간을 오전대로 진행하는 방안 검토 예정. 교육 시간은 부서별로 특징이 달라서 팀장회의에서 논의 후 적용하겠음.

5. 사진 (지면관계상 생략)

예시 2. 프로그램 평가서

직원교육 평가서

1. 프로그램 목적 및 목표 달성 평가

목표1) 대상자중 90% 교육 이수 – 80% 달성함.

계획 인원 5명 중 4명 참석으로 80%출석으로 달성함. 결석 1명은 당일 휴가로 불참함.

목표2)교육 만족도 90점 이상 – 93점 달성함.

네이버폼으로 만족도 조사 결과 만족도 93점으로 목표 달성함.

목표3)참여자중 50% 이상 에세이 수준 향상 – 70% 달성

에세이 질적 분석결과 참여자의 70%가 사전대비 사후 에세이 수준이 향상되었다고 자기 보고함.

2. 프로그램 과정 평가

1) 준비 과정

전체적으로 계획 진행 잘 진행되었으나 강사 이력서 취합과 사전 에세이 취합/사후 에세이 취합이 계획 대비 진행되지 못하고 각 2일, 1일 연기 진행되었음. 강사 이력서 취합은 제출 일정을 정확히 공지를 안 해서 늦게 제출되었음. 추후 업무용 이메일 발송 시 제출 일정을 명시하여 의사소통 필요함.

2) 진행 과정

강의 시간이 2시간으로 짧아서 추후 교육 시 3시간 또는 여러 회기 교육으로 글쓰기 실습을 병행하는 것이 효과적이라고 생각됨. 교육이 오후에 진행되었는데 오후에는 클라이언트 내방이 많아서 추후에는 오전 시간으로 교육을 진행하는 것이 교육 집중도가 높을 것으로 예상됨. 사전 준비단계에서 교육 자료를 미리 배부해 주고 내용을 숙지 후 참여했으면 교육 이해도가 높았을 것 같음. 교육 자료 요약본을 강사에게 요청해서 공유 희망. 자료 공유가 된다면 교육의 효과가 지속될 것으로 보임 강사는 해당 분야 전문성을 갖추고 있어 교육 주제에 적합한 강사였음. 사전에 마이크 사용 여부를 확인하지 못해 급하게 무선 마이크로 진행하였고, 빔 프로젝트가 중간 중간 화면 흐림 현상이 나타나서 점검이 필요함.

3) 종결 및 정리과정

동일한 내용으로 재교육 또는 후속 교육 희망함. 사전/사후 에세이는 계획보다 1일씩 연기 진행되었는데 1주일의 작성 시간이 충분하지 않았다는 직원들의 피드백이 있었음. 추후에는 최소 2주 전에 공지 필요

3. 만족도 평가

만족도조사 결과 강의 만족도가 93점, 추후 강의 개설 시 수강 여부도 90%로 만족도가 높음. 교육 전 에세이를 제출하고, 교육 이후 에세이를 수정 제출하도록 교육을 설계하여 교육받은 내용을 바로 적용하는 연습이 되어서 좋았다는 참가자의 피드백이 있었음. 가장 많이 사용하는 기안서와 공문의 작성 근거를 알 수 있었고, 서명 날인도 문서 종류에 따라 다르게 하는 부분을 정확히 숙지할 수 있었다는 평가.

4. 예산 평가

계획 대비 93% 사용으로 총예산 내에서 사용했으나, 세부 내역 중 간식비 항목을 초과 사용하였음. 1인당 3,000원로 다과비 책정한 산출은 적절하였으나, 강사 음료 구입비를 누락하여 초과 집행함. 추후에는 개선하겠음.

5. 제언

계획대비 진행, 당일 프로그램 진행, 사후 마무리 적절히 잘 되었음.
당일 프로그램 진행시 사전에 마이크 사용 유무를 확인하지 못한 점과 만족도조사 네이버 폼을 확인하지 못한 점은 개선이 필요함. 교육 시간이 오후여서 교육 중 내방객으로 인해 교육장소를 이탈하는 경우가 4~5회 발생하여 추후에는 교육시간을 오전대로 진행하는 방안 검토 예정.

예시 3. 프로그램 평가서

제8회 ㅇㅇ이웃 한마음축제 평가서

[부제: 환경을 생각하는, 건강한 우리 마을]

1. 프로그램: 제 8회 ㅇㅇ이웃 한마음축제

2. 프로그램개요

1) 목표

목표1. 지역 어르신과 장애인 700명에게 무료식사 제공

목표2. 지역주민 200명에게 환경을 생각하는 참여코너로 녹색환경 구성에 대한 인식의 변화를 도모

목표3. 지역 학교, 단체, 기관 10곳 이상, 자원봉사자 100명 이상 참여하는 나눔의 축제가 되

도록 한다.

2) 일시 및 시간: 20○○년 5월 12일 (토) 11:00~16:00

3) 장소: ○○복지관내 및 107동 주차장

4) 대상: 지역주민 1,000명

3. 과정 평가

1) 계획대비 진행평가

- 가족팀 평가: 계획대로 원활히 진행됨. 야외 데코와 코너별 간판을 제작하는데 자잘한 시간들이 많이 들어서, 자원봉사자가 축제 1~2주 전부터 섭외 희망.
- 운동팀 평가: 공연팀 섭외가 원활했고, 후원금품 자원 개발이 잘되어 예산절감 효과가 있었으며, 홍보도 적절히 잘 진행됨.
- 보호팀 평가: 준비는 수월했는데, 무료 식사 외에 3개의 코스를 진행하는 것이 부담되었음. 기존 정기 자원봉사자가 운동팀의 해오름 봉사단과 비누체험 봉사단으로 빠지게 되어 당일에 신규 봉사자가 많았음.
- 사업지원팀 평가: 차량 주차금지 안내문을 2일 전부터 부착하였지만, 주차 후 병원에 입원한 지역주민이 있어 병원을 방문하여 키를 받아와 차를 옮기는 등 주차통제가 어려웠음. 추후에는 행사 1주일 전부터 안내문 부착이 필요할 것으로 보임.
- 기획행정팀 평가: 내빈 초대장을 미리 제작하여 발송하였는데, 동 대표와 새마을부녀회, 주민자치위원, 방위협의회, 동지역사회복지 협의체 등 지역 대표들까지 확대하여 초대장을 발송할 필요가 있음.

2) 프로그램 내용 및 진행 평가

〈주제 및 장소〉

- 테마를 '환경'으로 한 것은 좋았으나, 몇 개 코너는 연관이 있었지만 전체적으로 참여자들에게 인식이 잘되지 않은 것 같음. 예를 들면 재활용 컵을 활용한 천연 방향제 만들기를 하였지만, 방향제를 만들어 가는 것에만 집중하고, '환경'과의 연관성을 짓지 못하여서, 우리의 목적을 이해시키지 못했다고 보임.
- 주차장에서 진행하니 해마다 소음 때문에 항의가 있음. 장소를 인근 학교로 옮기는 것 고려 필요.

〈공연 및 무대행사〉

- 행사 당일 날씨가 행사에 적절하였음. 해가 떠서 맑지만 구름이 같이 있어서 덥거나 뜨겁지 않음.
- 12시로 개막식 시간을 옮기고, 12시~12:30에 식사를 제공하지 않고 집중할 수 있도록 경품 등을 활용한 것이 매우 효과적 이였음. 또한 무대에서 중간중간 레크리에이션과 경품 지급으로 200명의 좌석에 항시 사람들이 공연을 관람하는 모습이 좋았고, 축제가 더욱 활발하게 되는 계기가 된 것으로 보임.
- 사회자가 전문가 수준으로 진행을 잘함.

- 무대행사 중 주민 참여가 가능한 공연이나 코너들이 늘어나면 좋을 것 같음.
- 직원공연: 수준은 낮았지만 직원들이 밴드를 조직하여 공연하고 직접 알린 것이 좋았음.
- 무대에서 중간중간 참여 코너들에 대한 설명과, 스티커 부착하여 선물받는 것에 대한 안내가 더 필요했음.
-주민노래자랑에 대한 의견이 있어 2년에 1회씩은 진행하면 좋을 것 같음.

〈참여코너〉
- 접수가 좁고 한쪽에 위치해 있었음. 추후에는 현재보다 넓히고, 더 잘 보이는 곳(특히 먹거리/국수 장터 근처로) 옮길 필요가 있음.
- 코너가 예전보다 다양해졌음. 그러나 만들기 위주 코너가 많아 어르신들이 참여하기에 벽이 있었음. 내년에는 만들기보다는 놀이 코너를 늘릴 필요가 있음.
- 코너별 다양한 인원과 대상의 참여 독려를 위해 스티커를 붙여 선물을 지급한 것은 효과가 좋았음. 그러나 스티커를 부착해 주는 것이 번거로워 추후에는 스탬프나 펀치 등을 활용하도록 변경 필요.
- 코너들이 어르신이 참여하기에는 어렵거나, 6개의 코너 참여가 힘들었음. 단순 참여 코너를 늘리거나, 어르신은 스티커 부착 개수를 줄일 필요가 있음.
- 프로그램에서 만들기를 한 물품을 담아 갈 봉투 준비 필요.
- 먹거리 코너가 활성화될 수 있도록 먹거리의 다양화 필요.
- 코너 중 바자회, 이미용, 비누체험은 어르신이 매우 많이 참여하였음. 스티커 부착의 효과인 것 같음.
- 국수 장터는 호응이 좋았음. 내년에는 잔치국수와 비빔국수 2가지로 준비하고, 먹는 장소를 먹거리 장터와 분리하여 넓히면 좋을 것 같음.
- 무대 근처에 위치한 접수, 이 미용, 후원, 선물 증정 코너는 음향 때문에 너무 시끄러웠고, 무대 의자와 간격이 좁아서 대기할 곳이 없었음.
- 솜사탕 증정의 효과가 매우 컸음. 내년에는 기계를 2개 빌려서 2명이 진행해야 속도를 맞출 수 있을 것 같음.

〈무료식사〉
- 올해 처음으로 국수로 진행하였는데, 맛이 좋았고 떡을 식탁에도 놓고, 갈 때 떡과 음료를 선물로 지급하여 반응이 좋았음. 내년에는 예산이 가능하다면 편육을 조금만 준비해도 좋을 것으로 보임.
- 무료 식사는 1층 식당에서만 진행하였지만, 국수로 식사시간이 짧아서 진행에 무리가 없었음.
- 무료 식사와 봉사자용 국수를 처음에는 다 1층 식당에서 삶아서 너무 분주하였으나 중간부터 1층 식당과 2층 조리실로 분리하여 진행하여 원활하였음.
- 자원봉사자 공연팀 등에게 국수의 양이 적고, 초반에는 떡과 과일이 없어서 식사가 너무 소홀했던 것 같음.

〈실적 평가〉

각 프로그램별 참여자는 최소 14명에서 최대 507명으로 계획 대비 적절함.

방향제	액자	제기	다트	풍선	봉숭아	미용	투호	무료식사	총합
119	120	118	135	139	97	30	152	507	2,283건
윷놀이	바자회	베이커리	국수	먹거리	비누	공연·봉사	내빈	무료식사(배달)	실인원
63	14	21	175	296	60	130	14	93	약900명

〈만족도 조사 결과〉

1. 가장 재미있었던 코너 (단위: 건)
   천연 방향제 만들기 31 / 풍선받기 게임 22 / 대형윷놀이 17
   하드스틱 액자 만들기 16 / 에코 다트던지기 15
2. 내년 축제 때 있었으면 하는 코너
   풍선·공 게임 14 / 천연 방향제 만들기 11 / 봉숭아 물들이기 9
   에코 다트던지기 9 / 하드스틱 액자만들기 6 / 투호 6
   물풍선 터뜨리기 5 / 핸드메이드 제기차기 4 / 대형윷놀이 4
3. 오늘 축제에서 아쉬웠던 점은?
   체험/음식의 다양화가 적음 13 / 빨리 끝난 것 같아서 아쉬웠다 11
   기다리는 시간이 길고, 무질서 14 / 노래자랑 6

3) 자원투입의 평가

① 인력 투입의 적절성

- 코너별 담당 직원과 봉사자 역할 분배와 인원 배치가 적절했음.
- 무료 식사 쪽 자원봉사자가 신규 봉사자가 많았음. 앞으로는 기존 봉사자가 축제 봉사에 참여하고, 축제까지 즐길 수 있도록 참여 필요.
- 사진촬영을 직원 1명과 공익요원 1명이 했는데, 사진 기술이 부족하여 추후에는 전문 사진 자원봉사자가 필요할 것으로 보임.
- 행사장 안내 봉사자가 부족하였고, 특히 어르신 경우 스티커 붙이는 것에 이해가 잘 안 되었음.

② 시설과 기자재 투입의 적절성

- 코너별 안내간판이 매우 눈에 잘 띄었고 예뻤음.
- 행사장 곳곳에 쓰레기봉투 분리 비치 필요(일반쓰레기/ 스티로폼/ 종이류/ 캔류 등)
- 음향, 천막, 의자, 무대, 현수막, 책상, 의자 등 적절히 준비됨.

③ 예산 투입의 적절성

〈지출〉

<table>
<tr><th colspan="2">항 목</th><th>계획 금액</th><th>지출 금액</th><th>평 가</th></tr>
<tr><td colspan="2">개·폐막식</td><td>60,000원</td><td>76,360</td><td rowspan="5">공연팀 중 대부분이 무료로 공연을 진행하였고, 후원물품이 목표보다 초과 확보되어, 선물비가 사용되지 않음. 계획 대비 46.7%만 사용함.</td></tr>
<tr><td colspan="2">무대 행사</td><td>1,000,000원</td><td>200,000</td></tr>
<tr><td colspan="2">주민 참여코너</td><td>760,000원</td><td>430,390</td></tr>
<tr><td>준비비</td><td>장비 대여</td><td>950,000원</td><td>699,000</td></tr>
<tr><td colspan="2">데코, 홍보</td><td>850,000원</td><td>413,950</td></tr>
<tr><td colspan="2">평가회 간식비</td><td>600,000원</td><td>270,000</td><td rowspan="3">공연팀 중 대부분이 무료로 공연을 진행하였고, 후원물품이 목표보다 초과 확보되어, 선물비가 사용되지 않음. 계획 대비 46.7%만 사용함.</td></tr>
<tr><td colspan="2">예비비</td><td>280,000원</td><td>11,800</td></tr>
<tr><td colspan="2">총계</td><td>4,500,000원</td><td>2,101,500원</td></tr>
</table>

〈수입〉

<table>
<tr><th>항 목</th><th>계획 금액</th><th>수입 금액</th><th>평 가</th></tr>
<tr><td>장터</td><td>400,000원</td><td>사랑나눔 143,000원
먹거리+국수 322,800원</td><td rowspan="5">계획 대비 219% 수입이 발생함. 바자회 수익금과 축제 후원금의 영향으로 보임.</td></tr>
<tr><td>비누 판매</td><td>50,000원</td><td>94,500원</td></tr>
<tr><td>바자회</td><td>100,000원</td><td>1,057,300원</td></tr>
<tr><td>축제 후원금</td><td>1,100,000원</td><td>기금후원 153,450원
우리은행 1,550,000원
축제후원 300,000원</td></tr>
<tr><td>합계</td><td>1,650,000원</td><td>3,621,050원</td></tr>
</table>

4. 목표 달성 평가

<table>
<tr><th>세부 목표</th><th>평가 지표</th><th>평 가</th></tr>
<tr><td>지역 어르신과 장애인 700명에게 무료 식사 제공</td><td>명단
만족도 조사지</td><td>지역 어르신과 장애인 600명에게 무료식사를 제공함.</td></tr>
<tr><td>지역주민 200명에게 환경을 생각하는 참여코너로 녹색환경 구성에 대한 인식의 변화를 도모</td><td rowspan="2">명단
만족도조사지</td><td>각 코너별 21명~139명까지 참여하였으며, 스티커 부착종이가 모두 193개가 회수되어 계획 대비 적절히 진행함.</td></tr>
<tr><td>지역 학교, 단체, 기관 10곳 이상, 자원봉사자 10명 이상 참여하는 나눔의 축제가 되도록 한다.</td><td>자원봉사자와 공연으로 130명이 참여하여 적절히 진행하였다고 평가됨.</td></tr>
</table>

5. 총괄 평가 및 제언

각 프로그램을 총괄한 팀장이 여러 해 숙련되고, 직원들도 각자 역할을 잘하여 어느 해보다 수월하게 축제가 진행되었고, 당일에 날씨나 여러 가지 조건이 좋아 지역주민의 참여가 높았음. 추후에는 내빈 초대를 조금 더 다양하게 할 필요가 있고, 데코 준비를 위해 자원봉사자를 축제 1~2주 전부터 섭외하도록 요청과 소음으로 장소를 인근 학교로 옮기는 것 고려 필요함.

6. 사진 (생략)

프로그램 운영일지

프로그램 운영일지는 프로그램이 계획대로 이행되었는지 그 과정을 기재하는 문서입니다. 운영일지는 사회복지 업무 현장 외에도 행사, 학회, 강의 등 여러 분야에서 사용됩니다. 프로그램 진행일지, 서비스 기록지 등으로 표현하기도 합니다. 운영일지는 프로그램 진행 이후 부족한 부분을 보완하기 위한 목적으로 프로그램 진행사항을 상세하게 기록합니다.

사회복지사가 직접 진행하는 사회복지 프로그램은 대체로 사업계획서와 평가서로 프로그램 계획 대비 진행을 평가합니다. 하지만 외부 강사가 세부 프로그램을 진행하는 사회교육 프로그램이나 도시락 배달, 방과 후 교실, 자활사업단, 생활실처럼 상시 운영되면서도 사회복지사의 직접 개입이 적은 프로그램은 강사나 보조 진행자가 직접 기록하는 운영일지로 과정을 기록하기도 합니다. 이런 경우 프로그램 운영일지는 담당 사회복지사와 실제 진행자 간의 의사소통 채널로 사용되기도 합니다.

프로그램 일지에는 프로그램명, 회차 수, 운영 일자, 운영 시간, 준비물, 진행 장소, 진행자, 출석 등을 기록합니다. 활동 내용은 주요 프로그램 내용을 제목 위주로 개괄적으로 작성하고, 과정 평가는 진행 단계별로 진행 내용에 대한 진행자의 평가를 작성합니다. 개별 평가와 반응에는 참여자의 반응이나 참여 태도 등을 관찰하여 작성합니다. 진행자가 건의하거나 특이사항이 있으면 작성하고, 사진 첨부도 가능합니다. 마지막의 담당자 의견에는 진행한 프로그램이나 제언에 대해 담당자의 의견을 작성합니다.

프로그램 운영일지 예시

청소년 집단체육 프로그램 일지

<table>
<tr><td>프로그램</td><td colspan="2">청소년 집단체육</td><td>회차</td><td colspan="2">20○○-23회차</td></tr>
<tr><td>운영 일자</td><td colspan="5">20○○. 6. 25.(수) 17:00~18:30</td></tr>
<tr><td>준비물</td><td colspan="5">비치볼2, 포스트잇30매, 볼펜10, 간식10개</td></tr>
<tr><td rowspan="2">진행 장소</td><td rowspan="2" colspan="2">강당</td><td>주 진행</td><td colspan="2">김석진 강사</td></tr>
<tr><td>보조 진행</td><td colspan="2">홍길동 대학생봉사자</td></tr>
<tr><td>이용 현황</td><td>일 출석</td><td>월 출석</td><td colspan="2">년 출석</td><td>일 결석</td></tr>
<tr><td></td><td>8</td><td>25</td><td colspan="2">126</td><td>2명</td></tr>
<tr><td>활동 내용</td><td colspan="5">1. 규칙 만들기
2. 훌라후프 농구 게임 4:4 로 진행
3. 도지볼 3판 진행
4. 간식 : 아이스크림</td></tr>
<tr><td>과정 평가</td><td colspan="5">〈준비단계〉
D학생, E학생이 프로그램 10분전 도착하여 풍선 부는 것을 도와줌.

〈진행단계〉
1. 그룹 자립활동 규칙 만들기 : '우리가 활동하면서 지켜야 되는 약속'을 1인당 3개씩 포스트잇에 작성함. 비난하지 않기(5명), 욕하지 않기(5명), 울지 않기(4명), 열심히 하기(2명). 규칙을 A3로 인쇄 및 코팅하여 8월 활동부터 다 같이 한 번씩 읽고 활동 진행할 계획임. 담당자는 게임 규칙 설명 및 게임 진행을 하며 청소년들의 활동을 촉진하였음.

2. 훌라후프 농구 게임 :주먹, 가위 중 하나를 내게 하여 4:4로 팀을 나눔. 게임에 사용하려고 준비한 비치볼은 시작 전에 아이들이 놀다가 망가뜨려서 풍선으로 대체하여 진행함.
3. 도지볼: 농구공, 배구공, 축구공과 같이 큰 공을 가지고 하는 활동은 대체적으로 만족도가 높은 편으로 아이들 모두 집중해서 참여함.

〈마무리 단계〉
함께 강당을 정리하고, 아이스크림 간식을 먹고 귀가.</td></tr>
</table>

개별 평가/ 반응	- 중학교 1학년 B학생과 C학생은 스포츠를 좋아하고 잘하는 편인데도 불구하고 중학교 2학년학생 2명에게는 적극적으로 공격 및 수비를 하지 않는 모습이 보임. - A학생이 공을 세게 잘 던져서 아이들이 불만을 토로함. B학생와 C학생도 훌라후프 농구 게임 때보다는 편해져서 D학생, E학생, F학생에게 공을 세게 잘 던짐. - E학생은 최근 감정 기복이 심하다는 이야기를 들었으나 정도가 지나쳐 다른 아이들에게 부정적인 영향을 주며 담당자도 진행에 어려움을 느낌. - 중학교 1학년과 2학년은 조금씩 친해지고 있으나 이들이 함께 나누는 대화가 대부분 C학생을 놀리는 내용임. C학생은 겉으로 반응을 나타내지는 않음.
건의 및 다음 회기 계획	- 결석자 및 사유: 김철수(감기), 서은찬(시험) - C학생과 학생간 관계에 대해 담당자 개입이 필요해 보임. - 강당 내 대형 스피커 모서리 보호대 부착 요청드림. - 다음 회기 7/3(수) 준비물품: 투호용품 2세트 요청드림.
사진	(사진 첨부)
담당자 의견	- C학생과 금주 중 면담 진행 후 연락하겠음. - 강당 내 대형 스피커는 고장으로 철거예정. 시설관리팀에 의뢰 예정.

상담 기록지

일반적인 의미에서 상담이란 전문 지식을 가지고 있는 상담자가 도움이 필요한 내담자에게 합리적이고 효율적인 의사 결정을 내릴 수 있도록 상태를 파악하고 원조하는 행위를 말합니다. 사회복지 현장에서는 상담을 통해 클라이언트의 욕구를 파악하고, 서비스 제공과 관리, 사례관리 인테이크와 관리과정, 사후관리 등 다양한 영역에서 상담이 활용됩니다. 사회복지 현장 외에 일반 기업이나 회사에서도 직원들 간 교류나 업무 효율성을 위해 상담을 하고 기록을 남깁니다. 고객 상담 기록, 학생 상담 기록, 학원 상담 일지, 고객 상담 카드 등의 이름으로 불립니다.

상담 기록지에는 먼저 상담자가 누구인지, 내담자가 누구인지 인적 사항과 함께 상담 일시와 상담 의뢰 동기 등을 작성합니다. 상담은 자발적 상담인지 비자발적 상담인지에 따라 진행과정에 영향을 미침으로 의뢰자가 본인인지 사회복지사인지 학교인지 보호자인지 주민자치센터인지를 작성합니다. 상담 방법에 따라 전화, 내방, 온라인 상담 등으로 분류하기도 하며, 상담 문제 유형에 따라 경제, 학습, 건강, 우울 상담으로 분류합니다. 상담 형태에 따라 개인 상담, 집단 상담 등으로 분류되기도 합니다. 상담일지는 실제 상담 내용을 기반으로 정확하게 작성하는 것이 중요합니다. 상담자가 상담을 한 내용을 구체적으로 작성하고, 내담자가 표현한 고민이나 문제와 상담자의 의견, 판단을 구분하여 작성합니다. 상담 사유는 간략히 축약하여 작성합니다.

상담은 여러 가지 형식으로 기록할 수 있습니다. SOAP 기록법, 요약형 상담 기록, 정기 프로그램 이용자 관리과정 상담 기록, 집단상담 기록 순으로 살펴보겠습니다.

먼저 SOAP 기록법은 식별된 일자별로 문제 목록을 나열하는 방법입니다. 개별 상담 기록지를 기록 할 때 먼저 주관적 자료(Subjective data)에서는 클라이언트의 자기 보고를 근거로 클라이언트가 어떻게 인식하고 느끼는가를 작성하고, 두 번째 객관적 자료(Objective data)에서는 전문가의 직접적 관찰, 임상적 실험, 체계적인 자료 수집한 내용을 작성합니다. 세 번째로 사정(Assessment)에서는 주관적, 객관적 정보의 검토를 통해 추론된 전문가의 개념화와 결론 포함: 전문가가 특정한 문제를 제기하거나 해결하는 방법을 적고, 4번째로 단기 계획(Planning)에서는 전문가가 특정한 문제를 제기하거나 해결하는 방법을 기록합니다.

예시. 개별상담 기록 1

상담 기록지

번 호	20○○-46	상담자	전안나 사회복지사
성 명	홍길동	생년월일	196○. 5. 3. (만52세)
상담 방법	내방	상담 유형	경제
회기/일시	20○○. 8. 1.	의뢰자	행정복지센터
상담 내용			
상담 요약 및 의견	S 주관적 자료- A씨가 내방하여 요즘 코로나로 수입이 없어서 힘들다고 상담을 요청하심. O 객관적 자료 - 담당자가 A씨 통장 거래내역, 카드 사용내역, 미납고지서를 확인함. 통장 거래내역을 살펴보니 수입이 월○○만원에서 월○○만원으로 줄었고, 관리비가 ○○원이 체납되었음을 확인함. A 사정 - 담당자 확인결과 A씨는 관협회 코로나 긴급 지원 자격요건에 해당됨. A씨가 두서없고 안절부절하는 모습이 보여, 정서적 불안이 원인으로 사정함. P 단기계획 - 관협회 코로나 긴급지원금 이용 신청을 안내하고, 신청 관련 서류 5종을 안내드림. 신청서류를 20일까지 담당자에게 제출하면, 25일까지 신청을 완료하기로 함. 주 1회 정기상담을 통해 정서적 지지를 함.		

개별상담 기록지를 요약형으로 기록 시에는 상담 내용에는 내담자가 이야기한 주요 내용과 어떻게 상담을 진행했는지를 기록하고, 상담자 의견에는 상담 결과와 이후 접근 계획을 작성합니다.

예시. 개별상담 기록 2

상담 기록지

<table>
<tr><td>성 명</td><td>홍길동</td><td colspan="2">생년월일</td><td>20○○. 1. 6.(만9세)</td></tr>
<tr><td>상담자</td><td>전안나 사회복지사</td><td colspan="2">의뢰자</td><td>부</td></tr>
<tr><td>일 자</td><td colspan="2">상담 내용</td><td colspan="2">상담자 의견</td></tr>
<tr><td>1회기
7.15(수)
19:00~20:00</td><td colspan="2">라포 형성. 상담을 오게 된 경위에 대한 이야기. 아동은 상담을 통해 자신이 모르는 자신의 마음을 알고 싶다 이야기 함. 그림검사 실시.</td><td colspan="2" rowspan="3">아동의 문제행동으로 부가 상담을 의뢰. 아동도 상담에 대해 자발적이고 자신을 개선하고 싶어함.
부의 양육방식으로 인한 심리적 고통이 현저하나 이를 해결할 자원들이 부족했던 것으로 보임. 내외적으로 자원들을 탐색하고 이를 활용 할 수 있게 도와야 하겠음.</td></tr>
<tr><td>2회기
7.22(수)
19:00~20:00</td><td colspan="2">감정카드를 활용하여 여러 상황 속에서의 느껴지는 감정들을 알아봄.
현재 자신이 느껴지는 감정과 그 원인을 이야기해 보고 어떠한 감정을 가졌으면 좋겠는지에 대해 나눔.</td></tr>
<tr><td>3회기
7.29(수)
19:00~20:00</td><td colspan="2">가족에 관한 이야기를 함. 부에 대한 애틋함과 엄격함. 모에 대한 궁금함과 그리움에 대한 이야기를 나눔.</td></tr>
<tr><td>4회기
8.1(수)
19:00~20:00</td><td colspan="2">부에게 요청하고 싶은 것이 있는데 말하기 어렵다함. 부에게 효율적으로 전달할 수 있는 방법을 의논하고 연습해 봄.
아동에게 의미 있는 주변 사람들에 대한 이야기를 나눔. 그 관계 안에서 느껴지는 자신의 생각과 감정에 대해 나눔.</td><td colspan="2">안전하고 현실 상황에 맞게 본인의 감정들을 표현 할 수 있는 방법들을 함께 탐색해 보는 것이 필요하겠음.</td></tr>
</table>

정기 프로그램 이용자 관리과정 상담 기록시는 기본 정보 내용을 바탕으로, 새롭게 취득한 정보를 구분하여 작성합니다. 다음 예시는 경로식당 정기 이용자를 대상으로 코로나로 인한 변화 욕구 파악을 위한 상담 기록지입니다.

예시. 정기상담 기록

상담 기록지

대상자	홍길동	대상자번호 등	20○○- 56호
상담일자	20○○. 10. 19.	접수자명	전안나 사회복지사
상담구분	신규/ 계속	상담형태	방문
상담분야	서비스상담	상담코드	경로식당
상담제목	코로나로 인한 변화욕구 파악 상담		

상담내용

〈기본 정보〉

- 보호구분: 수급 (장애연금, 기초연금, 수급비 50여만 원 수입)
  수입대비 지출 적절하며 부채 없음. (통장관리: 동사무소 이○○주무관)
- 건강상태: 알쯔하이머 치매(20○○ ○○병원 신경과 진단)
  고혈압, 만성동맥폐색증 약 복용 중 (투약관리: 보건소 김○○간호사)
- 일상생활: 노인성 질환으로 일상생활에 어려움이 있음.
  장기 요양 3등급
  ○○재가센터 요양보호사 월~금, 09:00~12:00 활동(연락처: 010-○○○○-○○○○)
- 세대구분: 배우자 사별(20○○년)로 인한 독거
  1남1녀 있으며 정기적인 왕래 없음.
  부산 거주 딸과 수시 전화 연락 가능 (연락처: 010-○○○○-○○○○)
- 주거안정: 영구임대아파트 거주. 관리비 체납 없이 납부

〈코로나로 인한 변화 욕구〉

- 식사: 경로식당 이용 중. 식당에 나와서 밥 먹고 싶다고 표현함. 대체식보다 바로 먹을 수 있는 반찬/ 도시락 선호함.
- 심리사회 : 코로나로 복지관 방문이 어려워져서 혼자 지낼 때가 많아 우울감, 무기력감을 표현. 자주 만나는 사람이 거의 없으며 여러 사람이 모여 있는 자리는 피하는 편. 이웃 1명 외에 친구 없음. 대부분 시간을 집에서 TV 봄.

상담자 의견

- 미래 계획 시 질병이 심화되면 요양시설 입소에 대한 생각을 갖고 있으며, 해당 신청과정 도움을 요청하심
- 대학생 전화 심리지원 서비스 연계 대상자로 추천.

상담 결과

- 장기요양시설 또는 요양병원 입원에 대한 욕구를 표현함. 시설등급판정을 통한 요양시설 입소 계획 필요
- 관련 사안에 대한 보호자 의견 파악 및 진행가능 여부 확인 필요.

집단상담 과정기록에서는 참석자 이름, 날짜, 장소, 회기, 진행 시간, 목적, 계획, 상호작용 내용, 사회복지사 역할과 활동, 클라이언트 상황 또는 문제, 반응, 반응에 대한 사회복지사의 사정, 평가, 사회복지사 활동에 대한 자기분석, 차기 계획 등이 기록되어야 합니다. 평가에서는 목표 달성 및 프로그램 평가, 구성원 - 구성원 간의 성원 - 지도자 간 집단 역동성, 개인의 변화 - 참여도, 지도자 - 타 회원과 관계 등 참여자 개별 평가, 지도자 자신에 대해 역할 및 의도적 개입 평가가 기록됩니다.

예시. 집단상담 기록

가정폭력 가해자 집단상담 과정기록지

집단명	희망 누리 A팀 2회기 [가정폭력 가해자 집단상담]	일 자	20○○. 8. 7. 18:30~20:30
장 소	희망상담소 교육실	진행자	홍길동 주진행자 전안나 보조진행자
참석자	한○○(소금), 한○○(꼬맹이), 김○○(목동), 주○○(구름), 이○○(장비), 오○○(멀대), 최○○(술고래), 이○○(상도), 강○○(strong 강), 이○○(희망), 김○○(김씨), 유○○(유가네)		

1.집단상담 목표

1) 배우자와의 힘든 점을 나누면서, 자기개방을 이끌어낸다.
2) 배우자와의 힘든 원인에 대해 스스로 탐색 할 수 있도록 한다.

2.집단 진행 계획

프로그램	내 용
나를 힘들게 하는 문제 나누기 I (18:50 - 19:40)	반복되면서 나를 힘들게 하는 문제 나누고 피드백 받기
휴식	휴식 시간
나를 힘들게 하는 문제 나누기 II (20:00 - 20:30)	반복되면서 나를 힘들게 하는 문제 나누고 피드백 받기

3. 과정 기록

1) 모임 전

집단상담이 18시 30분부터 시작된다는 것을 미리 전화를 통해 주지하였으나 18시부터 구성원들이 도착하기 시작하였다. 프로그램을 시작하기 전, 진행자는 집단 구성원들의 출석을 확인하고 인사를 나눈 뒤, 지난주 만든 이름표를 앞에 놓고 앞으로 진행될 집단상담의 전체 일정을 다시 한 번 안내하였다.

〈자리 배치도〉

2) 모임 단계

- 술고래님이 자전거를 타고 다녀서 자전거에 대한 이야기로 시작하였다. 자전거의 좋은 점을 말해 달라고 하자 '술고래' 님이 "계속 밟으면 운동되고, 다리운동이 많이 된다. 호흡하는 것도 좋아진다. 원래는 축구를 했었는데 지금은 자전거를 한다"라고 하였다. 다른 회원들에게 취미활동에 대해 물어보자 '목동' 님은 "1달에 1번 등산으로 관악산을 간다"라고 하였고, '장비' 님은 "시간 없어서 못한다"라고 하였고, '상도' 님은 "일이 운동이다"라고 하였다. '강호' 님은 "운동 안 한다"라고 하였고, '희망' 님은 "집에 러닝머신이 있어서 1주에 2~3번 한다," '꼬맹이님' 은 "등산 간다. 2년간 12킬로 빠졌다. 목 다쳐서 운동 못하고 치료받는다"라고 하였다.

- 진행자가 지난 주간 득남한 이야기를 하면서 "4일간 병원에 있었더니 이곳에 모인 모든 아버지들이 위대하게 보이는데, 첫아이를 낳은 나에게 하고 싶은 말을 해달라"라고 말하자 '목동' 님은 "회사 생활로 야근을 매일 해서 나는 아이를 어떻게 낳았는지 모른다. 자는 것 만 보고 밥 같이 한 번도 못 먹었다. 지금 옆에서 볼 수 있는 게 행운이다."라고 하였다.

- 진행자가 지난 주간 소금 님 이야기를 나눈 것을 리뷰하면서 "지난주에 마음이 어려웠다".고 말하면서 혹시 아내가 나에게 "나 죽으면 어떻게 할 거야? 새 장가갈 거야?"하고 물어보면 어떻게 답하냐고 묻자 'strong 강' 님은 "아내가 그런 질문했던 기억은 난다. 다시 간다고 한다"라고 대답하였고, '꼬맹이' 님은 "재혼 준비 중이라 대답하기 어렵다. 합의는 했는데 법적 이혼은

못했다. 애가 고3이라.." 진행자가 내가 다시 결혼한다면 이런 여자는 빼고, 이런 여자랑 하고 싶다는 마음이 있는지 물어보자 '목동님'은 "지금 생각으로는 재혼 안 한다"라고 하였고, '꼬맹'님은 "애 엄마가 지혜로운 여자다. 그래서 내 생활에서는 피곤하다. 편안하게 해주는 그런 사람이 좋다. 한 번 더 이해해 주는 여자, 여우 같은 여자보다는 곰 같은 여자가 좋은 것 같다"라고 하였다.

진행자가 소도구 펀치를 꺼내 왼손 펀치로 오른손 펀치를 치면서 "계속 이렇게 치면 계속 맡고 있다가 참다가참다가 1번 했을 텐데.. 이 자리에 온 것 같다. 이것에 대해 이야기를 해보자"라고 하였다. '장비'님은 "잘 될 것이다. 내가 맞춰서 하기로 마음먹었다. 혼자 돌고 말아야지 그거(가정폭력) 해봐야 아무리 성인군자라 해도 행복 기대 못하고 현상 유지할 뿐이다"라고 하였다. '목동'님은 "참아야 한다"라고 하였고, 'strong 강'님은 "나도 그거 배우러 왔다. 잘 모르겠다. 참고 술도 먹고 들어보기고 하고.. 이제 조금 알 것 같다. 아내를 직장 상사라고 생각해 보기도 했다"라고 하였다. 진행자가 "참는 게 답은 아닐 것이다"라고 말하였다. '꼬맹'님은 "이곳에 올 정도면 (갈등이) 깊어진 거다. 노력이 필요하다. (결혼 생활은) 두 사람만의 여행이다. 상대방도 무언가 이유가 있다. 지금 상황에 대해 해결할 수 있는 계기가 있다. 이야기를 통해서도, 서로에게 관심 가져주고 들어주고, 그런데 나는 너무 시간이 길어지고 애가 있다 보니 그런 노력을 등한시했다."라고 하였다. 'strong 강'님은 "나도 여행 가고, 모델 가고, 이런 거 다 해봤다."라고 말하자 '꼬맹'님은 "여행이라 편한 건 아니다. 진지하게 이야기할 수 있는 무거운, 종교 순례 같은..."이라고 말했고, 'strong 강'님은 "다름을 이해해야 한다"라고 하였다. 진행자가 소도구 '야구 글러브'를 꺼내서 "펀치가 자꾸 칠 때는 야구 글러브로 딱 잡아버리면 된다. 받아지지 말고 잡아버리면 된다. 지금 여러 가지 이야기를 했는데 계기를 만드는 게 중요하다."라고 하자 '장비'님은 "한번해 봐야죠"라고 대답하였다.

3) 모임 마무리 단계

진행자는 지금까지의 이야기를 정리해보자면서 아내가 이혼하자는 말을 밥 먹듯이 하는 것은 행복하지 않다는 절규의 표현이며, 결혼 생활이 즐거워서 밖으로 다니면서 술 먹고 친구들을 만나는 것은 일반적으로 봐서는 아닐 것이라고 문제를 해석해 주면서, 부부간 얼마나 깊은 이해를 하고 있는가에 대해서는 시간을 두고 생각해 보자고 당부하였다. 마지막으로 진행자는 구성원들에게 오늘 집단 상담에 참여한 느낌이 어떠하였는지를 물어보았다. 먼저 '구름님'은 "너무 듣기만 하니까 지루하였다"면서 "한 명에 대해서 너무 깊숙하게 개입하는 것도 좋지만 하나의 이슈를 던지고 자유롭게 이야기하는 토론식으로 진행하는 것이 어떠냐"라고 의견을 제시하였다. '김 씨'님은 "선생님들이 너무 친절해서 좋았다"라고 대답하였으며, '멀대'님은 "테이블을 치우고 진행하니까 분위기가 좋았다"라고 하였고, '유가네'님은 "우리를 위해 좋은 일을 하고 있는 상담소의 발전을 기원한다"라고 말해 성원들의 웃음을 자아냈다. 진행자는 앞으로 참여자들의 더 많은 이야기를 나눌 수 있기를 바란다고 기대감을 표현한 뒤, 다음 시간에 꼭 참여할 것을 당부하면서 프로그램을 마무리 했다.

4.평가

1) 집단상담 초반에 진행자가 아내와의 관계에서 힘든 부분, 집단상담에 참여하러 온 것 자체에 대한 부담감에 대하여 이해해 주고 공감해 줌으로써 집단 구성원들의 긴장을 완화시키고 분위기를 부드럽게 만들었던 것으로 보인다. 이는 참여자들로부터 자연스럽게 자기개방을 이끌어 내는 데 도움이 되었다고 생각된다.
2) 구성원들에게 집단의 규칙, 향후 프로그램에서 다룰 내용 등을 명확하게 밝힘으로써 구성원들의 집단에 참여하고자 하는 동기를 촉진시키고, 집단상담을 통해 무엇을 얻어야 할지 분명한 목표의식을 갖도록 도움을 주었다고 보인다.
3) 딱딱한 집단상담의 분위기에서 벗어나 테이블을 치우고 모든 구성원들이 소외되지 않고 집단에 적극적으로 참여하도록 유도함으로써, 소수 참여자들의 자발적인 자기 경험 나누기를 통해 깊이 있게 사례를 다룬 점이 프로그램 전반에 긍정적인 영향을 미쳤다고 평가된다.
4) 반복되면서 나를 힘들게 하는 문제에 대해 오픈한 구성원에게 그 문제의 원인이 무엇인가를 구체적이면서도 반복적으로 질문함으로써 자신이 가지고 있는 문제에 대해 탐색할 수 있는 시간을 제공하였으며, 집단 모임을 통해 해결의 열쇠를 스스로 쥘 수 있도록 격려하여 참여동기를 촉진시킬 수 있었다고 보여진다.

5. 다음 계획

20○○.08.16. 18:30~20:30

슈퍼비전 기록지

사회복지 슈퍼비전은 클라이언트에 대한 최선의 서비스 제공과 사회복지사의 전문성 향상을 위해 조직 차원에서 공식적으로 실행되는 개인면담 중 사전 계약에 의해 진행되는 면담의 한 형태를 말합니다. 사전 슈퍼비전 계약(약속) 시에는 슈퍼바이저와 슈퍼바이지를 지정하고, 빈도와 주제, 슈퍼비전 목표를 정하고 시행합니다. 일반 기업에서도 리더가 일상에서 직원을 모니터링하고 성과를 내도록 하는데 가장 효과적인 직원 성과관리 방법으로 보고 최근 들어 강조하고 있는 효과적인 직원 코칭 방법이 슈퍼비전입니다.

슈퍼비전은 정기 슈퍼비전과 비정기 슈퍼비전이 있고, 시행 형태에 따라서 개별 슈퍼비전과 집단 슈퍼비전이 있습니다. 대부분은 경험이 많은 슈퍼바이저가 경험이 적은 슈퍼바이지에게 시행하지만, 피어 슈퍼비전으로 동료 상호 간에 시행하기도 합니다.

슈퍼비전 진행 후에는 슈퍼비전 기록지를 작성합니다. 슈퍼비전 기록지 양식은 회차, 일시 및 시간, 슈퍼바이저, 슈퍼바이지, 직전 회기 슈퍼비전 진행사항 및 점검, 슈퍼비전 안건, 주요 슈퍼비전 내용, 차기 진행일정, 슈퍼바이저 보충 의견 등의 내용으로 구성합니다.

1. 직전 회기 슈퍼비전 진행사항과 점검: 이전 슈퍼비전 주요 내용을 요약형으로 작성하고, 미실시 했을 경우에는 미실시 사유와 추후 실행과 점검 시기를 작성합니다.

2. 슈퍼비전 안건: 슈퍼비전 받고 싶은 사안을 슈퍼바이지가 적습니다. 일부 기관에서는 이 항목만 별도로 분리하여 '슈퍼비전 요청서'로 작성하기도 합니다. 슈퍼비전 받

고 싶은 사안은 자유롭게 작성하도록 특별한 형식을 제시하지 않는 것을 권장합니다. 슈퍼비전 받고 싶은 사안은 슈퍼비전 며칠 전에 제출합니다. 슈퍼바이저도 준비할 시간이 필요합니다. 또한 슈퍼비전 받고 싶은 내용과 관련된 상위 관리자와 논의할 수 있는 시간 확보가 필요합니다.

3. 주요 슈퍼비전 내용: 이번 회기에서 진행된 내용과 과정을 기록합니다. 간략하게 항목별로 분류하여 작성하거나 소제목을 달아서 작성하면 보기 좋습니다.

4. 차기 진행 일정과 건의사항: 다음 슈퍼비전 일정과 다음 회기에서 다룰 정기 슈퍼비전 내용을 작성하고, 슈퍼바이저에게 건의사항이 있으면 작성합니다.

5. 슈퍼바이저 보충 의견: 제출된 슈퍼비전 기록지에 슈퍼바이저가 작성하는 내용으로 슈퍼비전 받은 사항 중 누락된 부분이 있으면 보충하고, 중요한 사안을 강조 또는 격려하는 내용을 작성합니다.

예시 1. 집단 슈퍼비전 기록지

회 차	2회	일시/ 시간	20○○. 2. 22.
슈퍼바이저	희망복지대학교 홍길동 교수(인)	슈퍼바이지	전안나 과장(인) 김우주 부장(인) 이은성 관장(인)
구 분	내 용		
전회기 슈퍼비전 진행사항과 점검	1회기 - 슈퍼비전 계약 체결 - 미션비전 리더급 사전 스터디를 바탕으로 전 직원 회의 진행함		
슈퍼비전 안건	전 직원 회의 결과를 반영한 미션 비전 재정립에 대한 논의 결과 1) 기관 SWOT 분석 시행 2) 우리 기관의 존재 이유(미션)에 대한 논의 3) 1과 2를 반영하여 우리 미션에 꼭 들어가야 할 핵심 단어 의견 ① 핵심 단어: 섬기는, 변화 공동체, 행복, 지역사회, 주민, 서로 돕는, 주민의 삶, 전문가, 브랜드화, 소통, 허브, 행복, 최고의 복지, 서비스 ② 미션에 담고 싶은 뜻: 최선을 다해서 최고, 더 나은, 전문적인 사회복지 실천을 하고 싶다 / 주민들이 스스로, 삶의 질 향상, 지역 공동체성 향상, 사회 문제 해결, 포용하는 지역사회를 만들어가고 싶다.		

주요 슈퍼비전 내용	1.용어를 혼용하여 사용하는 경향이 있음 - 미션 mission: 존재이유, 일종의 장기목표로 달성해야 하는 것 - 비젼 vision: 무엇을 할것인지, 방향 2. 미션 고려사항 4가지가 있는데, 현재 논의된 내용에는 반영이 되지 않은 것처럼 보임 - 법인의 설립 정신 - 사회복지・사회사업 NASW: 어려움, 취약, 가난한 이에게 특별한 관심, 기본 욕구충족, 안녕한 상태 향상이 목표 / 사협회 「사회복지사윤리강령 전문」: 도움이 필요한 사람의 사회적 지위와 기능 향상 - 기관의 핵심방향, 목적: 지역사회문제 예방, 해결로 복지증진, 삶의 질 향상 - 고객(내부고객, 외부고객, 지역사회)의 요구/ 기대치: 욕구조사, 이용자 조사결과 반영 3. 슈퍼바이지 의견 - 핵심 용어가 비슷하면서 조금씩 뉘앙스가 달라서 어떤 단어를 선택하기 어려움 - 미션 비전에 대해 아직도 헷갈리는 부분이 있음 - 직급별로, 연차별로 현재 미션도 내재화 정도가 다름 - 전 직원 회의보다 연차별/ 팀별 회의가 논의에 더 적절할 듯 4. 다음 회기까지 과제 - 2/24 부서장 회의 - 2/28 전 직원 2차 회의 진행
차기 진행 일정과 건의사항	1. 3차 슈퍼비전 진행일정 - 20○○. 3. 25.(수) 10:30~12:00 - 안건 : 전 직원 2차 논의를 반영한 미션 핵심 용어 도출 2. 건의사항: 복지관 기능 정립 방안 관련 자료 열람 희망함
슈퍼바이저 보충 의견	- 전 직원이 함께 참여하는 미션 비전 재정립 과정은 내재화에 중요함. 전 직원 논의하고 합의하는 과정 가치가 좋은 학습 경험이 될 것임. - 복지관 기능 정립 방안 관련 논문 자료는 내일까지 메일로 전달 예정

예시 2. 개인 슈퍼비전 기록지

일시/ 시간	20○○. 2. 22.	회 차	23회기
수퍼바이저	전안나 과장	수퍼바이지	홍길동 사회복지사(인)
슈퍼비전 목표	20○○년 사업계획서 작성을 위한 어르신일자리 사업단별 주요 사업 방향 논의		

슈퍼비전 받고 싶은 사안	1. 사업단별 인원 구성 협의 2. 단기전략 중 20○○년 사업계획에 적용할 부분
슈퍼비전 내용	1. 사업단별 인원 구성 협의 - 시설지킴이 사업 폐지 방향으로 내년도 인원 10% 감소 추진 - 감소되는 인원만큼 방역사업단 사업으로 편성 - 그 외 사업단 현원 유지 2. 20○○년 사업단 구성 시 고려부분 - 노노케어: 담당자 모니터링 활동 강화 유동식 조리와 배달활동조 가능성 조장과 협의 필요 - 신규사업: 방역사업단 신설 진행 - 우리동네지킴이: 화단가꾸기 활동 확대 - 스쿨존/ 초등 급식/ 시설지킴이: 친절교육사전 실습교육실시
차기 일정	24회기 - 3월 2주 목요일 10시

예시 3. 사례관리 슈퍼비전 기록지

일시/ 시간	20○○. 4. 22.	회 차	2회기
수퍼바이저	이은성 과장	수퍼바이지	전안나 사회복지사(인)
사례 요약	사례 정보 아동청소년 사례관리 대상 김○○(중1/ 모자가정 / 수급) · CT의 강점: 차분하고 성실하고 예의가 바름. 학교나 학원에서 선생님들에게 칭찬을 많이 받으며 인정받음. 학업 성취도가 높은 편이며 친구들과 관계 원만 · 가족의 강점: CT 모가 자녀와 대화를 많이 하며 자녀와 모친의 관계가 좋음. 같은 구에 외조모가 거주하며 아동 양육에 대해 필요시 도움을 주심. 모친이 아르바이트를 통해 경제활동을 하려는 의지가 있음. · 가계도 분석: CT 모가 어린이집 교사로 일하던 중 ○○사건이 발생하여 보상금을 지불하면서 일반 수급자가 되었으며 이때 남편과 이혼함(○○년). 현재 모친이 자녀를 양육하고 남는 시간 동안에 아르바이트를 하고, 필요시 외조모의 도움을 받음 · 사회적지지망: 공식적인 지지자 원 - 동사무소(수급급여 85만 원/ 모자세대), 복지관(방과 후교실, 결연 후원, 석식·도시락 지원), 학교(담임교사)/ 비공식적 지지자원- 외조모 => 비공식적인 지지망보다 공식적인 지지망이 많음. · 의식주: 식생활은 하루 2끼 식사 중으로 점심은 학교, 저녁은 집에서 먹음. 저녁시간 모가 아르바이트로 부재하여 아동 석식서 비스 연계 중. 키가 크고 마른 편으로 안경 착용. 의복 관리 잘 되나 보유는 적은 편		

사례 요약	· 비전/ 진로: 구체적인 비전이나 진로 계획 없음. 하고 싶은 것은 있으나 확실한 계획은 없음. 학습에 대한 지원이 필요하다고 CT 모가 말하여 무료 학원 서비스 연계 중 · 정서/ 문화: 가족이 함께 문화체험을 한 적이 없으며 학교나 복지관의 문화체험 이용 중 자신의 감정 표현 부족. 사춘기로 가끔 신경질적인 반응이 있으나 인지, 행동, 학습, 예절 모두 뛰어남. 자신에 대한 표현, 상대에 대한 인식과 이해하는 능력 보통이며 대인관계는 전반적으로 원만함 · 가정환경: 가족관계 좋으며 양육자 역할 바람직하고 주거관리 적절히 됨. 담당자의견 · CT: 사춘기로 인해 교사, 부모, 친구들과 갈등에 대한 정서적 지지와 상담 필요 · CT 모: 민사소송/ 합의 등 법적 절차에 대한 정보, 사춘기 자녀 지도에 대한 양육 방법, 정보 부모교육 필요. 부채 상환과 개인파산 면제 위한 격려
슈퍼비전 받고 싶은 사안	1. CT 모 관련: ㅇㅇ사건의 집행유예가 종료되었으나 상대편이 높은 합의금을 요구하여 아직 합의를 하지 못함. 집행유예 종료 이후에는 민사소송이 시행될 수 있어서 소송과 합의 관련 불안감이 매우 큼. 관련 법률 정보 연계를 통한 지원이 필요하나 사회복지사가 잘 인지하고 못하고 있는 영역으로 중요한 개입 욕구임에도 불구하고 적절한 서비스 지원 안 되고 있다는 생각이 듦. 2. 자원의 공정한 분배: CT-학원 무료 서비스 300만원 상당, 야간보호서비스 80만원 상당, CT와 동생- 식사서비스 200만원 상당, CT 가족- 물품 후원 50만원, 경제적 지원 200만원 등 직접적인 서비스 비용만 약 2년간(20ㅇㅇ년 5월~ 현재) 730만원 상당한 서비스 투입 비용이 지속되고 있고, 당분간은 지속될 예정인데, 자원의 공정한 분배와 관련하여 적절한가에 대한 윤리적 딜레마가 있음. 담당자가 애정을 가지고 있는 사례로 타 사례에게 분배되어야 하는 자원이 적절하지 않은 분배가 되는 것은 아닌가?
슈퍼비전 주요 내용	1. 본 사례는 아동청소년 사례관리라고 하였으나 실제 투입내용은 CT와 CT 동생, CT 모에 까지 개입하는 '가족 사례관리'로 보임. 가족 사례관리로 변경하고 CT 1+2+3 등 가족 구성원 전체를 대상으로 사례관리 접근이 필요함. 2. 안건1은 이 가정에 많은 영향을 끼치는 요인으로 개입이 필요해 보임. 사회복지사가 모든 부분을 다 알 수는 없음. 해당 분야의 전문가를 활용하면 더 적절한 지원을 할 수 있음. 매주 2/4주 수요일 오전 구청 자문 변호사를 통한 상담 연계가 가능함으로, 클라이언트와 함께 담당 사회복지사가 법률 자문을 받도록 함. 관련 서비스 지원은 다시 논의하도록 함. 3. 자원의 공정한 분배는 객관적으로 그렇다 혹은 아니다 말하기 어려운 주관적인 판단이 개입되는 요소로 보임. 관련 윤리적 민감성을 가진 부분은 칭찬함. 관련 서비스/ 자원 연계 시 개인의 판단에 따라 처리한 것이 아니라, 팀 차원의 사례회의를 통해서 진행이 되었다면 다른 사회복지사들도 필요성에 동의하는 것으로 보임. 6월에 있을 사례 중간 점검회의 시 해당 안건으로 함께 논의 제안. 이러한 지원이 본 가정의 자립을 늦추는 부작용이 염려된다면, 사례관리 개입 목표 중에 자립에 대한 부분을 CT 모(CT 3)와 논의하고 개입 목표를 세워서 진행하는 방향을 제안함

회의록

회의록은 회의의 진행 경과와 내용, 결과를 사실에 입각하여 충실하게 기록한 문서로 어떠한 안건을 주제로 참석자들이 서로의 생각이나 의견 교환을 통해 결론을 도출하는 과정을 기록한 문서입니다. 회의록을 작성하는 목적은 회의 내용의 기록, 보존, 공표에 있습니다. 특별히 비밀을 유지해야 하는 것이 아닌 경우에는 모두 회의록에 기록해야 하며, 회의록 작성 시에는 일시, 장소, 출석자 수, 참석자 이름, 회의 순서와 내용, 합의 사항과 미결 사항을 기록합니다. 토론 내용이나 시시비비는 기록하지 않고 표결 결과는 찬반 표수를 적습니다.

회의 내용은 간단명료하게 쓰는 방법과 세밀하게 쓰는 방법이 있습니다. 간단명료하게 쓸 때는 요약 형식으로 작성하고, 세밀하게 쓸 때는 대화체로 작성합니다. 이의가 있는 경우 수정동의하고 표결에 의해 수정합니다. 확정된 회의록은 대표나 작성자가 서명하거나, 참여자 전체가 서명합니다.

예시 1. 간단명료하게 작성하는 회의록

회의록

주 제	경로식당 식자재 납품업체 선정회의
일 시	20○○. 11. 15.(수) 13:30~15:00
장 소	희망종합사회복지관 강당
참석자	당연위원 - 기관장 홍길동(인), 희망2동장 이영희(인) 위촉 위원 - 직원대표 이정하(인), 후원자 대표 김철수(인) 봉사자 대표 이영서(인), 봉사자 대표 이은별(인), 이용자 대표 황영은(인), 이용자 대표 황영은(인), 공익단체 추천 김성호(인), 공익단체 추천 이은성(인)
회의내용	1. 경로사업과 식사재 납품 소개 2. 식자재 납품업체 브리핑 (회사당 5분 이내) A 식자재업체 브리핑 - 햅씨 인증, 유기농 식자재로 단가 높음 B 식자재업체 브리핑 - 자체 제조 공장 보유하여 대체식 저렴 C 식자재업체 브리핑 - 가장 규모가 큰 대기업. 납품 실적 우수 3. 운영위원 질의응답 4. 채점표 작성 5. 최종 선정 업체 발표 총점 187점으로 A업체 1순위 총점 156점으로 C업체 2순위 6. 결과: A 식자재업체 선정 2026년 1년간 납품 예정
비 고	회사대표 인감증명을 첨부하여 계약 체결 예정. 체결일 미정. 서류 발급 후 일정 협의 예정

예시 2. 세밀하게 작성하는 회의록

회의록

주 제	경로식당 식자재 납품업체 선정회의
일 시	20○○. 11. 15.(수) 13:30~15:00
장 소	희망종합사회복지관 강당

참석자	위원장 - 홍길동 당연위원 - 기관장 김동성(인), 희망2동장 이영희(인) 위촉 위원 - 직원대표 이정하(인), 후원자 대표 김철수(인) 봉사자 대표 이영서(인), 봉사자 대표 이은별(인), 이용자 대표 황영은(인), 공익단체 추천 김성호(인), 공익단체 추천 이은성(인)
참관 및 발표	A 업체 김철수 과장 B 업체 노유리 담당 C 업체 이영희 과장 경로식당 담당 서신아 팀장
회의 내용	1. 개회선언 홍길동 위원장 : 운영위원 10명 중 10명이 참석하여 성원이 되었음을 확인하고, 13시 35분 개회를 선언합니다. 회의 순서는 절차에 따라 보고사항, 심의사항 순으로 진행합니다. 먼저, 복지관 경로식당 담당 서신아 팀장이 경로식당과 식사재 납품 진행 절차에 대해 설명을 하겠습니다. 2. 경로식당 사업과 식자재 납품 소개 서신아 팀장: 저희 기관 경로식당은 식수 인원 498명, 주간 식사 제공 횟수는 식사배달 5회, 식사 5회, 밑반찬 2회로 총 7회로 식자재 납품은 주 5회 진행됩니다. 연간 사업 예산 규모가 4억으로, 나라장터 입찰을 통해 납품 업체 선정을 진행합니다. 전체 10개 업체가 서류 심사에 참여하였고 적격 심사를 거쳐 오늘 3개 업체의 브리핑을 통해 최종 업체 선정을 진행합니다. 최고점 기준으로 협상에 의한 계약을 진행하고, 최고점 자가 계약 포기 시 차점자순으로 협상을 진행합니다.
	3. 식자재 납품업체 브리핑 홍길동 위원장 : A업체, B업체, C업체 순으로 브리핑을 진행합니다. 회사당 5분 이내로 간략히 부탁드립니다. A업체 김철수 과장 (지면상 생략) B업체 노유리 담당 (지면상 생략) C업체 이영희 과장 (지면상 생략) 3. 운영위원 질의응답 김철수 위원: 신선 제품 구매는 어떻게 되는지요? C업체 이영희 과장: 타 업체는 전날 구매 후 공장에서 전처리해서 납품하는데, 저희 업체는 과일과 채소는 당일 경동시장에서 직접 구매하고 바로 납품합니다. 당일 새벽 산지에서 올라온 제품을 바로 배송하여 신선도가 다릅니다. B업체 노유리 담당 : 저희는 신선제품을 대량 구매하여 저렴하게 제공하고 있습니다. 지역별로 4개의 식자재 창고가 구비 되어있어서 각 기관에서 가장 가까운 식자재 창고에서 새벽 배송으로 진행됩니다. 김철수 위원: 다른 업체도 햅썹 인증을 받으셨나요? C업체 이영희 과장: 네 저희도 인증받았습니다. B업체 노유리 담당: 저희는 준비 중입니다.

회의 내용	이은별 위원: 각 업체 모두 다 훌륭하신데, 다른 곳보다 특별히 이건 더 자신 있다 하는 부분은 무엇인가요? C업체 이영희 과장: 저희는 자체 제조공장을 보유하여 대체식 가격이 저렴합니다. 타 업체 납품가보다 20% 이하 저렴한 가격으로 제공합니다. B업체 노유리 담당: 가장 규모가 큰 대기업입니다. 납품 실적이 식자재 업체 중 1등입니다. 안정성 면에서 확실합니다. A업체 김철수 과장: 햅썹 인증을 받은 점과 유기농 식자재를 사용한다는 점입니다. 홍길동 위원장 : 더 질문 있으신가요? 없으면 이상으로 질의를 마치도록 하겠습니다. 4. 심의표 작성 홍길동 위원장: 회사별 설명과 질의응답을 참고하여 심의료를 작성하여 주십시오. 작성이 끝나면 앞으로 제출해주십시오. 5. 최종 선정 업체 발표 홍길동 위원장: 합산 결과 A업체 187점, B업체 155점, C업체 156점입니다. 최종 선정 업체 발표합니다. 총점 187점으로 A업체 1순위, 총점 156점으로 C업체 2순위입니다. 6. 결과 - 합의 사항: A 식자재 업체 선정 20○○년 1년간 납품 예정 - 미결 사항: 회사 대표 인감증명을 첨부하여 계약 체결 예정. 체결일 미정. 서류 발급 후 일정 협의 예정
비 고	

예시 3. 요약 발췌형으로 작성하는 회의록

일 시	20○○년 ○월 ○일
장 소	○○재가복지센터
주 제	20○○년 ○회 운영위원회의
참석자 이름	홍길동(인), 이영희(인), 이정하(인), 김철수(인) 이영서(인), 이은별(인), 황영은(인), 김성호(인), 이은성(인)
불참자 이름	김은철 위원 - 개인사정
회의 내용	1. 개회 선언 - 홍길동 위원장 : 운영위원 10명 중 9명이 참석하여 성원이 되었음을 확인하고, _시 _분 개회를 선언함 - 홍길동 위원장 : 회의 순서는 절차에 따라 보고사항, 심의사항 순으로 진행하겠다고 밝히고, 이의 없음을 확인함.

2. 보고 안건
- 홍길동 위원장 : 시설장이신 김동성 위원이 보고하여 주기를 바랍니다.
- 김동성 위원 : 순서에 따라 다음과 같이 보고함.
  1) 시설의 회계와 예산결산에 관한 사항- 20○○년 ○분기 결산 보고
  2) 후원금 조성과 집행에 관한 사항- 20○○년 ○분기 후원금 수입사용보고
  3) 그 밖에 시설운영과 관련된 사건사고에 관한 사항

3. 심의 안건
- 홍길동 위원장: 지금부터 시설 운영계획 수립 평가에 관한 사항, 센터 운영 프로그램의 개발 평가에 관한 사항, 시설 종사자와 이용 아동의 환경개선과 고충처리 등에 관한 사항, 시설과 지역사회와의 협력, 후원에 관한 사항 심의가 있겠습니다.

- 이영서 위원: ○○사업을 시도하는 이유가 무엇인가요?
- 김동성 위원: 올해 처음으로 가족지원 프로그램을 처음 시도해 보는데요, 요즘 사회적으로 아동학대가 이슈가 되고 있니다. 아이들이 코로나로 학교를 가지 않고 가정보육을 하다보니, 보호자의 양육 스트레스를 감소해서 아이들과 좋은 관계를 맺도록 돕는 것이 필요하다는 생각이 들어서 기획하였습니다. 해당 사업비는 000원인데, ○○재단 프로포절에 참여해 볼 예정입니다.

- 이정하 위원: 이월금 내역과 어떻게 사용되는지요?
- 김동성 위원: 사업수입 ○○○원과, 정부지원금 ○○○원, 전입금 ○○○원 입니다. 정부지원금 잔액은 이자와 함께 반납 예정입니다. 그 외 예산은 이월 후 승인받아 사용가능합니다.

- 김철수 위원: ○○프로그램은 내용이 무엇인가요?
- 황영은 위원: ○○구청에서 주최하는 ○○구 9개 기관 연합 음악행사입니다. 우리 기관은 작년에는 1학년 아이들이 합창으로 참여했고, 올해는 고학년 3명이 트리오로 트로트곡으로 참여하였습니다.

- 홍길동 위원장: 20○○년 결산보고와 이월금 사용에 동의하십니까?
- 이은성 위원: 동의합니다.
- 김성호 위원: 동의합니다.
- 홍길동 위원장: 재청하십니까?
- 황영은 위원: 재청합니다

- 홍길동 위원장: 이상 20○○년 결산보고와 이월금 사용 심의에 가 하십니까?
- 이은별 위원: 가 합니다.
- 이정하 위원: 가 합니다.
- 김철수 위원: 가 합니다
- 홍길동 위원장 : ○○○위원의 동의와 ○○○위원의 재청, 전원찬성으로 20○○년 연간 사업계획안이 의결되었음을 선포합니다.

4. 기타 안건
없음

회의 내용	5. 폐회 선언 - 위원장 : 이상과 같이 심의 내용에 대한 논의와 의결을 마쳤습니다. 위 내용에 틀림이 없음을 확인하고, 다음 회의 일정은 운영위원회 계획에 따라 20○○년 ○월 ○일로 정하고 폐회를 선언합니다. 2○○년 ○차 운영위원회 의결사항과 보고사항에 틀림이 없음을 확인하고, 출석위원 전원이 기명 날인 20○○년 ○월 ○일 홍길동(인), 이영희(인), 이정하(인), 김철수(인) 이영서(인), 이은별(인), 황영은(인), 김성호(인), 이은성(인)
기 타	다음 회의: 20○○년 ○월 ○일

교육보고서

교육보고서는 직원이 교육연수를 이수한 다음, 그 결과를 시설에 보고할 때 작성하는 서식입니다. 직원교육이란 업무 수행에 필요한 지식과 기능을 습득하고, 직원의 자질 향상을 목적으로 실시하는 것으로, 직원은 과정을 성실히 이수하고 이를 시설에 보고해야 합니다.

교육일정과 내용을 명확하게 작성하여 보고하고자 하는 내용이 무엇인지를 한눈에 쉽게 알 수 있도록 작성합니다. 교육보고서에는 작성자, 교육명, 강사명, 교육장소, 교육일자, 교육기관, 교육목적, 참석자, 교육내용, 소감과 건의사항, 평가, 기타 사항이나 첨부 파일 등을 기록합니다. 교육보고서 기본 사항은 객관적인 사실을 바탕으로 단답형으로 작성합니다. 교육을 받은 직원의 교육훈련 내용을 시설 내에 전달할 필요가 있다고 인정되는 경우에는 전달교육을 시행할 수 있으므로, 교육 내용은 교육에서 배운 내용을 요약형으로 작성합니다. 기타 사항과 첨부 파일로는 교육 자료나 교육 수료증을 첨부할 수 있습니다.

예시. 교육보고서 작성

교육보고서

1. 교육명: 사회복지사 보수교육
2. 교육 일시: 20○○. 6. 23.(수) 9:00~18:00 8시간
3. 교육 장소: ○○사회복지사협회 세미나실
4. 교육 기관: ○○사회복지사협회
5. 참석자: 홍길동
6. 교육 목적: 법정 보수교육 이수
7. 교육 일정/ 내용/ 강사

날 짜	시 간	내 용	강 사
20○○. 6. 23.(수)	9:00~12:00	대상별 사회복지실천 접근법과 개입기술	안영희 교수
	13:00~15:00	인권옹호와 윤리의식	이철수 관장
	15:00~18:00	목표관리와 시간관리	김영수 대표

8. 세부 교육내용

1) 대상별 사회복지실천 접근법과 개입기술

- 논리모델의 활용: 상황 -> 투입 -> 활동 -> 산출 -> 성과(단기/ 중기/ 장기: 파급효과)
- 논리모델 구축순서:

① 상황 분석: 개입이 필요한 문제조건이나 상황에 대한 분석
② 성과 확인: 사업을 실시해서 변화될 상황의 모습을 구체화시킴.
③ 산출, 활동 계획 : 성과 달성을 가능케 하는 활동과 산출 열거
④ 투입 계획: 활동에 투입될 자원 열거
⑤ 모델 확인: 투입부터 성과로 가면서 논리적 연계성 확인

- 논리모델의 성과측정: 논리모델은 그자체로서 경험적인 검증이 되지못하고 논리모델은 단지 구성 요소들 간의 논리적 적절성을 검토하는데 적절한 대안이다. 성과측정을 위해서는 성과를 경험적으로 제시할 수 있는 지표가 수반되어야 함. 지표는 일종의 증거나 정보로서 성과가 달성되었는지를 확인시켜주는 경험치를 나타냄. 성과와 성과지표는 반드시 일치된 개념이 아닐 수 있음. 성과지표는 보통 특정 수치로 나타내는데 몇 점, 몇%, 변화유무, 빈도로 표현될 수 있다.

- 향상된 정도는 사전 사후 대비 %(최대 15% 넘기기 어려움), 참여자 ○○명 중 ○○명 등으

로 표현가능성과, 평가를 위해서는 성과, 성과지표, 자료원, 자료수집 방법, 자료수집 시기가 규명되어 있어야 함.

2) 인권옹호와 윤리의식
(지면관계상 내용 생략)

3) 목표관리와 시간관리
(지면관계상 내용 생략)

9. 업무 적용점
- 논리 모델: 최근에 복지관에서 논리 모델에 대해 강의를 들었지만, 좀 어려웠었는데 이번 교육을 다시 들으면서 예전보다 많이 이해가 되었다. 7월 말 사회복지공동모금회 프로포절 작성 시와 11월 사업계획서 작성 시 논리 모델을 활용하기 좋을 것 같다.
- 인권교육: 평소 인권에 대해 많이 생각해 보지 않았는데 초대 UN 인권대사가 와서 강의를 한 것이 신선했다. 빈민, 다문화(외국인), 여성, 북한 등 사회적 소외계층에 대해 인권의 개념으로는 생각해 본 적이 없는데 사회복지사들에게 필요한 관점이라고 생각된다. 12월에 전달교육 시행 준비 예정이다.
- 성과관리: 예전에 들었던 강의였지만 오랜만에 다시 들으니 새로운 시각으로 목표관리와 성과관리, 시간관리에 대해 인식하게 더 되었다. 최근 직원들 중에 시간관리와 목표관리에 대해 정확히 인지를 못하고 있거나 어떻게 적용해야 하는지 모르고 있는 경우가 있는데 매니징 때 활용하여 실질적인 도움이 되도록 하겠다.

10. 교육 소감
하루 동안의 교육이 부담이 되었지만, 주제별로 강사가 이력이 특이하면서도 전문적이었다. 배웠던 것을 복습하기도 하고, 완전히 새로운 강의도 있었지만 업무에 적용할 수 있는 적용점이 많은 보수 교육이었다. 끝.

업무일지

업무일지는 직장에서 맡은 일이나 맡은 일을 처리한 내용을 적은 기록을 말합니다. 업무 담당자의 일지를 통해 부서원의 직무 분석이 가능하며 일의 진행도 체크와 본인에게 업무의 수시, 주간, 월간 분석이 가능하므로 근무 시간 관리에서도 효율적인 방법입니다. 또 작성된 일일·주간 업무일지를 상호 공유하는 것은 부서원들이 서로의 업무에 대해 업무 진행 상황을 공유하는 의미도 있습니다.

업무일지는 작성자의 업무 내용, 업무 진행 사항을 충분히 알아볼 수 있도록 작성합니다. 업무 일지에는 업무명과 업무 진행기간, 업무의 종류, 업무 목적에 따라 그 진행 상황을 기록합니다. 효과적인 업무일지를 작성하기 위해서는 문장의 형태를 서술적으로 작성하지 말고 각 내용을 일목요연하게 구성하여 핵심 포인트를 정확하게 전달하는 것이 좋습니다. 문장은 내용이 너무 길어지지 않게 하되 핵심적 내용을 기재해야 합니다. 업무일지를 공유하는 동료나 상사는 쉽게 이해하기 어려울 수 있으므로 가능하면 요약을 하되 이해하기 쉽도록 작성합니다. 업무일지 작성 시에는 본인의 업무를 과장하거나 축소하지 말아야 합니다.

일 단위로 업무일지를 작성 시에는, 양식 제일 위에는 작성자의 성명, 부서, 직책, 작성 일을 작성합니다. 업무 일지에 근태를 함께 기록하는 경우에는 출근/ 퇴근/ 조퇴/ 지각/ 결근/ 휴가/ 교육/ 출장에 해당하는 칸에 시간을 적고, 정시 출퇴근 외에 사유가 있을 시에는 근태 사유를 작성합니다. 업무계획은 오전과 오후로 나누어서 주요 계획 위주로 작성하고, 실제 업무 수행 내용에는 업무 시간과 업무 수행한 내용을 작성합니다. 직접 업무는 직무기술서상 담당 업무를 작성하고, 간접 업무는 부서/ 기관 공동 업무나 업무협조, 회의, 교육 등을 작성합니다. 보통 업무 일지를 일일 또는 주 단위나 월단위의 업무 보고 형식으로 사용하는데요, 업무의 내용에 따라 당직일지, 출장일지, 상담일지, 등 다양한 형태로 작성하기도 합니다.

예시 1. 근태와 함께 일지를 작성하는 경우

업무일지

<table>
<tr><td>성 명</td><td colspan="3">홍길동</td><td colspan="2">부 서</td><td colspan="3">운영 총괄</td></tr>
<tr><td>직 책</td><td colspan="3">부장</td><td colspan="2">작성일</td><td colspan="3">20○○. 6. 25. (수)</td></tr>
<tr><td rowspan="2">근 태</td><td>출근</td><td>퇴근</td><td>조퇴</td><td>지각</td><td>결근</td><td>휴가</td><td>교육</td><td>출장</td></tr>
<tr><td>08:50</td><td>18:00</td><td>-</td><td>-</td><td>-</td><td>-</td><td>-</td><td>-</td></tr>
<tr><td>근태 사유</td><td colspan="8">특이 사항 없음</td></tr>
<tr><td rowspan="11">업 무</td><td colspan="3" rowspan="2">업무 계획</td><td colspan="5">업무 수행</td></tr>
<tr><td colspan="2">업무 시간</td><td colspan="3">직접 업무</td></tr>
<tr><td rowspan="4">오 전</td><td colspan="2" rowspan="4">· 계획서 작성
· 팀장 회의
· 내담자 전화
· 집단P 준비</td><td colspan="2">9:00~10:00</td><td colspan="3">사업계획서 작성</td></tr>
<tr><td colspan="2">10:00~11:00</td><td colspan="3">팀장 회의</td></tr>
<tr><td colspan="2">11:00~12:00</td><td colspan="3">내담자 전화, 후원자 연락</td></tr>
<tr><td colspan="2">12:00~13:00</td><td colspan="3">휴게 시간</td></tr>
<tr><td rowspan="5">오 후</td><td colspan="2" rowspan="5">· 팀 주간회의
· 집단P 진행
· 개별 sv 4명
15:00~16:00
16:00~17:00</td><td colspan="2">13:00~14:00</td><td colspan="3">팀 주간 회의</td></tr>
<tr><td colspan="2">14:00~15:00</td><td colspan="3" rowspan="2">집단 프로그램
진행/ 마무리</td></tr>
<tr><td colspan="2">15:00~16:00</td></tr>
<tr><td colspan="2">16:00~17:00</td><td colspan="3">개별 슈퍼비전 3</td></tr>
<tr><td colspan="2">17:00~18:00</td><td colspan="3">민원인 응대</td></tr>
<tr><td>업무 중
주요 사항</td><td colspan="8">- 주요 사항: ○○○ 후원자와 기관장 미팅 희망
20○○년 사업계획서 작성 관련 팀장 논의 필요
- 미진 업무: 개별 슈퍼비전 1명 미진행 (내일 15시로 연기)</td></tr>
<tr><td>기 타</td><td colspan="8"></td></tr>
</table>

예시 2. 일지만 작성하는 경우

업무일지

<table>
<tr><td>일시/ 부서/ 이름</td><td colspan="3">20○○. 6. 25. / 총무팀 / 홍길동</td></tr>
<tr><td>업무 시간</td><td>업무 계획</td><td>직접 업무</td><td>간접 업무</td></tr>
<tr><td>09:00~10:00</td><td rowspan="3">· 계획서 작성
· 팀장 회의
· 내담자 전화
· 집단P 준비</td><td>사업계획서 작성</td><td>-</td></tr>
<tr><td>10:00~11:00</td><td>-</td><td>팀장 회의</td></tr>
<tr><td>11:00~12:00</td><td>내담자 전화
후원자 연락</td><td>-</td></tr>
<tr><td>12:00~13:00</td><td colspan="3">휴게 시간</td></tr>
<tr><td>13:00~14:00</td><td rowspan="5">· 팀 주간회의
· 집단P 진행
· 개별 sv 4명</td><td>-</td><td>팀 주간 회의</td></tr>
<tr><td>14:00~15:00</td><td rowspan="2">집단프로그램
진행/ 마무리</td><td rowspan="2">-</td></tr>
<tr><td>15:00~16:00</td></tr>
<tr><td>16:00~17:00</td><td rowspan="2">개별 슈퍼비전</td><td rowspan="2">타 부서 민원인 응대</td></tr>
<tr><td>17:00~18:00</td></tr>
</table>

예시 3. 재택 근무용 업무일지

○ 일시 : 2021. ○○. ○○.(○요일) (제출 시기: 매일 ○○시까지)

소 속	부서명		직 급	
	성 명		이메일	
근무지	주 소			
	장 소			
	전 화	(유선)	(휴대전화)	

금일 업무 수행 내용

〔 **업무명 : ○○계획 수립**〕 ※ 소요 시간별 작성

소요 시간	추진 업무
09:00 ~ 12:00(3시간)	세부 추진 계획 수립

〔 **업무명 : ○○유형 분석**〕 ※ 소요 시간별 작성

소요 시간	추진 업무
13:00 ~ 15:00(2시간)	유형별 엑셀 작업 실시 및 통계 작업
· ·	

〔 **업무명 : ○○만족도 조사 보고서 작성**〕 ※ 소요 시간별 작성

소요 시간	추진 업무
16:00~ 18:00(2시간)	○○ 만족도 분석
· ·	

위와 같이 금일 업무일지를 제출합니다.

년 월 일

성명 (인) 또는 서명

출처: 서울시 복지정책실, 이용시설 종사자 분산 근무 가이드라인

업무 인수인계서

업무 인수인계서는 보통 직원이 퇴사를 하거나 부서 이동을 할 경우, 담당자 간 직제개편이나 업무분장의 변경 등 업무가 변경되는 경우, 작성하는 서류로 인수자와 인계자 사이에 업무 인수인계에 관한 제반 사항을 명시한 문서입니다.

인수인계서에는 인계자와 인수자의 소속 직위 등 인적 사항, 인계 사유, 담당 직무, 현재진행과 미결사항, 비품이나 서류, 기자재 보유현황, 사내외 관계처 등의 항목에 따라 작성 합니다. 인계자는 인계를 하는 사람, 즉 전임자를 말하고, 인수자는 건네받는 사람, 즉 후임자를 말합니다. 인수인계서는 인계자가 작성하는데요, 당해 업무 일정 중 완료된 것과 현재 진행되고 있는 현안과 가까운 장래에 추진해야 할 현안을 작성하여 인수자가 업무를 원활히 할 수 있도록 하는 것을 목적으로 합니다.

인수인계서는 인수인계 과정과 이후 책임에 대한 근거가 됨으로, 관련 내용을 정확하게 이해할 수 있도록 업무의 진행사항 등을 상세하게 기재합니다. 인수자는 인수시점으로부터 10일 이내에 관련 내용에서 업무진행사항과 비품 기자재 등을 확인하여 사실확인 내용을 부서장에게 보고합니다. 인수 업무의 사실 확인 중에 부정 또는 비리 사실을 발견한 때에는 즉시 이를 부서장에게 보고해야 합니다. 업무 인수인계를 하지 않거나, 인수인계 과정에서 발견된 과실을 보고하지 않아 시설에 손해가 발생된 경우에는 관계직원은 이에 대한 배상책임을 질 수 있습니다.

1. 서두: 서두에는 인적 사항을 작성합니다. 인수인계하는 당사자의 소속, 직위, 성명을 기록하고 날인합니다. 인수인계 사유에는 퇴직, 휴직, 직제개편, 업무분장의 변경, 장기 출장(휴가) 중 택1하여 명시합니다. 인수인계 기간은 시행시기를 작성하고, 인수인계 일시는 인수인계를 완료하고 책임자가 변경되는 날짜이고, 부서장이 최종 날인 합니다.

2. 본론: 담당 직무 인수인계는 담당하고 있는 직무의 내용과 중점 관리 사항을 기재하고 인수자가 해당 직무를 원활하게 수행할 수 있도록 직무의 개요와 업무 수행 절차가 기록된 별도의 직무기술서를 첨부하는 것이 좋습니다. 현재 진행 중인 업무의 내용과 중점 관리 항목, 미결사항을 정리한 후 인수자에게 전달할 서류를 꼼꼼하게 정리하고 기록하여 업무에 차질이 없도록 세부적인 업무 스케줄을 인계하고, 사업계획서를 첨부하면 좋습니다. 비품, 기자재, 서류 인수인계 항목에는 관리하고 있는 비품과 기자재와 서류의 명칭과 수량을 기재합니다. 각종 증명서, 계약서, 서류 파일, 문서 등 인수자가 알아두어야 할 문서를 정리합니다. 시설 내외 관계 시설에 관한 인수인계는 주요 협력처나, 담당자의 소속 기관명, 담당자 성명과 직위, 연락처, 관련 업무 등 내외 관계자를 인계합니다.

3. 첨부: 직무기술서와 사업계획서, 혹은 별도의 물품 목록 등이 있으면 첨부합니다.

예시. 인수인계서

인수인계서

인계자	홍길동 (인)	소속/ 직위	총무팀 / 주임
인수자	김철수 (인)	소속/ 직위	총무팀 / 대리
인계 사유	퇴사	인수인계 기간	2021. 7. 20.~2021. 7. 30.
인계일	2021. 8. 1.(목)	부서장	이은수 (인)

1. 직무 인계

1) 직무 개요

직무명: 어르신 사회활동 지원사업

지원처: 보건복지부 – ○○구청 어르신복지과

연간예산: 금355,000,000원(금삼억오천오백만원)

참여자: 60세 이상 기초연금 수급자 392명

사업 내용: 6개 사업단에 소속되어 일 3시간*월 10회, 30시간 근무 시 월 270,000원 지급하여 지역사회문제해결(환경개선, 급식지원, 교통사고 예방)하는 노인 자활사업

연간 사업 일정표	1월	2월	3월	4월	5월	6월	7월	8월	9월	10월	11월	12월
사업 준비/ 홍보	▶											
참여자 접수	▶											
협약서 작성	▶											
참여자 보험가입	▶											
참여자 활동배정	▶											
발대식	▶											
활동	▶	▶	▶	▶	▶	▶	▶	▶	▶	▶	▶	▶
사업현장 모니터링	▶	▶	▶	▶	▶	▶	▶	▶	▶	▶	▶	▶
활동교육	▶						▶					
안전교육	▶			▶								
간담회				▶					▶			
문화 활동					▶							
만족도 조사											▶	
평가회						▶						▶

2) 현재 완료 업무 (1~6월)

업 무	시행 일자	수행 활동	산출 활동
사업 준비/ 홍보	1월 1일~10월	홈페이지, 현수막 홍보	3건
참여자 접수	1월 1일~10일	신청서와 증빙서류(등본)	520건
협약서 작성	1월 15일	참여자-수여자 각각 작성	392건
참여자 보험가입	1월 17일	ㅇㅇ생명 보험가입	392건
참여자 활동배정	1월 19일	6개 사업단 1순위-2순위 순차 배정	392건
발대식	1월 20일	사업단별 강당에서 발대식	388건
근로 활동	연중	6개 사업단* 일 3시간*주 3회 근무	2,000건
현장 모니터링	연중	주 3회 현장 모니터링	66건
활동교육	1월 30일	활동 기관과 일정, 시간 안내	392건
안전교육	2월 24일 /5월 24일	2월: 낙상 방지, 5월: 감염병 예방 교육	784건
간담회	4월 5일	상반기 조장 간담회 시행	30건
문화 활동	6월 15일	영화 관람과 식사 진행	392건

3) 진행 중인 업무 (7월 현재 진행중)

업 무	시행 일자	수행 활동	목표량
근로 활동	연중	6개 사업단* 일 3시간*주 3회 근무	400건
현장 모니터링	연중	주 3회 현장 모니터링	12건
활동교육	7월 25일	하반기 활동 기관 및 일정, 시간 안내	392건

4) 도래 업무 (8~12월)

업 무	시행 일자	수행 활동	목표량
근로 활동	매일	6개 사업단* 일 3시간*주 3회 근무	2,000건
현장 모니터링	매주 월/ 수/ 금	주 3회 현장 모니터링	54건
간담회	9월	하반기 조장 간담회 시행	30건
만족도 조사	11월	1:1 대면 조사 시행	392건
최종 평가회	12월	사업단별 평가회 시행	392건

2. 비품·기자재·서류 인계

종 류	수 량	내 용	보관 위치	기 타
비품	1	노트북	담당자 자리	암호 4211
	1	휴대용 빔프로젝트		

기자재	2	사업용 물품보관장	2교육실	암호 4211
	15	책상		
	30	의자		
서류	3	최근 3년 사업 총정리 파일	자료실 B2장	암호 1234
	10	당해 연도 사업 파일		
	200	당해 연도 사업 HWP, PPT, 엑셀	노트북	
	2	지출결의서/ 수입결의서	회계팀	
	1	사업협약서	총무팀장	
	2	공사계약서	노트북	
사업비 통장/ 체크카드	1	희망은행 801-123456-02-121	총무팀 보관	암호 0531
	1	희망카드 4532-0000-1234-9876		암호 091220
	1	20○○.5.31.기준 은행 잔액증명서		-

3. 시설 내외 유관처 인계

구 분	소 속	이 름	연락처	관련 업무 내용
시설 내	조직팀	임사은 복지사	내선 123	봉사자 요청
	기획팀	오철수 팀장	내선 420	후원의밤 공동진행
	총무팀	이상호 회계	내선 141	사업비 사용 전 승인
시설 외	○○구청 ○○과	백주미 주무관	070-1234-1234	보조금 신청과 실적보고
	○○복지관	김은주 팀장	02-999-1234	협력복지관 서비스2팀장
	○○초등학교	이지은 영양사	010-1234-1234	학교 측 담당자
	○○인력개발원	김새후 주임	02-3611-1234	담당자 교육수강
	○○상담소	임진아 소장	010-2938-5968	어르신 심리상담 의뢰

* 첨부1- 직무기술서 1부.

* 첨부2- 사업계획서 8매 첨부

경위서

예전에는 '시말서'라는 일본식 용어를 사용하였지만, 요즘에는 한국어의 순화에 따라 '경위서'로 사용합니다. 경위서는 특별히 정해진 양식이 있는 것은 아니고, 발생한 사건의 내용을 작성하면 됩니다. 경위서 종류로는 결근 경위서, 규정위반 경위서, 분실 경위서, 업무태만 경위서, 음주사고 경위서 등이 있습니다.

구성 항목은 부서, 소속, 직위, 성명, 위반(발생) 내용, 작성일자, 작성자 서명 등으로 구성합니다. 위반(발생) 내용은 원인, 결과, 핵심 사항으로 구성하여 작성합니다. 사건의 보고를 받는 사람에게 그 내용을 신속하고 정확히 보고해야 하며, 내용은 6하원칙에 따라 정확하게 작성하여 적시성 있게 보고해야 합니다.

예시. 경위서

경위서

성명: ○○○

소속: ○○팀

상기인은 희망종합사회복지관의 직원으로서 제반 사규를 준수하고 맡은바 책임과 의무를 다하여 성실한 근무를 해야 함에도 불구하고 아래와 같이 관련 규정을 위반하였습니다.

운영규정 제36조 10항 직원 품위 조항에 의거하여 경위서를 제출하고 이에 따른 처벌을 감수하며, 추후 다시는 이런 일이 발생하지 않게 할 것임을 서약하는 바입니다.

위반 사항 (6하원칙에 따라 작성)

본인 홍길동은 20○○년 6월 25일 11시경
70버 1234 스타렉스 차량 운행 중
업무 미숙으로 재산상의 손실을 초래하였음

20○○년 ○월 ○일

총무팀 홍길동 사회복지사(인)

희망종합사회복지관 귀중

전화 메모

사회복지사는 내방자 응대도 많이 하지만, 전화 응대를 하는 경우가 많습니다. 예전보다 이메일이나 팩스, 문자, SNS 등 비대면 의사소통을 많이 하지만 전화는 여전히 많이 사용되는 업무용 메신저입니다. 전화는 클라이언트나 상대방의 얼굴을 직접 보지 못하고 대화하기 때문에 자칫하면 실수하기 쉽고 오해가 발생할 소지가 많습니다. 비언어적 의사소통이 생략되고 언어로만 의사소통하기 때문에 발생하는 문제입니다. 보이지 않는 전화 대화 속에서 상대방은 지금 당신의 자세나 어투를 느끼고 있기에, 전화 응대는 본인 자신과 소속 기관의 이미지를 높이는데도 큰 역할을 합니다.

1. 전화를 받을 때

전화 벨 소리가 울리면 가능한 3번 이내에 받습니다. 클라이언트와 상담 중 걸려온 전화는 받지 않고, 옆 동료가 메모를 남겨줍니다. 전화기에서 당겨 받기와 돌려주기, 발신인 확인 등 전화기 사용 기능을 평소에 숙지해 둡니다. 나를 찾는 전화가 아니라 다른 직원에게 걸린 전화를 대신 받은 경우, 전화를 연결해 줄때는 간단하게 설명하여 발신자가 재차 설명하지 않도록 합니다.

가. 전화를 받으면 먼저 인사와 소속 이름을 밝힙니다.

나. 상대를 확인합니다. 상대가 이름을 말하지 않을 경우에도 확인합니다.

다. 용건을 묻고, 아는 범위에서는 정확하게 답변하되, 6하원칙에 의거 요점만을 메모합니다.

라. 중요한 내용 특히 숫자, 고유명사 등은 복창하고 상대에게 확인합니다.

마. 끝인사는 정중하게 하고, 상대가 전화를 끊은 다음 수화기를 내려놓습니다.

2. 전화를 대신 받을 때

가. 담당자 부재 시, 부재중인 상황과 이후 예정을 알려줍니다.

나. 용건을 묻고, "메모를 남겨드릴까요?"라고 물어 전화 내용을 정확히 메모합니다.

다. 자신의 이름을 알려 주어 책임 소재를 명확히 하고, 조치에 대하여 확인합니다.

라. 끝인사는 정중하게 하고, 상대가 전화를 끊은 다음 수화기를 내려놓습니다.

3. 잘못 걸려온 전화를 받았을 경우

잘못 걸려온 전화를 받았을 경우 더욱 정중하고 친절하게 안내합니다. 타 부서/기관의 전화가 걸려왔을 경우에는 답변 가능한 내용이면 돌리지 말고 직접 안내합니다. 답변이 어려운 경우는 담당자나 담당 부서에 전화를 돌려주며, 전화를 끊길 경우를 대비해서 직통 전화번호도 함께 안내합니다.

타 기관에 잘못 전화를 건 경우에도, 우리 기관에서 도움을 줄 수 없는 경우 활용 가능한 정보를 확인해서 알려줍니다. 잘 모르는 경우에도 그냥 모른다고 정리하지 말고 상사나 선배 직원에게 물어보거나, 인터넷 검색 후 친절하게 안내합니다.

4. 전화 폭력에 노출된 경우

주취 클라이언트에 의한 수신 전화는 클라이언트의 이야기를 잘 들어주되, 같은 이야기를 3회 이상 반복하거나, 요구사항이 없거나 받아들이기 어려운 내용일 경우에는 술이 깬 다음 다시 이야기하자고 정중히 말씀드리고 전화를 끊겠다고 통보한 후 전화를 끊고 더 이상의 통화는 자제합니다.

민원 클라이언트에 의한 수신 전화도 이야기를 잘 들어주고, 화가 난 부분을 파악하여, 문제를 해결할 수 있도록 노력합니다. 그러나 똑같은 이야기를 3회 이상 되풀이 한다거나, 계속되는 고성이나 욕설로 통화가 어려울 경우 클라이언트에게 정중히 마음이 가라앉은 상태, 또는 시간이 지난 상태에서 통화하고 싶다고 말씀드리고 더 이상의 통화를 자제합니다. 다시 전화가 오는 경우는 바로 응대하지 않고, 부서장이나 상사에게 도움을 요청합니다. 지속적으로 장난전화를 하여 업무를 방해하는 경우 통신업체를 통해 스팸번호로 등록하여 업무방해를 예방하도록 합니다.

서울시 감정노동자 가이드라인에 따르면 모든 전화기에 자동 녹음기능을 설치하도록 권장하고 있습니다. 현재 사용중인 통신사에 신청하면, 회선당 1천원 내외로 저렴하게 이용가능하니, 전화 자동 녹음기능 사용도 권장드립니다.

5. 전화 메모 작성

전화를 대신 받아서 메모를 작성할 때 기본은 6하원칙이나 전화 메모 양식에 따라 구체적으로 작성합니다. 전화 메모는 거의 수기로 작성하는 경우가 많음으로 또박 또박 적고, 간결하게 핵심만 작성합니다. 전화 메모 작성 시 수신자 항목에는 발신인이 찾는 부재중인 '직원 이름'을 기재합니다. 수신인이 당일에 바로 메모 확인을 못할 수 있기 때문에 전화를 받은 날짜와 시간을 기재합니다. 발신자 항목에는 발신인이 누구인지 성명, 연락처, 용건을 작성합니다. 여러 번 전화 걸은 발신인이라도 연락처를 모를 수 있으니 연락처도 함께 작성합니다. 용건에는 전화 왔었다는 것을 전달해 달라는 것이지, 전화를 달라는 것인지, 전화 건 사람이 다시 연락하겠는지 용건을 체크합니다. 기타 사항에는 추가로 전달할 사항이 있으면 작성하고, 기록자에는 전화를 대신 받은 사람의 이름을 기재합니다.

메모를 간결하게 정리해서 반드시 전달합니다. 상대방이 메모를 봤을 때 알기 쉬운 순서로 놓고, 메모가 여러 장 일 때는 먼저 읽어야 할 내용을 맨 위에 올려놓습니다. 요즘은 업무용 메신저로 전화 메모를 전달하는 경우가 많은데, 이 경우에도 아래 내용을 중심으로 전달하면 됩니다.

전화 메모 양식

수 신	
시 간	
발 신	성명: 연락처:
	□ 전화 왔었음 □ 전화 바람 □ 다시 전화하겠음
기 타	
기록자	

작성 예시

수 신	조직팀 홍길동 사회복지사
시 간	20○○. 12. 5.(수) 13:45
발 신	성명: ○○○ 어르신 연락처: 010-1234-1234
	□ 전화 왔었음 ■ 전화 바람(김장 신청 원함) □ 다시 전화하겠음
기 타	주공1단지 110동 1601호 어제도 전화했다고 하심
기록자	총무팀 전안나

3부 대외용 _ 업무 연락

대외적 소통을 목적으로 하는 것은 공문과 업무 연락, 업무용 이메일 등이 있습니다. 업무와 관련해서 다른 부서, 외부 기관에 협조 요청하거나 지역주민 대상으로 안내문이나 홍보지 등으로 내용을 전파하는 것을 목적으로 하기에 업무상 예의를 갖추어 작성합니다. 보통 담당자 선에서 전화나 메신저로 비공식적 의사소통이 진행되고 합의가 되었더라도, 공식적으로 정리하여 문서로 남겨야 합니다. 대표적인 문서로서는 공문서, 스토리텔링형 사례집과 후원제안서, 소논문 형식 사례집, 안내문, 보도자료, 업무용 이메일, 웹문서, 초대장, 팩스 등이 있습니다.

외부 공문서

공문서는 원래 정부 행정기관에서 사용하던 문서를 뜻하는데요, 지금은 일반 기업이나 단체에서도 외부로 공식적으로 정보를 전달하는 문서를 통칭하는 문서를 의미하게 되었습니다.

사회복지 현장에서는 업무와 관련해서 타 사회복지 기관이나 정부 행정기관에 협조 요청하거나 내용을 전파하는 목적으로 사용되고 있습니다. 공문서의 경우 비공식적으로 협조 합의가 되었더라도 문서로 공식적으로 요청하는 기관 간 의사소통으로 업무상 예의를 지키는 것이 필요합니다.

일반적으로 모든 업무용 문서는 A4 용지를 기준으로 하고 종이 색은 흰색, 글씨 책은 검은색이나 청색을 기본으로 합니다. 상단3cm, 하단 1.5cm, 좌 2cm, 우 1.5cm 여백을 두는 것을 원칙으로 합니다. 그리고 6하원칙에 따라 언제, 어디서, 누가, 무엇을, 왜 하는지 5W 1H에 맞게 작성합니다.

사회복지 업무용 글쓰기에서는 정확한 표기가 중요합니다. 공식 문서는 3년, 5년, 10년, 20년 등 오랜 시간 보관되고 추후 문제 발생 시 다시 열람하여 증거 자료로 제시됨으로 양식에 따라 정확하게 기술하는 것이 중요합니다. 모든 문서의 마지막에는 '끝' 자를 써서 마무리를 알립니다. 만약 '끝' 자를 사용하지 않으면 문서가 계속 이어지는 것인지 어디서 끝나는 것인지 파악이 어렵습니다. 기본적으로 문서 표기는 45쪽의 공식 문서 규칙을 준수하면 됩니다.

공문서 작성 시는 정부 기관의 공식 문서 형식과 격식을 참조하는 것이 필요합니다. 아래 형식은 2017년 11월 1일부터 시행되고 있는 '개정된 공문서 작성법'에 따른 형식입니다. 공문서는 서두, 본문, 결어 3개 부분으로 나눕니다. 서두와 결어는 형식적인 요소가 강하고 본문이 실제 전달하려고 하는 핵심 내용입니다. 전체적으로 공문은 제일 윗부분이 글씨가 제일 크고 가운데에서 아래로 갈수록 작은 글쓰기 크기를 사용합니다.

1. 공문 서두 부문

서두 부분에서는 발신 기관명, 수신, 경유, 문서 제목 순서로 적습니다. 발신 기관명은 글씨 크기는 20~22포인트로 작성, 서두 부분은 14포인트로 작성합니다.

발신 기관명은 일반적으로 문서의 맨 위쪽 중앙 가운데 위치합니다. CI가 있는 경우 병행 표기 또는 단독 표기 가능합니다. '수신'에는 문서를 받을 기관의 기관장으로 표기합니다. 실제로 담당자에게 보내는 문서라도 공문서는 기관과 기관이 주고받는 문서이기 때문에 해당 기관장으로 표기 하나, 최근에는 해당 기관명을 작성하는 경우도 있습니다.

수신 기관이 2곳 이상일 때는 '수신처 참조' 라고 적고, 결어 부분의 수신처란에 수신 기관명을 쉼표로 구분 표기 합니다. '경유'에는 이 문서가 거쳐야 하는 담당 부서명을 기술합니다.

2. 공문 본문 부분

본문 부분은 문서 제목과 문서를 작성하는 핵심 내용인 본문, 첨부 내용을 작성합니다. 글씨 크기는 본문은 10~11포인트가 평균입니다.

'제목'은 서두의 수신, 경유 바로 아래에 표기합니다. 본문 첫 항목에서는 인사말을 언급하는데요, "귀 ○○의 무궁한 발전을 기원합니다."의 문장을 사용하는 것이 일반적입니다. 이후 각 문장은 하나의 서술 문장으로 표현합니다. 두 번째 항목부터 요청 사항이나 핵심 내용을 서술합니다. 중요한 내용부터 먼저 작성하는 것이 좋습니다. 내용의 항목이 길어지면 각 항목별로 줄 바꿈을 하고, 띄어쓰기 규칙을 준수합니다.

일련번호 사용 시는 숫자, 가, 반괄호 순서로 사용합니다. 즉 첫째 항목은 "1, 2, 3 ..." 으로 표기하고 둘째 항목은 "가, 나, 다 ..." 로 표기하고 셋째 항목은 "1), 2), 3)..."순서로 표기합니다.

한 항목 안에서는 주어 서술어가 일치하고 논리가 명확하게 작성합니다. 은어나 유행어를 사용하거나 인터넷 용어 등을 사용하지 않습니다. 첨부 자료가 있을 때는 '첨부' 라고 표기하고 첨부 문서명과 부수를 작성하고, 첨부물이 두 개 이상일 때는 항목을 1, 2 등 숫자를 붙여서 표시합니다. 첨부물은 가능한 간략하고 핵심적인 내용을 첨부하고 내용 파악이 쉽도록 작성해야 합니다. 본문이 끝나면 한 글자를 비우고 '끝' 이라고 적은 후에 .(마침표)로 문서가 끝났음을 표시합니다.

3. 공문 결어 부분

공문을 마치는 부분 즉 결어 부분에서는 "발신 기관명, 수신처, 결재자, 협조자, 시행일자, 문서번호, 접수 번호, 연락처, 공개 여부"를 표기합니다. 글씨 크기는 발신 기관명은 위 발신 기관명과 동일하게 20포인트로 작성하고, 그 외 부분은 9~10포인트로 작성합니다.

발신 기관장명 옆에는 발신 기관 직인을 날인하거나, '직인 생략' 이라고 표기합니다. 공문서는 담당 권한 있는 자에 의해 작성되고, 최종 결재자의 결재가 되어야 공문서로 요건이 성립되기에 담당부터 최종 결재자까지 결재 여부가 중요합니다.

발신 기관장명 아래에는 수신처 수신처가 2곳 이상인 경우 수신처 기관명을 기술합니다. 수신 기관명 사이는 쉼표로 구분합니다. 수신처가 1곳인 경우에는 따로 표기하지 않습니다.

문서번호는 기관 기호와 문서 분류번호, 시행일자 순으로 약자로 명시합니다. 기관 기호로 기관명이나 부서명을 작성할 때는 전체를 쓰지 않고 두 글자 약자로 사용합니다. 시행일자는 문서가 효력이 갖게 되는 날짜입니다.

발신 기관 연락처는 우편번호와 주소, 전화번호, 팩스 번호, 이메일, 홈페이지 주소 등을 기술합니다.

마지막으로 공개 여부를 공개, 비공개, 부분 공개로 구분하여 표기합니다.

예시. 공문서 작성

CI 희망종합사회복지관

수 신 ∨∨○○장/대표 or 수신처 참고 (택1)

(경 유) ∨∨○○

제 목 ∨∨개정된 공문서 작성법 안내

1.∨귀 ○○의 무궁한 발전을 기원합니다.
(한줄 띄기)
2.∨노원구청-복지정책과(20○○.∨1.∨1.)호 관련입니다.
∨∨가.∨○○○○○○○○○○○○
∨∨∨∨1)∨○○○○○○○○○○○○
(한줄 띄기)
3.∨문서의 내용을 둘 이상의 항목으로 구분할 필요가 있으면 다음 구분에
∨∨따라 그 항목을 붙임과 같이 표기하고자 합니다.
(한줄 띄기)
붙임∨∨1.∨공문서 작성 잘 하는 방법 1부.
2.∨공문서 작성 특별히 잘 하는 방법 1부.∨∨끝.

희망종합사회복지관장 [직인]

수신처: ○○특별시, ○○구청, ○○협의회
(수신처가 2곳 이상인 경우, 위 수신처에는 '수신처 참고' 라고 적고 이곳에 수신기관명을 작성한다. 수신기관명 사이는 쉼표로 구분한다.)

담당 홍○○ 팀장 이○○ 과장 고○○ 부장 김○○ 관장 이○○

협조자 총무팀장 김○○

시 행 희망20○○_0123 (20○○.∨5.∨30.)접 수 ( )

우 01234 서울특별시 희망구 희망로1길 51 / http://qwe.or.kr
전화 02-123-1234 / 전송 02-123-1230 / 이메일 book365@kakao.com / 공개

스토리텔링형 기록

스토리텔링은 영어로 storytelling이라고 적습니다. 이 단어는 story + tell + ing으로 나누어서 생각해 볼 수 있습니다. 먼저 story는 이야기입니다. 보통 소설을 이야기라고 하는데요, 이야기에는 3가지 문학적 요소가 필요합니다. 소설의 3요소인 인물, 사건, 배경입니다. 스토리텔링은 이중 인물에 가장 초점을 두고 있습니다. 인간에 대한 이해를 바탕으로 인물에 초점을 두고 어떤 변화가 생겼는지, 그런 변화의 원인을 삶에 대한 관점, 인간 심리에 대한 넓은 이해를 두고 작성하는 글입니다. tell은 말하기로 인물 사건 배경을 누군가가 말을 해야 이야기가 되어 비로소 존재하게 됩니다. 글을 작성하는 우리가 바로 전달하는 '말하기'가 되는 것입니다. ing는 진행형을 뜻하는 말인데요, 스토리텔링에서 가장 중요한 부분은 바로 '현장성'입니다. 지금 바로 여기에서 일어나는 것처럼 생생하게 전달하는 것이 특징입니다.

스토리텔링 글쓰기 방법

1. 일반적인 글쓰기처럼 먼저 전달하고자 하는 주제를 정합니다.
2. 스토리텔링식 서술에서 설득력 있고 생생하게 전달하기 위해서는 '에피소드' 중심 전개가 좋습니다. 실제로 있었던 이야기 중 전달하려고 하는 메시지에 맞는 에피소드나 소재, 인물, 사건, 배경을 정합니다.
3. 스토리텔링식 서술에서는 사람들이 익숙한 이야기 형식인 4단 구성으로 "기 – 승 – 전 – 결"을 따릅니다. '기' 부분은 10~20%, '승'은 전체 내용 중 40%, '전'은 30~40% , '결' 10% 정도로 구성합니다.

4. 스토리텔링은 이야기식으로, 상호작용이나 비언어적 행동을 서술적으로 기술합니다. 객관적 사실이나 사건 그대로를 기록하되, 대화체나 상황을 내용 중에 녹여내서 작성합니다. 실제 대화 내용을 "대화체"로 작성하고, 속마음을 '구체적'으로 작성합니다.
5. 상황을 묘사하면서 그리듯이 작성할 때 긍정적이고 따뜻한 말투가 좋습니다. 문어체보다는 구어체가 적절합니다. 문장의 어미는 '~이다.'나 '~ 임.'보다는 '~입니다.' 혹은 '~요.' 형식이 좀 더 따뜻하고 친근한 느낌을 줍니다.

최근 사례집이나 성과결과 보고서, 크라우드 펀딩을 딱딱한 보고서 형식이 아니라 스토리텔링으로 작성하는 경우도 늘고 있습니다. 자신의 실천 과정을 에세이나 자유 형식으로 정리하여 보존하고 싶은 사회복지사가 생겨나고 있습니다. 또 마을의 역사를 만드신 분이나 지금 같이 살아가는 주민들의 이야기, 참여자분들의 삶을 공유하고 공동체를 만들어 과정을 기록하기에도 좋은 글쓰기 방법입니다. 여러분이 전하고 싶은 인물, 사건, 배경은 무엇이고, 여러분의 입을 통해 어떤 생생함을 전달하고 싶은지 아래 스토리텔링식 작성예시를 참고하여 나만의 이야기를 적어보면 좋을 것 같습니다.

예시 1. 스토리텔링식 후원 제안서

유○○ 장학금 후원자가 되어주세요

우리 기관은 19○○년 영구임대 아파트 단지와 함께 문을 열었습니다. 본격적으로 기관을 운영하기 시작한 19○○년부터 유○○ 어르신은 우리 기관 회원이 되었습니다. 무료 진료, 경로 식당, 한글 교실, 노래 교실, 나들이 등 다양한 프로그램을 이용하던 어르신께서는 20○○년 천식으로 병원을 입원하셨습니다. 병원 진료에 동행했던 사회복지사에게 어르신은 어린 시절 이야기를 털어놓으셨습니다.

"내가 새어머니 아래서 자랐어. 새어머니가 '너는 여자니까 학교를 안 다녀도 된다'고 했어. 어릴 때는 학교 안 가고 노는 것이 너무 좋아서 아무 생각 없이 놀기만 했어. 그런데 이렇게 나이를 먹고 나니까 까막눈이고 배우지 못한 것이 그렇게 한이 돼. 난 지금도 돈이 없어서 배우지 못하는 아이들이 있으면 너무 불쌍하고 눈물이 나... 그런 애들을 위해서 장학금을 낼 수 있었으면 하네..."라고 눈시울을 훔치면서 이야기를 하셨습니다.

"아버지에게 물려받은 돈과 그동안 모은 돈이 500만 원 정도 있으니 그걸 공부하고 싶은 아이들 학원비나 책값 등 장학금으로 사용해 줘. 나를 20년 동안 돌봐준 복지관이 너무 고마워서 그래."라고 말씀하셨습니다. 하지만, 어르신은 혼자 사는 독거 세대이고, 자녀도 없고 수급자이셔서 저희는 만류했습니다. "어르신 정말 감사한데요, 그 돈 다 내시면 어떻게 살아요. 몸이 아프면 병원 가고, 먹고 싶은 거 먹으려면 돈이 있어야 해요. 어르신 마음만 받을게요."라고 말씀드렸습니다. 어르신이 거듭 장학금 이야기를 했지만 어르신의 전 재산이기에 조금 더 상황을 보고 다시 이야기하기로 했습니다.

한 달여가 지나고 퇴원 후 가쁜 숨을 몰아쉬며 복지관에 찾아오신 어르신은 "정말로 아이들에게 주었으면 좋겠다."라고 장학금 기부 의사를 다시 밝히셨습니다. 더 이상 어르신을 만류할 수 없었던 저희는 어르신과 후원 약정서를 쓰고, 함께 은행을 가서 돈을 찾아서 봉투에 넣고, 장학금 전달식을 했습니다. 이 장학금이 바로 '유○○ 장학금'의 시작입니다.

유○○ 장학금은 수급이거나 차상위 등 사회적 제도를 기준으로 선발하지 않고 세심한 인테이크를 통해 진로를 뚜렷이 설정한 아이에게 장학금으로 사용하고 있습니다. 장학생 김○○ 학생은 애니메이션 그리기에 필요한 미술용품과 컴퓨터 용품, 학원비를 지원받아, 애니메이션 전공으로 고등학교-대학교를 진학하였습니다. 또 다른 장학생 이○○ 학생은 한국무용 전공을 꿈꾸며 연습실 대여비, 연습복 구입비, 레슨비를 지원하며 꿈을 키우고 있습니다. 지난 5년간 10여 명의 장학생의 학원비와 교재비 구입에 사용하며 아이들의 진로에 큰 도움이 되었습니다. 어르신께서는 장학금 전달 다음 해에 사망하셨고, 유○○기금은 이제 바닥을 드러내고 있습니다.

어르신께서는 본인의 이름을 밝히지 말아 달라고 했지만, 저희는 이 기금을 [유○○ 장학금]이라고 명명하며 어르신의 뜻을 5년째 기리고 있습니다. 저희는 앞으로도 어르신의 뜻을 기려 돈이 없어서 배우지 못하는 아이들이 없도록 유○○ 장학금을 이어가려고 합니다. 여러분께서 유○○ 장학금 후원자가 되어주신다면 꼭 필요한 아이들의 학원비, 교재비, 학용품 구입비로 사용하겠습니다. 클라우딩 펀딩 목표 금액은 어르신께서 첫 후원해 주셨던 금액과 동일한 500만 원입니다.
유○○ 장학금의 후원자가 되어주세요.

예시 2. 스토리텔링식 사업 사례집

주민이 주인이 되는 공간: 주인공 프로젝트

1. 총무팀에서 마을공동체 복지사업 인식하기

나는 총무 팀에서 일하고 있는 사회복지사이다. 2013년부터 옆자리의 지역사회조직팀에서 '마을공동체 복지사업'을 한다고 하기에, 아 새로운 프로포절 사업을 하는 거구나라고 생각하고 있었다. 그런데 조직팀에서 클라이언트 대상으로 사업을 하고 교육을 하는 것이 아니라, 전 직원이 참여해야 한다며 마을 만들기에 대한 교육과 워크숍, TFT를 하면서 희망마을 네트워크 사업은 지역사회조직팀의 사업이 아니라 복지관 전체가 함께 해야 하는 마을공동체 복지 사업이라는 것을 알게 되었다. 하지만, '나는 총무 팀이기에 클라이언트를 직접 만날 일이 없으니 할 수가 없네?'라고 생각을 하였다. 그런데 어느 날부터 주민 건의함에 복지관 시설에 대한 다양한 의견들이 올라오기 시작했다.

"1층 화장실이 악취가 나요"
"복도에 대기의자가 필요해요. 아이들 수업 끝날 때까지 서서 기다리기 힘들어요"
"다문화주부 한글수업 시 동반한 아이들이 있을 곳이 없어요"
"1층 화장실 수압이 약해요"
"3층 여자화장실 찬물만 나와서 이미용 서비스 할 때 어르신들이 불편해요"
"화장실에 가방 놓을 선반이 없어요"
"엘리베이터가 가라앉아서 턱에 걸려서 넘어져서 다쳤어요"

관내 건의함, 홈페이지 고객의 소리, 내방객까지 여러 가지 시설에 대한 의견을 제시하는 주민들이 늘어났다. 처음에는 '이거 왜 이러지?'라는 업무라는 개념에서 생각했었는데 지속적인 건의를 보면서 이유에 대해 생각을 해보았다.

우리 복지관은 1992년 준공된 20년이 넘은 건물로 해마다 주민들의 편의를 위해 기능보강공사로 환경을 개선하고 있어서 시설에 대해 주민들이 매우 만족 하리하고 생각하고 있었다. 그런데 이러한 건의사항들을 보면서 우리가 '복지관 사업을 할 때는 욕구조사를 해서 시행하면서, 시설에 대해서는 어떤 부분에 주민들의 욕구가 있는지 의견을 물어보지 않았구나. 우리 스스로가 전문가로서 복지관 입장에서 중요하다고 생각되는 것대로 정했구나'라는 생각을 하면서 '복지관의 공간들이 주민이 주인이 되는 공간이 되도록 해보자' 하고 생각하게 되었다.

이전에 외부교육에서 "'시설환경'은 마케팅의 7mix의 한 요소로서 서비스가 전달되는 물리적 환경을 뜻하며 시설환경을 어떻게 구성하는냐는 차별화된 이미지 확보와 직원의 태도와 생산성에 영향을 미치고 서비스 조직과 고객의 상호작용이 이루어지는 환경으로서 시설환경의 세부 구성요소는 청결성, 건물 구조의 이용자 편의고려 정도, 조명, 장애인 이용 편의를 위한 준비, 접근성, 공간 활용, 소방점검, 기관의 물리적 환경에 대한 기관의 물리적 평가 등으로 볼 수 있다. 예를 들면 시설 외형, 간판, 표지판, 주차장, 냄새, 조명, 먼지, 내부 장식, 가구, 용도, 직원 복장, 메모지, 리플릿, 공간 배치까지 모두 다 시설 환경에 속하는 영역이다."라는 것을 배웠지만 배운 것을 생각하지 못하고 있었는데, 주민의 입장에서 생각을 해보니 새롭게 인식하게 되었다.

2. 총무팀 시설환경 영역에서 마을공동체 복지사업 어떻게 하지?

복지관의 공간들이 '주민이 주인이 되는 공간'이 되도록 물어 보자!라는 생각을 하고 나니 여러 가지 질문들이 따라온다. '총무팀에서 주민 만나기를 해도 되는 건가?' '주민 입장에서 불편하고 개선이 필요하다고 여겨지는 모습이 무엇일까?' '우리복지관에 하루 내방객이 1,270명인데 누구에게 물어봐야 하지?' '무엇을 어떻게 언제 물어봐야 하지?' '시설 환경에 대한 질문이 낯설 텐데 대답은 잘 해주실까?' '물어본 것에 의견을 주시면 적용을 할 수 있을까?' '예산도 따로 안 세워 놨는데 시설 관련 예산이 많이 들면 어떡하지?' 등등. 꼬리에 꼬리를 무는 질문을 가지고 2명의 대학원 실습생과 함께 머리를 맞대고 일단 의견 묻기 전 기초 조사를 시작해보았다.

첫 날 우리의 대화: 안보임

전안나: 우리 복지관을 처음 온 입장에서 시설환경에서 어떤 것이 좋아 보이고 어떤 것이 불편해요?

실습생1, 2: 인테리어가 잘되어있어서 다 좋은데요? 제가 가본 복지관 등 중에서 가장 좋아요.

전안나: 그러면 오늘 복지관 모든 곳을 라운딩을 해보면서 좋은 점과 개선이 필요한 곳을 표시해 보세요.

둘째 날 우리의 대화: 보이기 시작한다

전안나: 주민의 입장에서 시설을 돌아보니 어떠세요?

실습생1: 저는 화장실을 집중적으로 봤는데요, 화장실이 여자화장실은 깨끗한데 남자화장실은 냄새가 나고 휴지통이 없는 곳이 있네요. 화장실 표시팻말이 인형 그림으로 그려서 있어서 남자용인지 여자용인지 구분이 어려워요. 어린아이들 기저귀 갈 곳이 없어서 프로그램 실내에서 가는 모습을 봤어요. 1층에 장애인 화장실이 있는데 아무 표시가 없어서 창고인 줄 알았어요.

실습생2: 저는 각 실과 공용공간을 봤어요, 청소와 인테리어는 대체로 깨끗해요. 기관 전체에 대기 의자가 1층에 12석 밖에 없어서 점심시간에 식사하려 오시는 어르신이 20~30명씩 서서 기다리기도 하시고, 2층과 3층 프로그램실 앞에서 학부모님이 기다리실 때 서서 기다리고 계세요. 사무실이 딱 들어왔을 때 서랍 위에 있는 서류들과 공용 자리가 지저분해 보이고 서서 상담할 때 어르신들이 힘들 것 같은데 1층 사무실은 좁아서 사무실 내에 대기공간도 없고 상담실이 별도로 분리되어 있어서 내방객들이 불편할 것 같아요. 1층 사무실에

돋보기가 비치되어 있는 것은 좋아요. 치료실에도 빈 곳은 사무실인지 창고인지 정리가 안 되었어요.

전안나: 어제와 대답이 많이 다른데요? 우리 내일과 모레는 다른 기관을 방문을 해 볼께요.

다섯 째날 우리의 대화 : 개선방안이 보인다

전안나: 다른 기관을 다녀와 보니 어때요?

실습생1: 우리 복지관만 와봤을 때는 최고구나 했는데 최근에 새로 지은 **종합사회복지관과 **노인복지관을 다녀와 보니 기관 내에 주민들을 위한 자유로운 공간들이 많이 설계되어 있는데 우리 복지관에는 주민들이 자유롭게 이용할 수 있는 공간들이 적은 것 같아요.

실습생2: 우리가 적용점을 세울 때 기관 방문한 것이 도움이 될 것 같아요.

열세 번 째날 우리의 대화 : 주민중심 시설 할 일이 진짜 많다

전안나: 오늘 직원들 브레인스토밍 어떻게 나왔어요?

실습생1: 의견 진짜 많이 주셨어요. 아무래도 ○○복지관을 가장 오래 이용하는 분이고 직접 각 프로그램실에서 사업을 하다 보니 개선에 대한 의견을 직원 입장뿐 아니라 클라이언트 입장에서도 많이 주시는 것 같아요.

실습생2: 아까 회의 시간에 업무상 참석 못 하신 분들이 점심시간에 따로 찾아오셔서 포스트잇에 시설 개선 의견을 주고 가셔서 깜짝 놀랐어요, 주민에 직원들이 들어간다는 부분이 좋았던 것 같아요.

전안나: 네. 사실 직원을 ○○공동체로 주민으로 봐야 하나 고민이 좀 되었는데 결과적으로 좋은 선택이였네요.

3. 총무팀 시설환경 영역에서 마을공동체 복지사업 가능하네?

주민의 입장에서 시설을 돌아보자 주민 입장에서 불편한 것들, 개선이 필요한 것들이 보이기 시작하였다. 기초 조사 이후 아래 질문들을 가지고 시작!

첫 번째로 누구를 대상으로 물어봐야 할까?

우리 복지관을 가장 많이 오시는 분들은 어르신과 아동청소년, 성인, 다문화 여성들이다. 또한 복지관에서 사실 가장 많은 시간을 보내는 것은 바로 직원들이기에 직원들도 "○○공동체의 구성원"으로 생각하고 의견을 물어보기로 정했다. 물어볼 사람은 어르신, 아동청소년을 둔 부모님, 성인, 다문화 여성, 직원, 공익 결정 완료.

두 번째로 무엇을 어떻게 언제 물어볼까?

쇠뿔도 단김에 빼랬다고 여름휴가 가기 전 7월 3일부터 10일까지 일주일 동안 집중적으로 물어보기로 결정! 어르신들은 '어르신 모니터링단' 5명을 대표로 상반기에 건의사항이 가장 많았던 화장실을 한 달 동안 모니터링 하고 브레인스토밍 회의를 하기로 하고, 아동청소년을 둔 부모님, 성인, 다문화 여성분들은 주로 혼자 오시니 관내 대기 중인 시간에 개별로 물어보고, 공익을 포함하여 직원은 회의 시간에 포스트잇에 브레인스토밍으로 마구마구 의견을 제시하는 것으로 물어보자!라고 결정! 무엇을 어떻게 물어볼까는 어르신 조직팀과 직원은 그룹 브레인스토밍하고 그 외 개별 어르신, 다문화, 성인 여성은 개별 의견조사로 결정!

세 번째로 주민중심 시설환경에 대한 의견을 잘 이해하실까?
참여가 저조할까 봐 가장 걱정했던 부분인데 64명이 모두 332건의 의견을 줘서 깜짝 놀랐다. 1인당 평균 5.2건! 그동안 시행했던 그 어떤 욕구조사보다 가장 활발한 의견 개진이라 생각한다. 그동안 시설환경에 대한 주민의견을 한 번도 묻지 않았다는 사실을 다시 한 번 생각하게 하는 부분이었다. 시설환경에 대한 의견을 잘 이해하실까?라는 고민이 무색하게 모두 잘 이해하셨고 332건의 의견이 수렴됨.

네 번째로 물어본 것을 어떻게 적용할 수 있을까?
모두 332건의 의견을 분석하자 17%는 시설 안전과 관련한 문제이고, 83%는 시설의 환경미화 및 이용 편의와 관련된 의견으로 분석되었다. 안전 등의 시급성과 예산 투입 없이 바로 시정 가능한 것은 단기 전략으로 45건 수립, 의견이 다양하게 나뉘어 추가 분석 및 예산 반영이 필요한 부분은 중기전략으로 13건, 기능보강사업비 선정 등 고비용이 필요한 부분은 장기 전략으로 8건으로 정리하니 모두 66건의 주민 중심시설 전략이 수립되었다. 이 전략을 수립하기 위해 총무팀 안전관리인의 자문을 받고, 총무팀 내 부서 회의와 관리자 회의와 전 직원 브리핑 등의 절차를 진행하였다. 특히 가장 좋았던 부분은 시설 환경의 상당 부분을 안전관리인이 해야 하는 부분이 있었는데 자문위원으로 선정하면서 안전관리인 스스로 자신의 전문성을 인정받는 부분에 자부심을 느끼고, 책임감을 갖게 되어 적극적으로 참여해 주었다. 그리고 직원들 대상으로 브리핑하는 과정을 통해서 각각 브레인스토밍으로 냈던 의견 중에 거의 대부분 채택이 되고, 일부 채택되지 않은 부분에 대해 설명이 들어가고 각자 해야 하는 임무에 대해 공유하는 시간을 가져서 상위 하달식 업무가 아니라 함께 만들어가는 복지관이라는 부분에 대해 자연스럽게 인식하게 되는 효과가 있었다.

4. 시설환경에서 복지공동체 사업을 하면서 무엇이 변화했을까?

첫 번째: 바로 '나'
복지공동체를 만든다는 것은 지역사회조직팀이나 사회복지사업 부서만의 일이 아니라, 바로 나부터의 인식의 변화로 시작될 수 있다는 것을 알게 되었다. '마을 만들기'라는 단어가 너무 거창하여서 사실 엄두가 안 났던 부분인데, 주인공 프로젝트를 하면서 이렇게 시작하는 거구나라는 걸 알게 되었고 다음에는 무엇을 주민들과 함께 해볼까?라는 생각을 하는 식으로 변하고 있다. 총무팀에서 기관 시설관리를 하면서 고민이 되는 부분은 20년 노후된 건물로 엘리베이터, 화장실, 물탱크, 증축 등 다양한 시설관리 현황 속에서 무엇이 우선순위인가라는 부분이었는데 이번 주민 만나기를 통해 전체 수렴된 의견사항 중 화장실과 휴게시설이 가장 높은 비율(화장실(24.5%), 휴게시설(11.5%))을 기록하여, 시설 환경의 우선순위를 정하게 되어 주민이 원하는 방식으로 복지관이 변화되고 있다는 점의 시작이 바로 나이다.

두 번째: '주민'들의 기관에 대한 인식 변화

수립한 전략에 대해 전 직원들에게 브리핑을 하고 시행 내용에 동의를 하고 진행하면서 달성된 부분은 관내 게시판에 '주인공 프로젝트진행 보고'라는 이름으로 지속적으로 결과를 주민들에게 공유하고 있다. 개별로 의견을 주신 분들에게는 개별 공지를 하지는 못하였지만 집단으로 진행한 '어르신 모니터링단'은 사후 조치에 대한 브리핑 시간을 가지고 건의하신 화장실에 대한 부분을 올해 안에 진행이 되는 부분과 앞으로 진행될 부분, 그리고 적절하지 않아 반영 안되는 의견까지 말씀을 드렸다. 그러자 본인들의 의견이 기관 운영에 실제로 반영이 되는 부분을 놀라워하며 기뻐하는 모습을 보이시며 "이렇게 해주신다면 더 말할 것도 없지요"라고 말씀하시는 부분에서 주민과 소통하고 협력하고 존중하는 우리 복지관의 미션을 달성하게 되는 모습을 보게 되었다.

5. 마무리

총무팀 사회복지사로서 복지공동체라는 사업을 생각하는 것이 처음에는 어려웠다. 하지만 하다 보니 결국 사회복지에서 말하는 클라이언트의 욕구에 기반한 사회복지 실천이라는 점은 같은 것이 아닌가 싶다. 내년에는 올해 주인공 프로젝트에서 나온 의견 중 중장기 계획에 해당하는 부분의 실천과 함께 관내 65평 정도의 유휴공간에 대해 주민들의 의견을 들어보는 공청회를 가지고 주민이 필요로 하는 공간이 구성될 수 있도록 하는 부분을 진행해 보려고 한다. 현재 우리 기관의 공간 중 주민이 주체적으로 관리하는 공간은 주민사랑방과 주민장터 두 곳밖에 없다. 하지만 지속적인 주인공 프로젝트 시행을 통해 앞으로 주민이 주체적으로 관리하는 공간이 더욱 늘어나길 소망한다.

안내문

불특정 다수나 이용 고객을 대상으로 작성하는 프로그램 안내문은 일반 글의 분류에서 일정 부분 '설명문'과 비슷합니다. 설명문은 사실이나 지식에 대해 이치와 원리를 풀어서 서술하는 방법입니다. 프로그램 안내문은 전자기기를 살 때 받는 제품설명서를 생각하면 이해가 빠릅니다. 제품설명서는 제품의 특징과 활용도에 대해 세부적으로 언급해서 제품의 사용법을 더 자세히 알려주는 것이 목적인데요, 설명문의 경우 상대방의 이해를 돕고자 세세한 내용을 길게 작성하는 글이라면 안내문은 어떠한 정보를 상대방에게 알리기 위해 요점만을 간략하게 제시하는 점이 약간 다릅니다. 또한 설명문은 어떠한 대상을 설명하면서도 알리는 목적보단 편의를 위해 작성하지만, 안내문은 알리는 목적이 강하기 때문에 때로는 광고적 성격을 드러내기도 합니다. 일반적인 사회복지사 업무용 글쓰기가 엄격한 격식을 갖추고 간략하고 함축적으로 적도록 하지만, 안내문은 이와 달리 쉽고 평이하게 작성하는 것이 필요합니다.

안내문을 작성 할 때는

1. 내용을 정확하게 서술합니다. 제3자에게 정보를 제공해 주는 글로 사실적인 정보가 요구되며, 정확하지 않으면 오해가 생기는 등 역효과가 날수 있음으로 오해의 소지가 없도록 정확하게 작성합니다. 프로그램 안내문은 대략적인 내용으로 프로그램 신청 전 홍보로 기초 정보 제공을 알리는 목적으로 작성합니다. 안내문에는 프로그램에 대한 설명, 프로그램 효과, 참여 조건, 신청방법, 참여자 선정 절차, 담당자 연락처 등을 기재합니다.

2. 문장은 간결하게 작성합니다. 전체적인 내용을 서술식 보다는 상위 항목과 하위 항목을 설정하여 개조식으로 작성합니다. 내용을 쉽고 정확하게 이해할 수 있도록 작성하는 것이 중요합니다. 6하원칙에 따라서 명확하게 알리려는 사실을 중심으로 작성합니다.

3. 안내문은 좁게는 특정 연령층, 넓게는 일반 대중인 지역주민 전체를 대상으로 합니다. 따라서 가능한 쉽게 설명하고 전문용어보다 대중적인 표현을 사용하는 것이 핵심입니다. 특정 연령층이 정해져있다면 독자 중심으로 글씨체, 말투, 내용, 글씨 크기, 강조 내용을 서로 다르게 작성합니다. 자체로 안내문을 제작하는 경우 특히 무료 폰트, 이미지 사용에 주의해야 합니다.

글로 길게 서술하기보다는 그림이나 도표, 이미지를 넣는 방법도 추천합니다. 예전에는 주로 HWP 문서나 PPT 문서로 주로 작성했었는데 요즘은 '망고 보드'나 '미리 캔버스' 등 카드 뉴스용 전문 프로그램을 활용하여 보기 좋게 작성하는 추세입니다.

4. 안내문에 담긴 내용에 신청, 접수 등 기한이 정해진 정보가 있다면 일정에 맞추어 전달되도록 합니다. 마감 기한에 맞추어 작성하면 상대에게 도달할 시간이 충분하지 않게 됩니다. 접수나 모집 일정이 전에 상대에게 도달할 수 있도록 미리 시간적 여유를 두고 작성하여 발송하는 것이 예의입니다.

5. 안내문은 단순히 정보를 제공하는 기능 외에 의사를 결정하게 하는 계기를 제공해서 행동을 유도하는 기능도 가지고 있습니다. 직관적이고 요점만 정확하게 나타낼 수 있게 작성하는 요령이 중요합니다. 안내문은 상대에게 호감을 주는 문구를 사용하여 간결하고 명료하게 작성하되 정중하게 경어를 사용하여 정확하게 기재해야 한다.

안내문에서 가장 중요한 내용은 활동과 관련해서 세부 일정표와 프로그램입니다. 모집에 대한 상세한 안내도 필요합니다. 모집 의도와 목적, 자격 요건과 선정 절차, 모집 기간, 장소, 방법, 비용, 특징, 혜택, 담당자 연락처를 기재합니다.

안내문 예시

전국노래자랑 프로그램 참여 안내를 하는 경우

직원 대상	[직원 공지] 6월 12일 금요일 14시부터 우리 대강당에서 전국노래자랑 녹화가 있습니다. 이번에는 우리 기관 홍길동선생님이 출전하신다고 하니, 모두 참석해서 응원 부탁드립니다. 일시:20○○년 6월 12일(금) 14:00~18:00 장소: 복지관 3층 대강당 * 추신: 응원용품은 준비되어 있고, 녹화 후 뒤풀이가 있습니다.
경로당 어르신 대상	전국노래자랑 희망편 녹화 안내 희망복지관 대강당에서 6월 12일 금요일 14시 전국노래자랑 진행합니다. 사회 송해 선생님, 이은지/ 임루리 가수 출연합니다. 노래자랑 예선에 참여하실 분은 홍길동 사회복지사 (02-999-4214)에게 이번 주 수요일까지 전화주세요. 구경하고 싶은 어르신은 별도 신청 없이 14시까지 복지관으로 오세요. * 꼭, 점심 식사 하고 오세요
지역주민 대상	전국노래자랑 희망편 녹화 안내 6월 12일 복지관 3층 강당에서 전국노래자랑 희망편을 녹화합니다!! 녹화일시: 20○○년 6월 12일(금) 14:00~18:00 녹화장소: 희망요양센터 3층 대강당 출연진: 사회자 송해, 초대가수-이은지, 임루리 예선 참여: 6월 10일(수) 18:00까지 전화 신청 녹화 관람: 6월 12일(금) 14:00까지 대강당으로 오세요. 참가자격: 지역주민 누구나 가능 문의: 홍길동 사회복지사 02-999-4211

보도자료

보도자료는 언론을 상대로 기관이나 프로그램의 홍보를 위해 해당 정보가 기사로 보도되는 것을 목적으로 작성하는 문서입니다. 기자들은 자신이 직접 취재 대상과 주제를 정해서 기사를 작성하기도 하지만, 기업이나 사회단체 관련 뉴스는 조직에서 배포한 보도자료를 바탕으로 작성하는 일이 많습니다. 따라서 마감에 쫓기는 기자들의 입장에서 보도 자료는 기사 작성에 많은 도움이 되기도 합니다. 기자들은 보도자료를 그대로 기사로 내보내기도 하고, 보도자료를 바탕으로 추가로 취재를 해서 기사를 쓰기도 합니다. 우리 기관 보도자료가 보도되기 위해서는 담당 기자가 기사문으로 그대로 사용할 수 있도록 완성도 높은 문서를 보내는 것이 좋습니다. 그래야 채택 가능성이 높습니다.

보도자료는 일반 업무용 글쓰기와 달리 언론사와 기자의 편의를 위해 제공하는 기삿거리용 글로, 독자에게 가기 전 기자에게 선정되어야 합니다. 보도자료는 기자가 봤을 때 자료가 부실하거나, 정보로서의 가치가 없다고 생각이 들거나, 기자의 관심을 끌지 못하면 보도 기회조차 없습니다. 따라서 보도자료의 1차 타깃 독자는 기자이며, 2차 타깃 독자는 일반 국민입니다. 다만 보도자료로 채택되기 위한 욕심으로 거짓, 과장되게 작성하면 안 됩니다. 보도자료는 일반 문서보다 파급력이 큽니다. 내용에 거짓이나 오해 소지가 없도록 작성해야 합니다.

보도자료 배포 방식은 여러 가지 형식과 매체가 있습니다. 작성자가 바로 해당 기관 홈페이지에 바로 게시하는 경우도 있고, 담당 기자에게 이메일이나 팩스로 보내서 담당 기자가 게시하는 경우도 있습니다. 신문·잡지·월간지·뉴스 등의 오프라인 노출 매체와 함께 온라인으로 포털사이트·블로거·소셜 미디어에 노출됩니다.

보도자료는 시의성이 중요합니다. 보도자료 작성 시에는 작성 시작 전에 반드시 마감일을 확인합니다. 신문·잡지·뉴스·월간지 모두 마감일이 정해져 있습니다. 신문은 주말보다 월~목요일 중에 제출하는 것이 좋고, 월간지 경우 매달 15일 이전에 원고접수를 마감 하는 경우가 많습니다. 또한 보도되는 시점도 중요하기 때문에 사전에 보도 자료를 언론에 제공해서 담당 기자에게 검토 시간을 충분히 주는 것이 필요합니다.

보도자료는 평균 A4 1매 분량으로 작성합니다. 보도 자료나 기사문은 "제목 – 부제 – 전문 – 본문 - 해설"의 순으로 작성합니다. 제목에는 본문의 핵심 내용이 담기도록 10글자 내외로 작성합니다. 제목은 신선하고 짧고 구체적이고 신선하게 작성합니다. 부제는 제목을 보충하는 설명을 넣어 1줄로 작성합니다. 전문은 '리드'라고 부르는데, 본문의 핵심 내용을 2~3줄로 요약한 요약문입니다. 전체적인 내용을 아우르되 주제문의 성격을 지녀야 합니다. 본문은 기본적으로 6하원칙에 맞게 작성합니다. 언제 누가 어디서 무엇을 왜 어떻게 형식에 맞추어 작성하는데, 중요한 내용부터 덜 중요한 순으로 작성합니다. 시간의 순서에 따라 "과거 – 현재 - 미래형"으로 작성도 가능합니다. 과거 시행 배경을 작성하고, 현재 현황, 실적, 성과, 정책의 시행 의미를 작성하고, 미래형으로 향후 계획을 작성합니다. 마지막 해설에는 전망, 분석, 평가 등의 내용을 작성합니다. 성과를 잘 드러내거나, 이해 돕는 사진이나 결과물, 그래프 등이 있다면 함께 제출합니다.

담당 기자가 내용과 관련해서 추가적인 질문이나 내용 확인을 할 수 있기에 담당 부서, 주책임자, 담당자, 연락처를 꼭 기재합니다. 그리고 보도 자료를 보내기 전과 보낸 후에 담당 기자와 연락을 취해서 보도 자료를 받았는지, 채택이 가능한지 확인합니다. 채택된 후에는 감사를 표현하여 지속 가능성을 높입니다.

보도자료 예시

제목	[보도자료] 희망복지관, 전국 최초 온라인 북콘서트 개최
부제	희망복지관에서는 전국 최초로 지역주민 대상으로 6회기 온라인 북 콘서트를 개최한다.
전문	희망복지관 주관으로 지역주민 대상 온라인 북 콘서트가 7월 5일 전안나 작가 온라인 북 콘서트 시작으로 6회기 진행된다. 오는 7월 3일까지 사전 접수 가능하고, 강의는 온라인 줌으로 진행 되어 지역주민 누구나 무료로 참여할 수 있다.
본문	희망복지관에서는 7월 5일을 시작으로 주민 대상 6회기 온라인 북 콘서트를 진행한다. 이번 북 콘서트는 전국 최초로 온라인으로 시도되는 것으로, 지역주민 누구나 온라인으로 참여 가능하도록 접근성을 높였다. 7월부터 12월까지 월 1회 첫째 주 수요일 저녁 19시에 진행되며, 1회기 강사는 전안나 작가, 2회기는 홍길동 작가, 3회기는 이란주 작가, 4회기는 서아리 강사, 5회기는 김은한 강사, 6회기는 오승규 강사가 섭외되어 기대감을 높이고 있다. 1회기 7월 5일 강사로 초청된 전안나 작가는 독서지도사, 독서토론지도사, EBS 교과독서지도강사, 하브루타 독서코칭 등의 자격을 소지하고 300회 이상 강연 경험이 있는 독서전문가이다. 8년 동안 하루 한 권 책읽기로 학원 대신 책 육아로 2명의 자녀를 양육했으며, 저서로 〈1천 권 독서법〉, 〈기적을 만드는 엄마의 책 공부〉, 〈초등 하루 한 권 책밥 독서법〉 등 이 있다. 1회기 온라인 북 콘서트는 방학 중 자녀 독서지도에 관심이 많은 초등학생 학부모 50명을 대상으로 7월 5일 일 저녁 7시부터 9시까지 줌(Zoom) 화상회의를 통해 진행된다. 북 콘서트를 통해 '책 육아' 노하우와 아이들에게 독서 동기 부여할 수 있는 방법 등을 함께 공유하는 시간을 가질 예정이다. 북 콘서트 참가를 희망하는 주민은 희망복지관 02-123-1235으로 전화 접수 혹은 홈페이지 www.hbdof.ko.jr로 온라인 접수 가능하다.
해설	이번 온라인 북 콘서트는 전국 최초로 진행되는 점에서 의의가 높다. 누구나 참여 가능하니, 복지관 홈페이지를 통해 학부모들의 많은 참여 바란다.
첨부	+ 사진 1 ~ 2장 첨부
담당자	희망복지관 기획행정팀 홍길동 사회복지사 010-1234-1234

업무용 이메일

업무용 이메일은 사적인 이메일과 달리 공식적인 업무용 글쓰기입니다. 따라서 사적인 감정을 드러내거나 가볍게 작성하면 안 되고 비즈니스 예의를 지켜서 작성합니다. 업무용 이메일 작성 시는 수신인과 개인적인 친분이 있더라도 주변적인 이야기는 제외하고 업무에 대한 내용만 용건 중심으로 작성합니다. 이메일은 발신자와 수신인과 1:1 발송뿐 아니라 '함께 받는 이' 설정 기능이나 '비밀 참조' 등으로 여러 명에게 동시에 보낼 수도 있습니다.

업무용 이메일의 제목은 '희망복지관 홍길동 님 상담 의뢰', '직원 글쓰기 교육 자료'처럼, 내용 축약형으로 10자 내외로 작성합니다. 만약 여러 번 이메일을 주고받은 경우라면 '희망복지관 전안나 부장입니다'라는 식으로 보내는 사람의 소속과 이름으로 작성하기도 합니다. 이메일 제목을 잘못 작성하면 스팸메일이나 광고메일처럼 보여 읽히기도 전에 쓰레기통으로 갈 수도 있습니다. 따라서 제목에 '광고, 홍보, 무료, 동영상' 같은 단어는 되도록 사용하지 않습니다.

업무용 이메일은 최대한 짧고 간단하게 작성합니다. 하나의 이메일에 한 가지 주제만 다루도록 합니다. 만약 다루는 내용이 복잡하면 첨부파일로 작성합니다. 이메일 본문 내용은 스크롤 안 해도 되는 분량으로, 한 줄의 길이는 30자를 안 넘고, 글의 길이는 10줄을 넘지 않게, 모니터상 글씨 크기는 12포인트 정도가 무난합니다. 본문은 3~5개 문장으로 간략히 작성하고, 핵심을 정확히 작성합니다. 업무용 이메일은 여러 번 다시 작성해서 보낼 수 있지만 동일한 내용을 수정해서 여러 번 걸쳐서 보내면 신뢰성이 떨어져 보임으로, 완벽성을 갖추어서 한 번에 보내도록 사전에 검토를 한 후 '발송'을 누릅니다. 메일이 반송이 되는 경우도 있고, 상대방이 메일 확인을 안 하는 경우도 있으므로, 메일 발송 후에는 수신확인을 통해 제대로 수신되었는지 확인이 필요합니다.

상대에게 업무용 이메일을 받은 경우에는 반드시 답장 메일을 작성하는 것도 업무상 예의입니다. 답장 메일은 메일을 확인하면서 '즉시' 작성합니다. 즉시 회신이 가능하면 즉시 회신하고, 검토 후 회신을 해야 하는 경우에는 수신확인 즉시 잘 받았다는 내용으로 1차 회신하면서, 내용에 대한 답변은 언제까지 하겠다고 적어야 합니다. 일반적 이메일을 작성할 때는 두괄식으로 작성합니다. 이메일은 첫 문장에서 인사치레나 미사여구를 쓰지 않고 바로 용건을 작성합니다. 첫 번째로 편지를 작성하는 배경이나 상황을 기술하고 두 번째로 용건, 마지막으로 추가 전달사항으로 작성합니다.

일반 이메일 작성 예시

제목: ○○복지관 홍길동님 상담 의뢰

안녕하세요? ○○종합사회복지관 전안나 사회복지사입니다.
홍길동 님 상담을 의뢰하고자 연락드렸습니다.
홍길동 님 상담 의뢰서 양식을 첨부해 보내드리니, 상담 진행 여부 회신 부탁드립니다.
궁금한 점이나 협의가 필요한 사항이 있으면 070-1234-1234로 연락 주세요.
감사합니다.

○○종합사회복지관 전안나 드림

만약 불평이나 불만등 개선 요청 사항이 있는 이메일 작성 시 앞부분에서는 문제의 원인, 문제 해결책으로 바라는 점, 요구사항을 정중하고 긍정적인 문장으로 작성합니다.

불만, 개선요청 이메일 작성 예시

> 제목: 홍길동님 상담 의뢰관련 회신요청
>
> 안녕하세요? ○○종합사회복지관 전안나 사회복지사입니다.
> 6월 25일 15시경 홍길동 님 상담을 의뢰하였으나 아직 회신이 없어 다시 연락드립니다. 기관으로 여러 차례 연락드렸으나 부재중으로 담당자와 연락이 어렵네요.
> 홍길동 님께서 상담을 기다리고 있는 상황이라 진행 가부를 알고 싶습니다. 오늘 중 연락이 없으면, 진행이 안 되는 것으로 알고 다른 기관으로 의뢰하겠습니다. 제 직통 연락처는 070-1234-1234입니다. 오늘 중 회신 꼭 부탁드립니다. 감사합니다.
>
> ○○종합사회복지관 전안나 드림

미선정, 탈락 등 부정적인 내용의 이메일 작성시는 미괄식으로 작성합니다. 먼저 감사 표현을 하고, 글 작성 목적 그리고 마지막으로 전달사항을 정중하게 언급하면서 글을 마무리 합니다. 상대를 자극하거나 감정적인 표현 삼가고, 중립적인 입장에서 상대의 입장을 고려해 작성 합니다.

미선정, 탈락 안내 이메일

> 제목: 홍길동님, ○○복지관 사례관리팀 응시 결과 안내
>
> 안녕하세요? 홍길동님. ○○종합사회복지관 채용 담당자입니다.
> 사례 관리팀 사회복지사 채용공고에 응시해 주셔서 감사합니다. 채용 결과 안내를 위해 메일 드립니다.
> 저희 기관에 관심 가지고 응시해 주셨는데 안타까운 소식을 전해드립니다. 이번 전형에서는 홍길동 님과 함께 하지 못하게 되었습니다. 채용인원에 제한이 있어서 함께 하지 못함에 아쉬움을 느끼며 앞으로 사회복지 현장에서 꼭 뵙게 되기를 기원합니다.
>
> ○○종합사회복지관 드림

웹 문서 글쓰기

웹 문서 글쓰기는 크게 홈페이지와 SNS 글쓰기를 활용합니다. 웹 문서 글쓰기는 인쇄 문서와 몇 가지 다릅니다. 웹문서는 일반적인 글과 달리 홍보와 광고의 성격이 강하고, 불특정 다수를 대상으로 합니다. 그리고 대부분은 전체 공개되기 때문에 누구라도 볼 수 있는 글입니다. 일반 문서와 달리 웹상에 게재한 후에라도 수정과 업데이트, 삭제가 가능합니다. 하지만 수정 전 상태로 캡처나 공유가 되면 원본을 고쳐도 소용이 없음으로 사전에 오류 없이 완벽하게 올리는 것이 중요합니다.

웹문서는 인쇄 문서보다 문장이 간단해야 합니다. 웹상의 글은 종이로 출력된 글보다 읽는 속도가 느리다고 합니다. 따라서 일반 문서보다 짧은 문장으로, 인쇄물 원고의 절반 수준 길이로 작성하는 것이 적절합니다. 웹문서는 문어체보다는 구어체 사용으로 친근감과 공감대를 형성하는 것이 좋습니다. 너무 가볍게 작성하는 것보다는 기관의 이미지가 친근감과 전문성을 함께 느끼도록 작성합니다. 폰트와 이미지 사용 시에는 무료로 사용 가능한지와, 무료 사용 조건이 있는지 확인이 필요하고, 소식지, 홍보지, 현수막 등 지면뿐 아니라 온라인 소식지, 온라인 홍보지 등도 무료로 사용 가능 한지 별도로 확인해야 합니다.

또 인쇄 문서를 출력해서 보는 사람은 없음으로, 웹상에서 어떻게 보일지를 생각하며 웹상에서 보기 좋게 글을 작성해야 합니다. 웹문서는 일반 문서보다 디자인이 세련되게 구성하는 것이 좋습니다. 다만, 세련된 디자인을 만들었더라도 콘텐츠 구성이 엉성하거나 문서 작성이 부실하다면 신뢰를 얻기 어렵습니다. 웹문서는 첫눈에 시선을 끌어야 아래 내용을 읽을 가능성이 커집니다. 명확한 헤드라인을 넣은 제목이나 첫 시작으로 시작하고, 본문에서도 중요한 핵심 내용을 우선 서술합니다. 웹문서는 모든 글을 서술식 작성보다는 표나 도표, 이미지를 활용하는 것이 전달력이 좋습니다. 문서의 마지막은 가능한 행동을 요구하는 내용으로 마무리하면서 관련 자세한 정보를 확인할 수 있는 링크나, 담당자 연락처를 첨부하여 다음 행동을 유도하는 것이 필요합니다.

웹문서는 여러 채널을 교차 홍보로 활용하는 것이 효과적입니다. 동일한 내용을 서로 다른 형태로 웹 사이트과 블로그, 인쇄물, 뉴스레터, 팟캐스트, 유튜브, 페이스북, 인스타그램에 동시다발적으로 올리고, 해당 글끼리 자세한 정보가 서로 링크되도록 해야 관련 내용이 궁금한 사람에게 추가적인 정보를 제공할 수 있습니다.

웹문서는 비정기적인 업로드보다는 정기성이 중요합니다. 블로그나 유튜브 등도 매일 1개의 글을 1년 정도는 고정적으로 업로드해야 고정방문 이웃이 형성됩니다. 블로그, 페이스북 페이지, 유튜브 등은 작성은 미리 하고 예약된 시간에 글이 공개되도록 하는 예약 기능 활용도 가능합니다. 글을 올리고 나서 수시로 댓글이나 반응을 살펴봐야합니다. 웹문서는 정보제공과 동시에 실시간 제공하는 의사소통 채널로 실시간 짧은 글쓰기가 병행되는 특징이 있습니다. 웹문서를 올리는 SNS 플랫폼별 특징 유형별 타깃, 적절 정보량은 아래와 같습니다. 무엇보다 중요한 것은 웹문서는 각 플랫폼 특징에 맞게 작성해야 하는 업무용 글쓰기라는 점입니다.

먼저 유튜브는 전 연령에서 가장 높은 이용률을 보이는 동영상 중심 플랫폼입니다. 특히 10대 이하와 70대 이상에서 가장 시청 기간이 긴 특징이 있습니다. 조회 수/구독자로 유료 수입 창출 가능하다는 특징 때문에 영상을 만들고 송출하는 유튜브 크리에이터라는 직업을 만들어 내기도 했습니다. 유튜브로 수익을 내고 싶다면 구독자는 1,000명 이상이면서, 최근 1년 이내 구독자들이 영상을 시청 한 시간이 4,000시간이 넘으면 동영상 클릭 시 광고가 자동 재생이 됩니다. 이후 구글 본사로 수익을 신청하는 과정을 진행해야 합니다.

SNS플랫폼 특징	유튜브	블로그	페이스북	인스타그램
주요 타켓	전 연령 높은 이용률	20~40대	직장인	10~30대
특징	조회수/ 구독자로 유료 수입 창출 가능	정보 저장/ 생성 기능 인터넷 검색 상위 노출 가능, 인플루언서 제도 로 20~30대 증가 중	페이스북, 기업용 페이지, 그룹 기능 유료 광고 가능 최근 가입자 감소 중	유료 광고 가능 페이스북과 연동 가능 10~20대와 영유아 보육하는 엄마/ 아빠 사용량 많음
적정 정보량	동영상 15분 이내 #15개 이내	이미지 5~6장 + 텍스트 2,000~2,300	이미지 1~2장 + 텍스트 420자	이미지 (1:1 정사각형) #필수, 30개 이내
활용 추천	동영상 홍보	저장가치가 있는 정보 생성	관계(인맥)관리	휘발성 강한 감성, 비쥬얼 이미지 노출

유튜브에 올리는 동영상은 1회 분량이 5분에서 15분 이내가 적절합니다. 시간이 길어지면 사람들이 끝까지 안 보고 이탈합니다. 만약 올릴 영상이 30분 분량이라면 10분씩 3개 영상으로 올리거나, 5분 분량 6개로 업로드하는 것을 추천합니다. #(해시태그)를 인스타그램처럼 30개씩 붙이거나, 별로 관련 없는 이슈를 붙이는 경우도 있는데 두 경우 다 해시태그 노출이 안 됩니다. 유튜브 해시태그(#)는 긴밀한 관련성이 높은 검색어로 15개 이내로 작성을 권합니다.

블로그는 네이버에서 운영하는 글 중심의 플랫폼으로 20대부터 40대 사용자가 많습니다. 블로그는 올리는 정보량을 제한하지는 않지만, 사람들이 많이 클릭하는 글의 특징을 살펴보니, 이미지 5~6장에 텍스트 2,000자에서 2,300자 정도를 선호함을 알 수 있습니다. 다른 매체보다 글의 양이 압도적임으로, 글 중심의 정보성 자료는 블로그에 적절합니다. 우리나라에서 네이버는 국내 웹사이트 중 검색률 1위입니다. 따라서 블로그에서 작성하는 글은 네이버를 이용하여 검색을 하는 경우에 상위 노출이 될 가능성이 있습니다. 따라서 저장 가치가 있는 정보성을 올리는 것이 좋습니다. 최근에는 '블로그 마켓' 이나 '인플루언서' 나 '애드 포스터' 등으로 개인이 수입을 창출할 기회가 생기면서 20~30대 사용자가 증가하는 추세입니다.

페이스북은 직장인들 사용률이 높습니다. 개인용의 페이스북은 실명으로 운영이 되어서 인맥관리, 네트워킹 기능이 우수합니다. 원하는 개인들끼리 그룹 기능이 있습니다. 업무용 페이스북은 '페이스북 페이지' 계정으로 만드는 것이 더 적절합니다. '페이스북 페이지'로 개설을 하게 되면 유료 광고도 할 수 있습니다. 페이스북의 적정 정보량은 이미지 1~2장에 텍스트 420자 내외입니다. 가끔 페이스북을 하는 분 중 이미지 없이 글만 길게 작성하는 경우가 있는데요, 글을 길게 작성하실 분은 블로그를 하는 것이 더 적절해 보입니다.

인스타그램은 현재 페이스북에서 인수해서 페이스북과 연동 가능하다는 장점이 있고, 10대에서 30대까지 젊은 연령층, 영유아 자녀를 키우는 엄마들이 많이 이용하는 플랫폼입니다. 인스타그램은 글보다는 이미지 중심의 플랫폼으로 가로세로가 동일한 비율인 1:1이나 세로가 더 긴 3:4 정도 비율의 이미지를 여러 장 혹은 한 장 올리고, 하고 싶은 말은 글로 작성하기보다는 #(해시태그)로 작성하는 특징이 있습니다. 이미지는 감성적이거나 비주얼적인 측면이 강조 됩니다. 여러 가지 사진 앱을 활용하여 직접 촬영한 이미지를 올리는 것이 좋습니다. 인스타그램은 이미지 중심 매체로 글을 길게 쓰는 것이 아니라 해시태그(#)로 핵심 의사소통을 합니다. 해시태그(#)는 30개 이내가 적절합니다.

초대장

요즘은 초대장을 자주 사용하지는 않지만, 개관 기념 행사나 후원의 밤 같은 기관 전체 공식 행사 때는 초대장을 발송하는 경우가 종종 있습니다. 초대장은 전자 우편이나 일반 우편, 혹은 인편으로 전달합니다. 초대장 제일 윗부분에는 제목을 작성합니다. 서두에서는 인사말과 함께 간략한 초청의 목적을 작성합니다. 구체적인 행사 내용은 하단에 별도로 표시하는데요, 초대장 본문 부분에는 행사 일시를 작성합니다. 연도·날짜·요일·시간 모두 작성하고, 행사 장소는 상세히 주소 외에 최종 정확한 위치로 몇 층 인지와 실 이름을 기재합니다. 그 외 준비 사항이 있으면 표기하고, 결론 부분에는 문서 작성 날짜와 첨부 사항으로 마무리합니다. 초대장은 특별 행사나 중요한 이해관계자에게 보내는 경우가 많음으로 격식을 갖추어 작성하고 오탈자에 특히 주의합니다.

초대장 작성 예시

○○종합사회복지관 후원의 밤에 초대합니다.

안녕하세요? 홍길동 후원자님.

후원자님 덕분에 올 한해 우리 지역의 이웃에게 따뜻한 도움을 드릴 수 있었습니다. 지난 1년간의 후원금 사용내역과 후원사업 성과보고를 여러 후원자님을 모시고 진행하고자 하오니, '후원의 밤'에 참석하셔서 자리를 빛내주세요.

- 행사 내용 -

행사 일시 20○○년 12월 2일(목) 19:00~21:00

행사 장소 ○○종합사회복지관 3층 강당

(○○시 ○○구 ○○1로 51 , 02-123-1234)

준비 사항 드레스코드 골드와 블랙

관련 문의 070-123-1234

20○○년 11월 12일

○○종합사회복지관 직원 일동

* 첨부 - 약도 1부

팩스 발송 표지

팩스를 보낼 때는 표지와 함께 발송합니다. 팩스 표지는 첨부 문서를 간략히 요약하여 한눈에 파악하도록 첨부하는 문서 양식입니다. 보통 기관에 팩스는 1대를 공용으로 사용함으로 수신처와 담당자와 연락처를 작성하고 보내는 발신처와 담당자와 연락처를 작성합니다. 팩스가 발송 과정에서 첫 장이나 마지막 장이 유실되는 경우가 있습니다. 팩스 발송 내용에는 송부 내용이 무엇인지 총 몇 장인지 기재하여 발송하면 팩스 수신이 제대로 되었는지 확인 가능합니다.

팩스로 보내는 첨부 서류는 일반 출력 본보다 화질이 떨어지고, 흑백으로 전송되는 특징을 기억하고 작성하는 것이 필요합니다. 글에 색을 넣어도 전달이 되지 않음으로 흑백으로 작성하고, 작은 글씨보다는 큰 글씨로 작성하는 것이 좋습니다.

팩스 작성 예시

기관명 팩스 송부	○○종합사회복지관 팩스 송부
· 수 신 처 : 해당 기관명 작성 · 담 당 자 : 송부 대상자 작성 · F A X : 팩스 번호 기재	· 수 신 처 : ○○사회공헌센터 · 담 당 자 : 홍길동 소장 · F A X : 02-1234-3959
· 발 신 처: 기관명 · 담 당 자 : 발송자 이름 · T E L : 전화 번호 기재 · F A X : 팩스 번호 기재	· 발 신 처: ○○종합사회복지관 · 담 당 자 : 전안나 부장 · T E L : 070-1234-1234 · F A X : 02-123-1234
Fax 발송 내용 송부 내용 작성 총 매수 작성	Fax 발송 내용 운영위원회 공문과 계획서 각 1부 송부 표지 포함 3장

4부 대외용 _ 사업제안서

대외적으로 사업계획을 제시하는 업무용 문서로는 사업제안서가 있습니다. 사회복지계에서는 프로포절이라고 말하고, 일반 기업에서는 기획서나 사업제안서라고 표현합니다. 사업제안서를 잘 쓰는 노하우 다섯 가지를 알려드립니다.

사업제안서

1. 사업제안서 쓰기 전에 깊고 넓게 생각하자

프로포절을 작성할 때는 가능한 논리적 글쓰기를 해야 합니다. 논리적 글쓰기는 논리적 사고, 논리적 구성에 바탕을 둡니다. 문제 해결을 위한 아이디어가 어떻게 실행될지 과정과 요청 사항을 구체적으로 자세히 설득력 있게 기술하는 것이 중요합니다. 작성 전 사회복지 글쓰기 6하원칙 체크리스트에 따라서 상사와 함께 다상량하는 시간을 가진 후 작성하기 바랍니다.

Who: 이 글을 읽는 최종 독자가 누구인가? 누가 작성할 것인가? 검토자가 누구인가? 검토자가 요구할 사항이나 기대수준은 어떠한가? 공유해야 할 부서나 인물이 누구인가? 행위의 주체자가 누구인가?

when: 사업제안서 작성 시작 시간, 중간 점검 형태와 시간, 완료 시간, 문서에서 언급하는 사실과 관련된 시행 시간과 기간을 확인

Where: 실행 방법이 오프라인으로 기관 내부인지, 외부 대관인지, 가정인지 확인. 온라인이라면 실시간 쌍방향인지, 유튜브인지, 문자인지, 단체 톡으로 할 것인지 확인

What: 핵심 주장이나 생각 무엇인가? 얼마나 가치 있는 생각인가? 단기·중기·장기에 따라 무엇을 해야 하는가? 거시적·미시적으로 무엇을 해야 하는가? 개선·이익 요인은 무엇인가? 장점·단점 요인은 무엇인가? 기회·위협 요인은 무엇인가? 차별화 요인은 무엇인가?

why: 왜 해야 하는가? 추진 배경, 상황이 무엇인가? 어떤 구실, 목적, 기대하는 결과

가 무엇인가? 중요한 강조점이 무엇인가?

How: 작성 도구가 수기인지, 컴퓨터 문서인지, 전문 프로그램인지, 인터넷 작성인지 확인. 작성 형식이 자유 형식인지 규격 형식인지 확인. 글의 전개 방식을 어떻게 할 것인지 결정·실행 방법은 집단 프로그램인지, 개별/집단 상담인지 일자리 제공인지, 교육 훈련인지, 후원금 연계인지 등을 확인

2. 사업 지원처를 스터디하자

사업제안서 작성 전에는 지원처의 특징을 정확히 파악하는 것이 먼저입니다. 저는 프로포절을 작성했다가 선정된 경험도 많지만, 탈락한 경험도 많습니다. 탈락한 사유는 다양하지만, 그중 지원처의 특징을 모르고 사업제안서를 제출했다가 탈락한 적도 있습니다. 지원처 중에서는 소규모 시설만 지원을 한다거나, 선정 시 즉시 사업에 착수해야 한다거나, 장애 관련 사업만 지원한다는 등 지원처 마다의 특징이 있습니다. 그런데 해당 지원처의 특징을 파악하지 않고, 사업제안서를 제출하면 아무리 잘 써도 선정되기는 어렵습니다. 따라서 사업제안서를 작성하기 전에 해당 제안서 공고문, 지원처의 홈페이지 등에 들어가서 주요 지원 분야, 지원 특징 파악, 최근 펀딩 진행 내용을 확인합니다. 사업제안서가 선정되지 않고 탈락한 후에도 최종 선정된 기관 목록이나 사업명을 다시 찾아보는 것이 필요합니다. 그러면 지원처에서 주로 지원하는 기관이 어떤 곳인지, 최근 사업제안 흐름이 어떠한지, 다른 기관들은 어떤 신규 사업을 기획하고 있는지 최신 트렌드를 알 수 있는 학습의 기회가 됩니다.

3. 사업제안서 앞부분에서는 우리 기관에 대한 신뢰성과 전문성을 강조하자

지원처에 대한 파악 이후에는, 지원처에게 우리 기관에 대한 신뢰성과 전문성을 보여주는 것이 필요합니다. 사업제안서와 프로포절은 외부의 타 기관, 외부의 전문가가 독자입니다. 대외 발송하는 프로포절, 사업제안서 작성 시는 외부 기관에서는 우리 기관을 잘 모릅니다. 평소에 잘 알고 있는 기관이어도 담당자가 바뀌어서 우리 기관을 잘 모를 수도 있다는 전제로 우리 기관의 상황과 배경을 이해할 수 있도록 기관 소개에서 신뢰감을 주고, 필요성을 분명히 밝혀야 합니다.

기관 현황에서는 주로 설립 목적, 주요 연혁, 조직과 직원 체계, 주요 사업 내용, 연간 예산, 외부 지원금 현황, 신청 사업과 유사 또는 동일 사업 수행 경험 등을 작성하도록 합니다. 기관의 기본 현황은 신입 직원은 처음 작성하기 어려울 수 있습니다. 기관 규모가 큰 경우는 총무팀에게, 소규모 시설인 경우 기관장에게 정확한 정보에 대한 확인이 필요합니다. 또한 기존에 유사한 사업들과의 차별성이 무엇인지, 우리 기관의 강점을 중심으로 우리 기관이 이 사업을 수행해야 하는 이유에 대해 관련 경험적 근거, 사전 조사 내용을 바탕으로 설득하는 글쓰기를 합니다. 우리 기관이 해당 사업을 수행할 능력이 있음을 증명하여 신뢰성과 전문성을 확보해야 합니다.

4. 사업제안서 양식을 정확히 이해하자

외부로 발송하는 공식 매체로서 공문서 형식이나 해당 지원처에서 제시하는 사업 제안서 양식을 갖추어서 작성해야 합니다. 공통적으로 기재하도록 하는 항목은 사업명, 필요성, 서비스 대상, 선정 기준, 목적과 목표, 세부사업내용, 평가 계획 등이 있습니다.

1) 사업명은 대상, 목적, 방법과 관련한 정보를 담은 사업명을 담아야 합니다. 때로는 '통통 프로그램', '꿈 모아 프로그램', '드림 스쿨' 등 슬로건만 적는 경우가 있는데 이렇게만 적으면 어떤 사업인지 알기 어렵습니다. 사업명에는 대상과 목적, 방법을 식별 가능하게 적고 슬로건은 부제로 적습니다.

2) 필요성은 왜 이 사업을 기획하게 되었는지를 지역사회 특성, 클라이언트의 욕구에 따른 필요성, 이론적 배경 등을 바탕으로 작성합니다. 사회적 필요성에서는 세계적인 추세나, 한국 전체나 지역사회의 인구변화, 사회 변화, 정치 변화 추세, 이해관계자들의 복지에 대한 사회적 기대 등을 반영하여 작성합니다. 관련 근거로 신문, 뉴스, 정책 자료집 등을 참고하면 좋습니다.

프로그램 대상자의 욕구, 문제, 어려움에서는 클라이언트의 욕구를 반영한 실천과 관련이 있습니다. 클라이언트가 직접적으로 표현한 의사 표현을 반영하면 좋습니다. 평상시 프로그램 참여 중이나 상담 중 클라이언트가 직접 표현한 내용이나, 욕구 조사나 만족도 조사 시 나온 결과치, 포커스 그룹 인터뷰, 개별 인터뷰 등을 통해 직·간접 수집한 자료를 활용하면 생생한 표현이 가능합니다.

이론적 배경에서는 관련 논문, 전문 서적을 최소 10권 이상 참고하기를 권합니다. 단순히 논문을 읽어보았거나, 관련 전문서적을 읽었다는 것에서 끝나는 것이 아니라, 우리가 하는 사회복지 실천의 구체적인 아이템인 사업내용이 이론적 배경에서 도출되어야 합니다. 이는 우리가 하는 실천의 타당성 확보와 검증된 이론에 기반 한 실천을 위해서입니다. 즉 독립변수로서의 프로그램이 종속변수로서 성과로의 연계를 위해 필요합니다.

이론적 배경은 사업 아이템 도출뿐 아니라, 대상에 대한 개념 규정과 근거 이론을 제시하여 증거 기반 실천을 위한 최상의 실천 근거 마련을 목적으로 합니다. 다양한 선행 논문, 연구, 사례를 바탕으로 사회복지 목적을 달성하기 위한 효과적인 전략과 방법을 확인하는 것을 목적으로 합니다.

3) 서비스 대상은 주로 일반 대상, 위기 대상, 표적 대상, 실 인원으로 표시합니다. 초급 사회복지사인 경우 대상 구분을 지역적인 특성으로 구분하는 경우가 많습니다. 예를 들면 일반 대상은 ○○시민, 위기 대상은 ○○구민, 표적 대상은 ○○동주민으로 작성하는데요, 서비스대상은 지역적 특성보다는 대상의 특성으로 구분하는 것이 적절합니다. 예를 들어 일반 대상은 ○○구 주민, 위기 대상은 ○○구 주민중 수급자, 표적 대상은 ○○구 수급 대상 중 20대로 설정하는 것입니다.

그리고 표적 대상과 실 인원은 본질상 성격이 같습니다. 표적 대상 전체를 대상으로 서비스를 제공해야 하지만, 현실적인 여건으로 인해 실제 참여자 수를 제한하게 됩니다. 그러나 공간적·예산적·환경적 제한이 없다면 표적 대상 모두가 실 인원이 될 수 있겠지요. 따라서 표적 대상은 가능한 정확한 수가 산출되어야 합니다.

4) 선정 기준은 표적 대상 중 클라이언트 선정을 위한 구체적인 기준을 제시하는 것을 말합니다. 표적 대상 모두 성격상 실 인원이 될 수 있는데 현실적인 한계로 일부 클라이언트만 참여하게 됩니다. 따라서 공정한 기회 제공, 자원의 공정한 분배 등을 염두에 두고 어떤 기준으로 참여자를 선정할 것인지 기준 제시가 필요합니다. 선정 기준으로는 사전 신청 여부, 개인 참여 의사, 담당자나 전문가의 추천 여부, 관계자 회의를 통한 선정, 점수표를 활용한 선정 등을 활용합니다.

5) 목적와 목표에서 보통 목적은 1개로, 목표는 여러 개로 작성합니다. 사회복지사들이 어렵게 생각하는 부분은 목적과 목표입니다.

프로그램 목적은 누구의 어떤 문제를 어떻게 변화시킬 것인지로 압축됩니다. 프로그램 목적에는 Who + What + Do를 넣어주세요. Who는 구체적인 표적 집단으로 누구를 대상으로 하는지, What에서는 현재 어떤 문제가 있는지를 명시합니다. 마지막 Do는 바람직한 미래 상태로 어떻게 변화할지를 적습니다. 목적은 "증가한다. 발전한다. 확장한다. 감소한다. 발휘한다. 주도한다" 등의 문장으로 작성합니다. 프로그램 목표는 목적을 측정 가능한 형태로 진술 한 것입니다. 아래 예시처럼 "교육을 8회 실시한다, 만족도 70점 이상, 사전 사후 대비 향상이나 감소, 교육 이수, 취업" 등으로 구체적으로 측정 가능하게 작성합니다. 구체적으로 작성해야 달성 평가가 쉬워집니다.

목 적	목 표
- 발달장애아동의 자립 능력을 고취한다. - 청소년 집단체육 프로그램으로 사회성을 향상한다. - 사회복지사 글쓰기 역량을 강화한다.	- 발달장애아동 자립교육 8회 실시 - 교육 만족도 70% 이상 - 참가자 불안척도 사전 사후 대비 평균 2점 이상 감소 - 참가자 전원 교육 이수 여부 - 참가자 중 3명 이상 취업 - 12인승 차량을 확보

6) 세부사업 내용에서는 목표에 따른 세부내용을 6하 원칙에 따라 기록합니다.

수행 활동, 수행 시기, 산출 활동, 진행 일정표, 담당 인력, 예산 등을 작성합니다. 세부사업 내용을 작성할 때는 실현 가능성이 가장 중요합니다. 계획에 맞게 실천이 되었는지 평가를 해야 하므로, 선정을 위해 무리한 사업을 작성하지 않고, 100% 달성을 염두에 두고 작성합니다. 인력은 주 진행과 보조 진행, 그리고 강사나 보조 인력 등을 이름과 역할을 업무 분장하여 작성합니다. 일정은 사전 준비와 진행, 사후 평가 일정을 포함하여 작성합니다. 예산 산출의 근거는 지원처의 예산 집행 기준을 참고하여 작성하되, 없는 경우에는 기관 내부 예산 시행세칙이나 사회복지공동모금회 예산집행 안내를 참고 합니다. '단가x수량x횟수x비율(%)' 로 산출내역을 작성하고 항목별로 합계를 작성합니다.

7) 평가계획은 목표 달성을 어떻게 측정할 것인가와 관련 있습니다. 세부 목표에 따른 성과 지표와 측정 도구, 측정 방법을 제시 합니다. 성과 지표는 수치화된 목표를 기준

으로 삼아, 어떤 도구로 어떻게 측정할 것인지 방법을 작성합니다.

목 표	측정 도구	측정 방법
	설문조사	단일집단 사전 사후 평가
자립교육 8회 실시	만족도 조사	목표성취도 평가
교육 만족도 향상 여부	프로그램 참여자	질적 내용 분석
사전 사후 점수	학교 담임교사	비교집단 실험설계
교육 이수 여부	프로그램 일지	참여자 과제물
3명 취업 여부	알림장	건강발달 상황표
12인승 차량 확보 여부	성적표	알림장 점검
	벅의 우울 척도	성적표 변화 측정

5. 철저한 퇴고를 하자

모든 업무용 문서는 당연히 철저한 퇴고를 해야 하지만, 사업제안서는 퇴고가 더욱 중요합니다. 특히 논리적인 글쓰기로 상대방을 설득해야 하므로, 내용의 퇴고, 형식의 퇴고, 상사 퇴고 외에도 '거꾸로 퇴고'를 하시기 바랍니다. 보통 사업제안서는 〈사업 필요성 – 사업 목적 – 목표 – 세부 프로그램 – 예산 – 평가〉 순으로 작성하는데요, 작성이 완료된 후에 제일 뒷장 평가부터 거꾸로 퇴고를 하면서 논리적으로 자연스러운지 '거꾸로 퇴고'를 하는 것이 필요합니다.

즉 〈평가 – 예산 – 프로그램 – 세부 프로그램 – 목표 – 목적 – 사업 필요성〉을 거꾸로 읽어 내려가면서 평가에는 있는데 예산이나 세부 프로그램에 누락된 것은 없는지, 프로그램에는 있는 목적이나 필요성에 언급이 안된 것이 없는지, 예산 계획은 세웠는데 세부 프로그램 실적과 안 맞지는 않는지 거꾸로 점검 하는 것입니다.

부록으로 4개의 사업제안서 양식과 예시를 첨부합니다. 아래 첨부한 사업제안서의 작성 시기는 각각 다릅니다. 제출처도 다릅니다. 예시1은 구청에 제출한 민관협력 사업제안서이고, 예시2는 일반 기업에 제출한 사업제안서이고, 예시3은 정부단체에 시범사업 선정을 위해 제출한 사업제안서이고, 예시4는 모금전문기관에 제출한 사업제안서입니다. 선정이 되어 사업비 지원을 받은 사업도 있고, 미선정된 사업제안서도 있습니다. 각 지원처에 따라 양식이 조금씩 상이한데요, 참고용으로 보여드립니다.

예시 1. 민관협력 사업제안서

장애아동 부모역할 지원 및 가족기능강화 민관협력 사업계획서
(부제 사업명: 꿈모아)

1. 사업명: 장애아동 부모역할 지원 및 가족기능강화 민관협력 사업

2. 민관협혁 사업 추진배경 및 필요성
- 핵가족화, 공동체의 분절화 등으로 인해 자녀 양육에 있어서 주 양육자의 책임이 가중된다.
- 사회적으로 가정 내 부부공동 양육문화를 지향하고자 하는 분위기이나 적절히 수행하기 어려운 환경이다.
- 낮은 지지체계, 다양한 스트레스, 적절한 역할모델 부재 등으로 인해 양육 어려움 크고 넘쳐나는 양육정보로 인해 오히려 양육자에게 혼란을 준다.
- 이에 복지관에서의 부모교육뿐만 아니라 주 양육자에 대한 전문 심리·정서지원 통해 건강한 양육 방법을 익히고 더 나아가 다양한 통합활동을 통해 가족 및 이웃 간 공동체 의식을 함양한다.
- 가정 내 공동육아 문화 확산으로, 자녀 양육에 있어서 교육이나 상담을 통하여 가족의 정서적 지지체계를 지역사회 안에서 지원한다.

3. 민관협력 체계

〈민간〉 지역주민	〈민간〉 지역 복지관 4개소	〈관〉 **구청
- 이용자 모집을 위한 홍보 - 사업 실행 시 정기 모임 통한 점검 및 피드백 - 사업 실행 및 향후 계획을 위한 아이디어 제시	- 실제 사업 계획 및 실시 - 민관협력 체계 안에서의 자료, 정보 공유	- 이용자 모집을 위한 홍보 - 미담사례 홍보 - 예산 집행·감독 등

4. 사업 추진방향
- 지역특성에 맞게 부모의 개별 욕구를 바탕으로 차별화된 교육을 제공한다.
- 가정 내 부부간 공동양육 문화 확산을 위한 방법 이해를 위한 다양한 방안을 제시한다.
- 자녀 양육에 있어서 가정 내 개인 책임이 아닌 지역의 공동육아 문화를 확산한다.

5. 사업 목적
- 어머니 개별, 집단 상담 및 가족 활동을 통하여 양육 스트레스를 감소한다.
- 아버지 집단 상담, 부-자녀 놀이 활동, 아버지 자조모임을 통하여 양육 효능감을 높인다.
- 비장애 자녀와 함께 하는 가족 통합 활동을 통해 가족의 응집력을 높인다.

참여 부모 간 자조모임을 형성하여, 지지체계를 형성한다.

6. 사업 주요 내용

1) 추진 방법

- 대상자 유형: 유아~초등저 장애아동을 둔 가족 15가족, 실인원 30명 (아버지 5명, 어머니 10명, 자녀 15명)
- 대상자 모집: 기관 내 장애아동치료실 이용고객, ○○1동/ 2동/ 3동 장애아동 , 통합어린이집, 맘카페 온라인 홍보 및 아파트 홍보
- 대상자 선정: 참여희망자 중 사전 면담 및 선정회의를 통해 최종 선정
- 인적자원 활용: 심리학 석사 전문상담원(집단 및 개별상담)과 결혼가족학 박사 (부부상담) 자원을 활용한 전문적 사업수행

2) 세부프로그램

① 따뜻한 아빠되기- 장애아동을 키우는 아버지 대상

세부 프로그램	내 용	시 기	인 력
사전 면담	참여 필요성 확인, 프로그램의 욕구, 자녀 양육 어려움 등의 파악을 위한 개별 면담 5명	4월	사회복지사
오리엔테이션	사업 설명과 사전 척도 검사	5월	
아버지 집단 상담	- 총 6회기×60분, 격주 주말 활용, 5명 내외 - 아버지 집단에 대한 올바른 양육 교육 실시로 상호 이해와 건강한 부-자 관계 도모 - 집단 상담을 통한 자기 성찰 - 참여자간 지지 체계 확립	5~7월	전문 상담가
부-자녀 놀이활동 및 놀이비 지원	- 총 2회기×2시간 격주 주말 활용, 5명 내외 - 교육에 참여한 아버지와 그 자녀에 대한 다양한 놀이 활동 방법 안내 - 다양한 도구 통한 놀이 실제 체험 - 부-자녀만의 시간을 통해 오롯이 양육자로서의 시간 경험	8~9월	아빠 놀이 전문가
	월 1회 활동비 지원을 통한 부자놀이 촉진 예시) 키즈 카페, 외식, 수영장, 영화관람, 눈썰매장 등	10~11월	사회복지사

② 행복한 엄마되기- 장애아동을 키우는 어머니 대상

세부 프로그램	내 용	시 기	인 력
사전 면담	참여 필요성 확인, 프로그램의 욕구, 자녀 양육 어려움 등의 파악을 위한 개별 면담	3월	사회 복지사
오리엔테이션	사업 설명과 사전 척도검사	4월	
어머니 집단상담	- 총 6회기×60분, 격주 주중 활용, 10명 내외 - 올바른 양육교실로 건강한 모-자 관계 도모 - 집단 상담을 통한 자기 성찰 - 참여자간 지지 체계 확립	5~7월	전문 상담가

③ 든든한 가족되기- 비장애형제를 포함한 장애아동가족 대상

세부 프로그램	내 용	시 기	인 력
가족 통합활동	- 온가족 통합 활동 총3회 진행 - 장애 아동, 비장애 형제자매, 부모가 함께할 수 있는 다양한 활동 실시하여 가족간 응집력 향상 : 나들이, 운동회, 사진촬영 등 가족이 희망하는 활동으로 진행	6월 9월 12월	사회 복지사
부부 소통/ 갈등 교육	- 4~5 부부 대상, 격주 주말, 2회기×3시간 - 부부간 의사소통과 갈등 관리 교육 1)의사소통 유형 검사 및 해석 2) 부부 대화법 3) 실전 대화법 워크숍	9~10월	부부 전문가
온라인 밴드 운영	- 온라인 밴드 개설을 통해 자조모임 기반 마련 - 정보교류, 양육 지지망 형성을 위한 자조모임 결성 지원 - 정기 모임 통해 가족들간 공동체 의식 함양	3월 ~연중	사회 복지사
장애아동가족 자조모임 결성		11월	

3) 추진 일정

내 용	1월	2월	3월	4월	5월	6월	7월	8월	9월	10월	11월	12월
오리엔테이션				0	0							
집단상담				0	0	0	0					
가족통합활동						0			0			0
부부 교육									0	0		
밴드 개설 및 활동			0	0	0	0	0	0	0	0	0	0

4) 성과 지표

- 어머니 참여자 중 50% 이상 사전 사후 양육 스트레스 감소

- 아버지 참여자 중 50% 이상 사전사후 양육 효능감 향상
- 프로그램 실적 달성 90% 이상
- 프로그램 만족도 평균 85점 이상
- 자조모임 결성 여부
- 프로그램 참여자 및 진행자에 대한 인터뷰 통한 질적 평가

5) 성과평가 및 모니터링 계획
- 3월 오리엔테이션과 12월 송년회에 사전사후 효과성 검사
- 매월 실적과 프로그램 만족도 취합을 통한 사업 모니터링
- 자조모임 밴드 개설을 통해 활성화 모니터링
- 분기별 민관협치분과 회의 및 평가회

7. 소요 예산 (지면 관계상 생략)

예시 2. 기업지원 사업제안서

다문화가족 지역사회 통합 지원 사업

(부제: Beautiful Korea Life)

I. 기관현황 (지면관계상 생략)

1. 신청기관

1) 설립목적 및 주요연혁
2) 조직 및 직원체계
3) 주요사업 내용
4) 연간 예산
5) 외부 지원금 현황
6) 신청 사업과 유사/동일 사업 수행 경험
7) 운영위원회 명단
8) 신청기관 약도

II. 사업계획

1. 사업명: 다문화가족 지역사회 통합 지원 사업(부제: Beautiful Korea Life)

2. 사업의 필요성

1) 대상자 욕구 및 문제점

최근 들어 국제결혼이 급속도로 늘어나고 있어 한국인과 외국인이 한 가정을 이루어 사는 다문화 가족이 점차 증가하고 있는 추세이나 이와 동시에 이혼율 또한 매우 높은 상황이다. 20○○년 ○월 ○일자 ○○신문 보도에 따르면 외국인 배우자 이혼 건수는 20○○년 3,300건에서 20○○년 1만 1,255건으로 3배 이상 늘었다. 그런데 20○○년 국제결혼 건수 3만 6,204건을 기준으로 할 경우 3쌍 중 1쌍이 이혼 한 셈인데 이혼 사유가 과거에는 외국인 여성이 취업을 목적으로 위장결혼한 뒤 도망치는 사례가 대부분이었으나 최근에는 문화적 차이 등으로 원만한 결혼생활을 영위하지 못하는 이유가 주원인인 것으로 나타나고 있다. 보건복지부 조사 결과 결혼 당시 평균 연령은 외국 부인의 경우 24.5세, 한국 남편의 경우 38.5세로 부부 평균 연령 차이는 14.1세인 것으로 나타났으며 한국어 구사 정도는 '짧은 생활언어 가능' 59.7%, '간단한 단어 구사' 26.5%, '거의 이해 못 함' 1.6%로 약 30%가 한국어 의사소통에 어려움을 높은 수준으로 겪고 있는 것으로 나타났다. 국제결혼의 경우 평균 연령이 14세 이상 차이가 나고, 문화적 차이로 인한 생활상의 문제를 경험하고 있는데, 최근 뉴스 보도에서 자녀를 둔 외국인 주부가 의사소통이 되지 않고 철저히 고립되는 상황에서 자살을 한 사건에서도 알 수 있듯이 특히 언어가 원활히 소통되지 못하는 상황에서는 철저히 고립되어 한국사회에서 부적응하여 사회문제로 발생하고 있다.

20○○년 통계청에서 국민을 대상으로 한 설문조사를 보면 가장 시급히 해결되어야 할 다문화 관련 이슈 1위가 '다문화가족에 대한 편견을 없애는 사회 분위기 조성'이었으며 2위는 '사회 적응을 위한 한글/문화/교육 서비스가 필요하다'고 응답하였다. 20○○년 4월 광주시가 광주에 사는 다문화 2,807 가구 가운데 이주여성 1천 명을 대상으로 벌인 조사에서 다문화 가정 여성들의 사회 적응력을 높이려면 언어 및 문화 교육, 직업 교육, 사회 적응, 네트워크 형성 등이 한 곳에서 체계적으로 이루어질 수 있는 장이 필요한 것으로 지적되었다.

이에 따라 본 복지관에서는 다문화 가정이 한국 내에서 행복한 이웃으로 함께할 수 있도록 외국인 주부 간 문화교육과 국가별 자조모임을 통한 네트워크를 형성하여 외국인 주부들이 서로 의지하며 생활할 수 있는 기반을 지원한다. 또한 다문화 가족 구성원 간 이해력이 증진될 수 있도록 외국인 주부의 모국과 한국의 음식 나눔과 가족 문화 체험 활동을 통해 결혼 만족도가 향상되도록 도우며, 다문화 가족과 한국인 가족이 함께 행복한 이웃이 되어 살아가는 지역사회통합을 이룩하기 위해 본 사업을 계획하게 되었다.

2) 지역 환경적 특성

본 복지관이 위치한 ○○구는 20○○년 기준 등록 인구 621,192명으로 서울시 전체의 6.1%를 차지하는데 단위 면적당 인구밀도 17,802/ha로 자치구 중 인구밀도가 가장 높은 도시 중 하나이다. 인구밀도뿐 아니라 사회복지 대상자 규모 또한 큰 지역으로 국민 기초생활수급자의 경우 22,012명으로 ○○시의 11%, 65세 이상 노인인구도 50,656명으로 ○○시의 7%, 등록 장애인 인구 역시 24,727명으로 ○○시의 10%에 해당한다. 또한 ○○구는 저소득 밀집 지역으로 ○○시 임대 아파트의 25%인 약 2만세대에 이르는 저소득층이 21개의 임대 아파트 단지에 거주하는 등 경제적으로 열악한 지역이다. 또한 가족의 유형도 다양하여 20○○년 복지관을 이용한 가족 302가족을 유형별로 살펴보면 한부모 가족이 110명으로 36% , 조손가족이 54명으로

18%, 장애가족이 29명으로 10%, 소년소녀가장가족이 4명으로 1%, 새터민가족과 다문화가족이 17가족으로 5%를 차지하는 등 다양한 유형의 가족이 많으며 이에 따라 다양한 욕구가 산재해 있는 지역이다.

또한 본 복지관이 위치한 ○○구는 20○○년 이후 지속적으로 외국인 거주자가 증가하여 아래 표 1과 같이 20○○년 3월 31일 기준으로 4,865명의 외국인이 거주하고 있다. 이중 56%인 2,757명이 여성 외국인 거주자이고, 국제결혼으로 노원구에 거주하는 외국인 여성은 914명으로 전체 여성 외국인 거주자의 33%를 차지하고 있다. 또한 국적은 중국, 일본, 대만, 몽골 등 동북아가 3,778명으로 가장 많고 그 외 동남아시아, 남북 아시아, 중앙아시아, 미국, 러시아 등이 1,087명으로 다양한 국적의 외국인 거주자가 함께하고 있다.

20○○년 7월 동사무소 지원으로 운영되고 있는 본 복지관의 외국인 주부 대상 한글교실 참여자를 보면 전체 이용자는 39명으로 국적은 베트남, 필리핀, 중국, 일본, 러시아, 인도네시아 등 6개 국가로 구성되어 있으며 연령은 20대가 20명, 30대가 11명, 40대가 8명이다. 그동안 복지관에서는 왕초급, 초급, 중급, 동화책, 1:1 한글지도 등 수준별 한글교실을 운영하여 39명의 외국인 주부가 언어교육을 참여하고 있는데 타 기관과 연합해서 진행하는 외국인 축제, 한국문화체험 캠프, 아동양육 도우미 지원, 사회교육 교실, 법률교육, 건강검진 등에 대한 정보 제공 시 적극적으로 참여하는 모습을 볼 때에 이 지역의 다문화 가족이 다양한 사회 서비스에 욕구가 있음을 알 수 있다.

* 표1- ○○구 거주외국인의 유형 (20○○.3.31 ○○구청 자료)

구분 / 인원		근로자	국제결혼	유학생 (연수)	방문 (동포)	기타
계	4,865	734	1,151	999	1,218	763
남	2,108	373	237	473	603	422
여	2,757	361	914	526	615	341

* 표2- ○○구 거주 외국인 국적별 현황 (20○○.3.31 ○○구청 자료)

구분 / 총계	중국 (한족)	중국 (조선족)	대만	일본	몽골	동북아 총계
4,865	1,031	2,274	118	165	190	3,778
	필리핀, 베트남	네팔,인도	우즈베키스탄	미국 멕시코	유럽	기타
	228	35	68	549	118	89

3) 경험적 근거

20○○년 동사무소 지원으로 본 복지관에서 시작된 다문화 외국인 주부 대상 왕초급, 초급, 중

급, 동화책 한글 교실에는 39명의 외국인 주부가 참여하였는데, 다문화 외국인 한글교육과 전공이 관련 있는 지역 대학생과 지역주민들과 1:1 연계를 통한 맞춤 한글교육에 10여 명의 외국인 주부가 참여하여 한글교육에 높은 참여도를 보이고 있다. 또한 20○○년 5월 외국인 축제에 지역의 외국인 300여명과 함께 참석하였고, 20○○년 6월 타 기관에서 진행하는 문화체험캠프에 19명의 가족이 참여하였으며, 타 기관을 통한 아동 양육도우미 지원이나 사회 교육 교실, 법률 교육, 건강 검진 등에 적극적으로 참여하는 모습을 볼 때에 이 지역에 다문화 가족에 대한 욕구가 많음을 알 수 있다.

본 기관에서는 20○○년부터 외국인 주부 한글교육을 통해 한국 적응을 지원하고 있었으나 외국인 주부가 한글교육 외에는 한국의 문화에 대한 경험할 수 있는 기회가 없었고 외국인 주부의 가족이나 지역주민 스스로도 외국인 주부에 대해 이해할 수 있는 기회가 부족하였다.

지난 1년간 다문화 사업을 진행하면서 만난 외국인 주부와 가족들이 표현하는 욕구는 주로 의사소통이나 가족관계, 친구관계, 외부 활동 등에 대한 것이다. 한국어가 원활하지 않아 발생하는 가족 간 의사소통의 어려움과, 같은 나라 출신의 친구를 만나고 싶은 정서적인 욕구, 가족 혹은 친구와 함께 할 수 있는 문화체험에 대한 욕구를 표현하였으며 요리교실이나 비즈공예, 예쁜 손글씨 교실 등 사회교육에 대한 욕구도 표현하고 있다. 본 프로그램을 통해 외국인 주부는 한국에 대해 이해하고, 외국인 주부와 다문화 가족이 외국인 주부의 나라에 대해 이해할 수 있는 기회를 가져 문화 교류를 통한 결혼 만족도 향상 및 지역사회 통합을 도모할 수 있다고 생각된다.

4) 본 사업과 관련된 지역복지 자원 현황

자 원		역 할
공공기관	○○2동 주민자치센터 ○○구청 주민생활지원과	한글교실 강사비 및 한글교실 진행비, 다문화 인식개선 캠페인 진행비 지원
인적 자원	○○대학교 강사 1명	동화책 한글교실 강사 자원봉사
	○○대학교 사회복지학과 중국 유학생 2명	중국 외국인 주부 대상 개별 상담 및 통역, 자조모임 구성 보조진행
	필리핀 외국인 주부 1명	필리핀 외국인 주부 대상 개별 상담 및 자조모임 구성시 통역
	○○대학교 대학생 5명 ○○대학교 대학생 3명	1:1 한글교육 자원봉사
민간기관	○○사회복지법인 ○○, ○○종합사회복지관	관내 다문화 관련 연합사업 수행
	한국○○연합 (문화관광부 지원)	무료 한국문화체험 캠프 지원 다문화 가족 19명

3. 서비스 지역, 서비스 대상 및 클라이언트 수

1) 서비스 지역: ○○특별시 ○○구
2) 서비스 대상: 다문화가정 외국인 주부와 가족
3) 서비스 대상 선정기준 및 방법:
   - ○○구 거주 다문화 외국인 주부와 가족 우선
   - 외국인 주부와 가족 개별 면담을 통한 사업 소개 후 참여 의지로 대상 선정
   - 신청시 서비스 계약 실시
4) 클라이언트 수

대상 구분	서비스 대상자 산출 근거	단위 수(명)
일반대상	○○구에 거주하는 외국인	4,865명
위기대상	○○구에 거주하는 외국인 중 국제결혼 외국인	1,151명
표적대상	○○구에 거주하는 외국인 중 국제결혼 외국인 주부	914명
클라이언트 수	표적대상 중 본 프로그램에 참가를 희망하는 외국인 주부 10명과 가족 10명	20명

4. 사업 목적 및 목표

목 적	산출 목표	성과 목표
외국인 주부간 문화 활동과 나라별 자조모임을 통해 사회적 지지체계를 구축한다.	예쁜 손글씨 교실 10회 * 7명=70건 가족초청의 날 전시회 1회	외국인 주부 참가자 50% 이상 사회적 지지향상
	요리교실 10회 * 7명=70건 가족초청의 날 요리시연회 1회	
	자조모임 2개국 * 5명 * 8회=80건 자녀놀이방 5명* 8회 =40건	
다문화 가족 구성원간 이해를 위한 문화 나눔을 통해 결혼만족도를 향상시킨다.	가족과 함께 외국인 주부의 모국 전통음식 만들기 체험, 4개국*20명=80건	결혼만족도를 참가 가족의 50% 향상
	가족이 함께 하는 한국문화체험 5회*20명=100건	
다문화 가족과 지역이 함께하는 축제를 통해 사회통합을 위한 나눔의 장이 되도록 한다.	외국 전통 음식 나눔 3개국* 100인분 = 300명	한국인과 외국인 300명 이상 캠페인 참석
	한국 잔치상 나눔 50인분* 1회= 50건	
	전통의상 체험 사진 촬영 4개국 * 50명 = 200건	
	한국 전통놀이 5종류 * 50명 =250명	
	다문화가족 인식개선 캠페인 1회 300명 * 1회 = 300건	
	'다문화가족'에 대한 인식 변화 생각 쓰기 코너 운영 150명 * 1회 = 150건	

5. 사업 내용

1) 세부사업 내용

성과 목표	프로그램	활 동 (수행방법)	수행 인력	참여 인원
외국인 주부 참가자 50% 이상 사회적 지지향상	손으로 쓰는 한국	- pop 강사를 통해 예쁜 손글씨를 통한 한글 익히기 - 가족초청의 날에 전시회 시행	강사 1인 담당 1인	7명
	맛있는 한국	- 외국인 주부에게 만들고 싶은 한국요리를 강사를 통해 배우기 - 가족초청의 날에 요리 시연회	강사 1인 담당 1인	7명
	반갑다 친구야	- 2개국 이상 자조모임 구성하여 월 1회 이상 나라별 모임 진행 - 사회복지학 전공중인 중국 유학생 2명과 필리핀 외국인 주부 1인을 자원으로 확보하여 중국/ 필리핀 외국인 주부 대상 자조모임 구성시 통역 및 보조진행 자원으로 활용 - 자녀를 위한 놀이방 운영	담당 1인 놀이방 봉사자 1인 외국인 봉사자 3인	10명
가족 사례관리 욕구 척도 50% 이상 향상	행복 업그레이드	- 사회복지학 전공 중인 중국 유학생 2명과 필리핀 외국인 주부 1인을 자원으로 확보하여 중국/ 필리핀 외국인 주부 개별상담 시 상담 및 통역 자원으로 활용 - 담당 사회복지사가 개별상담, 사정, 자원연계, 긴급지원 시행	담당 1인 보조 1인 외국인 봉사자 3인	10 가족

2) 목표에 대한 평가 방법

성과 목표	목표에 대한 평가 방법			
	성과 지표	자료원	자료수집 방법	자료수집 시기
외국인 주부 참가자 50% 이상 사회적 지지 향상	참가인원의 50% 이상 정서사회적 지지척도 사전 사후 검사점수 향상	외국인 주부	- 사전 사후 척도검사	8월
			- 소감문	8월
외국인 주부와 배우자의 결혼만족도를 참가 가족의 50% 이상 향상	참가인원의 50% 이상 결혼만족도 척도 사전 사후 검사점수 향상	외국인 주부와 배우자	- 사전 사후 척도검사	9월
			- 소감문	8월

3) 담당 인력 구성

이름 (역할)	담당 부서/ 직위	투입시간 (단위:주)	경력(년)/ 주요 업무	자격증 (신청사업 관련)
전안나 사회복지사 (담당자)	가족기능강화팀/ 팀장	8시간	*년 *개월/ 다문화가족지원사업, 사례관리 담당자	사회복지사 1급 MBTI 일반강사 현실치료상담 초급
최○○, 오○○, (중국어 상담 통역, 자조모임 보조진행)	○○대학교 사회복지학과 4학년 재학 중	4시간	중국(조선족/ 한족) 사회복지과 유학생 한국 생활 4년 기관 실습 160시간 이수	사회복지학과 재학생
마○○ (영어 상담 통역)	복지관 원어민 영어교사/ 다문화가정	2시간	필리핀 외국인 주부 한국 생활 10년 원어민 영어교사 경력 5년	-

4) 사업 진행 일정

기간 내용	8월	9월	10월	11월	12월	1월	2월	3월	4월	5월	6월	7월	8월
대상자 홍보,모집	0												
사례관리		0	0	0	0	0	0	0	0	0	0	0	0
손글씨 배우기						0	0	0					
한국생활요리 배우기		0	0	0									

5) 홍보 계획

대 상	홍보방법 및 횟수	활용 매체
지역사회/ 주민	- 기존 다문화 한글교실 이용자와 가족 대상 개별 홍보(2회) - 관내/ 지역 홍보지(10회), 현수막(2개) - 복지관 홈페이지/소식지 사진/ 기사 게재(24회)	전화 홍보지 현수막 아파트 홍보 게시판 본 복지관 홈페이지 본 복지관 소식지
타 복지 기관	- ○○구내 사회복지관 8곳 홍보지 발송 및 대상자 추천 공문발송(1회) - 사업 종료 후 사업보고서 제작 및 사회복지관 발송 통 해 사업 효과 홍보 (94개소)	공문 홍보지 사업보고서 본 복지관 소식지

언론	- 사업 홍보 및 대상자 모집, 사업 진행 과정 홍보 시 ○○그룹 후원처 명시 홍보(36회 이상) - 사업 종료 후 사업 효과성 홍보(2회 이상)	지역신문 복지관 홈페이지 운영법인 소식지
지자체	- 대상 모집, 사업진행, 캠페인 등 주민 생활지원과 홍보(2회 이상)	○○행정복지센터 ○○구청 게시판

6. 예산계획(지면 관계상 생략)

7. 기대효과

- 외국인 주부가 교재 중심으로 배우던 한글을 손글씨 꾸미기로 재미있게 익히고, 가족 초청의 날에 작품 전시회를 통해 가족에게 긍정적인 지지를 받아 자존감이 향상될 수 있다.
- 외국인 주부가 생활요리 교실을 통해 한국 요리 능력을 익히고 가족 초청의 날 요리 시연회를 통해 가족에게 긍정적인 지지를 받으며 일상생활에 활용할 수 있다.
- 외국인 주부 나라별 자조모임으로 네트워크를 형성하고 자조모임을 통해 정서 및 사회적 지지체계를 구축한다.
- 다문화 가족의 외국인 주부와 가족이 함께하는 문화 나눔 시간을 통해 서로에 대한 이해를 높여 다문화 가족의 가족 응집력을 높일 수 있다.
- 지역에서 성공적으로 정착하여 생활하고 있는 필리핀 외국인 주부와 중국 유학생, 또한 지역의 한국인 대학생, 지역주민을 자원으로 활용하여 서로 돕는 지역사회가 되도록 한다.
- 지역사회 통합 축제를 통해 지역 내 다문화 가족과 외국인 주부에 대한 이해를 통해 지역사회 통합을 기대할 수 있다.

예시 3. 지자체 연계 시범사업 제안서

○○키즈 돌봄도서관 시범사업 계획서

Ⅰ. 사업 개요

1. 추진 배경

○○에서 거주하고 있는 8~13세 아동의 수는 47,351명이며 방과 후 보육시설은 현재 21개 기관에서 35개소를 운영 중이며 1~6학년 아동 약 630명을 보육하고 있다. ○○동에 거주하는 8~13세 아동의 수는 20○○년 1월 기준 5,421명이며 ○○동에서 운영 중인 방과 후 보육시설

은 6개 기관에서 12개소를 운영 중이며 1~6학년 아동 약 220명을 보육하고 있다. 따라서 방과 후에 보육시설을 이용하고 있는 아동은 전체의 4.1%로 매우 적다. ○○동 지역은 국민기초생활 수급자가 전체의 약 10%를 차지하고 있는 저소득 밀집 지역이며 한부모 가정의 비율(○○복지관에서 조사한 지역주민 욕구조사에 참여한 대상 중 18%, 2010)이 높은 편이다. 청소년위원회(20○○)에 의하면 아동의 36.3% (맞벌이가정 자녀의 57.1%)가 방과 후 혼자 방치되어 있고 월 평균 가구소득 100만원 미만 저소득층 자녀의 52.1%가 특별한 방과 후 활동 없이 생활하고 있어 아동은 범죄에 노출되어 있고 학습부진 등을 초래하여 빈곤의 대물림으로 이어질 위험성이 큰 상황이다. 따라서 저소득 밀집 지역인 ○○동은 방과 후 시간에 가족의 기능을 보완할 수 있는 아동 돌봄의 확대가 필요하다.

본 기관에서 시행한 20○○연도 지역주민 욕구조사 보고서에 의하면 아동 청소년 및 가족이 갖는 어려움으로 26.6%가 자녀 양육의 어려움을 응답하였고, 특히 경제적 어려움 32%와 학습지도 및 과제지도 등의 어려움 20%이 있다고 응답하였다. 또 아동 프로그램에 대한 욕구로는 41%가 문화체험을, 40%가 방과 후 교실이라고 응답하였으며, 38%가 학습지도 프로그램과 특기 적성 및 취미 프로그램이라고 응답하였다. 이는 가족이 갖는 어려움인 자녀 양육의 어려움과 학습지도 등의 어려움으로 인하여 방과 후 아동 돌봄 교실 에 대한 욕구가 높게 반영된 것이라고 볼 수 있겠다. 따라서, ○○종합사회복지관 내에 아동 전용 도서관을 조성하여 부족한 아동 문화 커뮤니티 공간을 조성하고, 주변 아동을 대상으로 도서관의 교육적 기능과 아동센터의 돌봄 기능을 제공하여 아이들이 쉽게 찾아올 수 있는 방과 후 단시간 보육의 기능으로 도서관으로 운영하고자 한다.

2. 목적 및 목표

가. 사업의 목적

어린이 도서관을 활용해 돌봄 사각지대 아동들을 위한 지역 밀착형 돌봄 사업의 확대하여 낙인감 없는 안전한 보호공간 조성 및 아동의 정서·인지 발달을 도움.

나. 사업의 목표

1. 하교 후 보호가 필요한 아동을 대상으로 '집중돌봄교실' 운영을 통해 학습지도 및 특기적성교육으로 아동의 전인적 발달을 도움.
2. 도서관 프로그램을 매개로 '독서돌봄교실' 운영을 통해 아동전용 독서환경 및 안전한 보호공간을 조성하여 지역 내 일차 안전망으로써 기능 수행.

3. 추진 개요

시설 규모: 58평 (현: 시범운영 20.8평)

운영 주체: ○○구청 - ○○종합사회복관 위탁운영

기　　능: 신설되는 아동 전용 도서관을 통해서 안전한 돌봄공간으로써 돌봄형 작은 대하여 시간제와 종일제로 운영(단, 시범운영 시는 70명)

운영 시간: 학기 중 화~금 14시~ 19시, 토 10시~ 3시

방학 중 화~금 10시~ 18시, 토 10시~ 3시
* 매주 월요일 및 법정공휴일 휴관

나. 운영 인력: 총괄책임자 1명
집중 돌봄교실 전담 인력 2명과 보조교사 2명
독서 돌봄교실 전담 인력 1명

다. 이용 대상:

1차. 맞벌이, 조손가족 등으로 하교 후부터 보호자 귀가 시까지 하루 4시간 이상 신체 보호가 필요한 아동 40명은 '집중 돌봄교실'에 참여하도록 하여 학습지도 및 특기 적성교육 진행

2차. 가정에서 학습지도가 되고, 하교 후 2시간 이내의 시간제 보육이 필요한 아동 30명은 '독서 돌봄교실'에 참여하여 독서 특화교육 진행

라. 이용 가입 서류 : 신청서 및 계약서, 응급처치 동의서 1부

4. 기대 효과

- 맞벌이, 조손가족 등으로 방과 후/ 방학 중 가정 내 보육공백을 해결
- 문화공간이 부족한 ○○2동의 아동과 학부모의 독서문화욕구 충족
- 낙인감 없는 아동 보호 효과

5. 사업범위 및 예산

가. 사업범위
사업지역: ○○구 ○○동
사업대상: 초등학교 1~6학년

6. 사업예산: 총 107,284,000천원

구 분	사업비(천원)				
	계	정부 보조금 (지역아동센터)	구청 보조금 (주민참여예산)	교육청 지원 (교육복지예산)	기관 자부담 (회비및기타)
인건비	46,750,000	34,000,000	-	12,750,000	-
운영비	5,100,000		5,100,000	-	-
사업비	53,250,000	-	50,000,00	3,250,000	-
급·간식비	2,184,000	-	-	-	2,184,000
사업비 계	107,284,000	34,000,000	10,100,000	16,000,000	2,184,000

Ⅱ. 현황 및 특성

1. 시설 및 조직

가. 시설 현황(지면 관계상 생략)

단체명
대표자
위 치
면 적
구 성
조직도
당해연도 아동청소년 주요 사업 추진실적

나. 수행 인력

직 위	성 명	담당 업무	월 평균 근무시간	비 고
과장	전안나	시범사업 총괄 책임자	209	사회복지사1급
생활복지사	김○○	집중돌봄교실 고학년 보육 및 행정업무	209	사회복지사1급 보육교사1급
생활복지사	김○○	집중돌봄교실 저학년 보육 및 행정업무	209	사회복지사2급 보육교사1급
독서지도사	이○○	독서돌봄교실 총괄 아동 돌봄 및 독서프로그램 진행	209	독서지도사

2. 지역범위 및 특성

가. 사업지역 범위 (지도첨부)
나. 사업지역 특성
○○구 ○○동
인구 31,767명, 국민기초생활수급자 2,925명
구 인구대비 5%, 국민기초생활수급자 13%로 저소득층 밀집지역
국민기초생활수급자 가구가 많은 지역, 대단지 아파트로 형성된 주거중심지역
○○구 ○○동 주공1단지 아파트
총 입주가구 2,298세대
국민기초생활수급자 1,198(52%) 비수급 장애인 212(9.2%)
한부모 소년소녀 11(0.5%) 보훈 47(2.1%) 기타 830(36.1%)
우리 기관 주요 이용자
- 주요 지역: ○○동 ○○ 아파트 단지 중심
- 주요 서비스 이용자: 아동, 청소년, 성인, 어르신 등 전세대

- 경제 상황: 수급, 차상위, 저소득, 일반
- 가족 특성: 이혼가족, 한부모가족 , 조손가족, 알콜중독, 가정폭력, 독거노인, 장애(정신, 신체) 등
- 5개 부서 75개 단위사업에 일일 평균 이용자 1,270명
  아동청소년 약300명-한부모가족 36%, 조손가족 18%, 부모장애가족 10% 등
  성인 약300명-자원봉사자, 사회교육참여자, 다문화주부, 까페 등
  어르신 약670명- 독거어르신 40%, 노인부부세대 12% 등
  80대이상 40%, 70대 47%, 60대 13%

3. 대상자 현황 (20○○. 5. 31. 기준. 단위: 명)

가. ○○동 아동 학년별 현황

구분	계	초등 1년	초등 2년	초등 3년	초등 4년	초등 5년	초등 6년
전체 아동	1,639	225	223	264	284	339	304

나. 거리별 아동 현황

구분	계	도보 5분 이내	도보 10분 이내	도보 15분 이내	그외
전체 아동	1,639	457	386	248	548

다. 저소득층 아동의 보장구분별 현황

구분	계	기초 수급	법정 한부모가족	차상위	기타/그외
계	1,639	492	359	190	598

4. 자원 활용 현황

가. 기관 자원 활용

자원 구분	확보 방안
'모두사랑나눔회' 영어 특기적성 교육 - 주2회	확보됨
'모차르트 음악단' 클래식 바우처 교육 - 월6회	
전문자원봉사자를 통한 한자급수자격증반 교육 - 주1회	
대학생 인턴 등 보조인력 - 매일	
사례관리 및 서비스 연계	팀간 협력
아동 간식	푸드뱅크

나. 지역자원 활용

자원 구분	확보 방안
'ㅇㅇ구 생활체육협회' 체육 특기적성 교육 - 주1회	후원자/ 후원업체 개발
지역주민 정기 자원봉사자	
아동 간식	

Ⅲ. 세부 운영계획

1. 시범 사업기간: 20ㅇㅇ년 7월 1일부터 ~20ㅇㅇ년 2월 28일까지(8개월)

2. 현재 이용자 현황

프로그램명	지원 대상	지원 대상자			
		법정저소득층	차상위	그외	총계
학습돌봄교실	초등학생	16	18	6	40
독서돌봄교실	초등학생	5	5	20	30

3. 이용자 관리 방안

구 분	내 용	빈 도
부모동행 수업	매주 토요일 부모님이 동행하여 함께 책을 읽도록 하여 부모님의 참여를 이끌어내고 독서력 지도가 가정 내에서 되도록 연계함.	주1회
출결석 관리	출결석관리시스템을 활용하여 아동출결석 시 부모에게 안내문자 발송	매일
상담	아동, 학부모 수시 상담 및 자원연계	수시
인터넷 까페 운영	인터넷 카페 개설, 활동사진 게시 및 학부모와 나눔게시판을 통해 부모교육 자료 게시 등	수시
건의함 운영	고객건의함 운영으로 원활한 의견 반영	수시

4. 세부 프로그램 내용

프로그램명	세부 내용	담당자	비 고
[집중돌봄교실 프로그램3] 특기적성 프로그램	체육: ㅇㅇ구 생활체육협의회 지원으로 주1회 체육수업 진행	교사, 외부강사	희망 아동 2~12명
	영어특기: ㅇㅇ나눔회 지원으로 월 2회 영어수업 진행 및 국가공인영어능력인증시험 응시		
	클래식바우처: ㅇㅇ 음악단과 바우처지원으로 월 6회 음악교육 진행		
	한자급수자격증반: 자원봉사자를 통한 주 1회 한자특기수업 진행 및 한자능력시험 응시		
아동과 학부모 교류 및 사업관리	매주 토요일: 부모님이 동행하여 함께 책을 읽도록 하여 부모님의 참여를 이끌어내고 독서력 지도가 가정내에서 되도록 연계함.	교사, 독서지도사	전체 아동 70명 및 학부모 70명
	출결석관리시스템을 활용하여 아동출결석 시 부모에게 안내문자발송		
	아동, 학부모 수시 상담 및 자원연계		
	밴드 개설, 활동사진 게시 및 학부모와 나눔게시판을 통해 부모교육 자료 게시 등		

5. 실행계획서(일부 발췌)

<table>
<tr><td>사업명</td><td colspan="5">연합활동</td></tr>
<tr><td>사업 목표</td><td colspan="5">사회성 향상을 위한 또래 놀이를 책을 매개로 진행</td></tr>
<tr><td>추진 방침</td><td colspan="5">희망하는 아동모두 참여가능하도록 추진함.</td></tr>
<tr><td>운영 기간</td><td colspan="5">20ㅇㅇ.7.1. ~ 20ㅇㅇ.2.28.(8개월)</td></tr>
<tr><td rowspan="3">대상자</td><td rowspan="2">합계</td><td colspan="3">지원대상자 수</td><td rowspan="2">일반 가정</td></tr>
<tr><td>법정 저소득</td><td>기타 차상위</td><td>소계</td></tr>
<tr><td>70</td><td>21</td><td>23</td><td>44</td><td>26</td></tr>
<tr><td rowspan="4">담당자</td><td>소속</td><td>성명</td><td>직위</td><td colspan="2">담당 역할</td></tr>
<tr><td rowspan="3">ㅇㅇ키즈
도서관</td><td>김ㅇㅇ</td><td>생활복지사</td><td colspan="2" rowspan="3">프로그램 계획, 진행, 평가 및 아동관리</td></tr>
<tr><td>김ㅇㅇ</td><td>생활복지사</td></tr>
<tr><td>이ㅇㅇ</td><td>독서지도사</td></tr>
</table>

<table>
<tr><td>추진 내용</td><td colspan="7">1. 운영절차 : 프로그램 기획 → 개설→ 참여자 모집 → 진행 → 예산집행 → 평가
2. 운영주체 : 담당 독서지도사
3. 운영내용
1) 7월/10월/1월 오리엔테이션 계획인원: 100명/ 60명/ 60명
2) 9월 독서골든벨 계획인원: 100명
3) 12월 성탄잔치 계획인원: 100명
4) 2월 독서왕 선발대회 계획인원: 100명
5) 매주 토요일은 부모와 함께하는 도서관으로 개방
6) 방학 중 오전 개방</td></tr>
<tr><td rowspan="4">소요 예산</td><td rowspan="2">항목</td><td rowspan="2">산출 근거</td><td colspan="5">예산(단위:천원)</td></tr>
<tr><td>교육청</td><td>기관 자부담</td><td>구 보조금</td><td>정부 보조금</td><td>계</td></tr>
<tr><td rowspan="2">사업비</td><td>연합활동1. 오리엔테이션*3회
다과비 120,000원
현수막 및 진행용품 30,000원</td><td>150</td><td>-</td><td>-</td><td>-</td><td>150</td></tr>
<tr><td>연합활동2. 독서골든벨
상품 1등 30,000원*2명, 2등 20,000원*2명, 3등 10,000원*2명, 진행비 100,000원</td><td>-</td><td>-</td><td>220</td><td>-</td><td>220</td></tr>
<tr><td rowspan="5">소요 예산</td><td rowspan="4">사업비</td><td>연합활동3. 성탄잔치
성탄선물 5,000원*100명=500,000원
파티음식 5,000원*100명=500,000원
진행비 100,000원</td><td>-</td><td>-</td><td>1,100</td><td>-</td><td>1,100</td></tr>
<tr><td>연합활동4. 독서왕 및 독후감 선발대회
상품 1등 30,000원*2명, 2등 20,000원*2명, 3등 10,000원*2명, 진행비 100,000원</td><td>-</td><td>-</td><td>220</td><td>-</td><td>220</td></tr>
<tr><td>부모활동1. 부모교육자료 발송
월1회*8개월*20,000원=160,000원</td><td>-</td><td>-</td><td>160</td><td>-</td><td>160</td></tr>
<tr><td>부모활동12. 부모와 함께하는 도서관
부모용 다과(커피류) 월15,000원*8개월</td><td>-</td><td>-</td><td>120</td><td>-</td><td>120</td></tr>
<tr><td colspan="2">계</td><td>150</td><td>-</td><td>1,820</td><td>-</td><td>1,970</td></tr>
<tr><td rowspan="2">평가</td><td colspan="2">정량</td><td colspan="5">정성</td></tr>
<tr><td colspan="2">아동 출석률 80% 이상
특별 프로그램 실적 90% 이상</td><td colspan="5">아동과 학부모 별도 만족도조사 시행</td></tr>
</table>

Ⅳ. 예산 운영계획

1. 예산편성

운영예산 편성: 총 107,294천원 (정부 보조금34,000천원, 구청 보조금55,100천원, 교육청 지원금 16,000천원, 기관 자부담2,184천원)

구 분	사업 내역	사업비(천원)				
		계	정부 보조금	구청 보조금	교육청 지원	기관 자부담
집중돌봄	인건비 및 사업비	46,750,000	34,000,000	-	12,750,000	-
독서돌봄	인건비 및 사업비	5,100,000		5,100,000	-	-
연합사업	사업비	53,250,000	-	50,000,00	3,250,000	-
사업비 계		2,184,000	-	-	-	2,184,000

2. 세부 운영 예산

가. 집중돌봄 운영예산

구 분	항 목	산출 근거	계	정부 보조금	구 보조금	교육청 지원금	기관 자부담
인건비	보육교사	2명*8개월*월1,875,000원 =30,00,000원 사회보험 및 퇴직적립금 4,000,000원	34,000	34,000	-	-	-
운영비	-	-	-	-	-	-	-
사업비	교재교구 구입비	학습지도 및 놀이 교재교구 구입비 100,000원*5회 =500,000원	500	-	500	-	-
	특강	성교육, 인성교육 강사비 100,000원*2회 = 200,000원	200	-	200	-	-
급·간식비	-	-	-	-	-	-	-
합 계			34,700	34,000	700	-	-

나. 독서돌봄 운영예산 (지면관계상 생략)

다. 기타 운영예산 (지면관계상 생략)

V. 사업 평가

1. 평가의 목적 및 방향

정량평가: 계획대비 실적 달성여부 평가
정성평가: 사업의 효과성과 만족도에 대한 평가

2. 평가 계획

구 분	일 정	평가 방법	평가 내용
정량 평가	분기별 1회	프로그램별 실적취합	실적 달성 90% 이상
	매일	아동 출석 확인	출석률 80% 이상
정성 평가	년 1회	아동과 학부모 별도 만족도조사 시행	만족도 85% 이상
	수시	학교수행평가	학교 수행평가 점수 70점 이상 유지
		학급 수시 단원평가	학급 수시단원 평가 점수 10점 이상 향상 및 점수유지

VI. 추진 경과 및 향후 일정

1. 추진 경과

일 시	내 용
~ 20ㅇㅇ년	ㅇㅇ구청, ㅇㅇ공사, ㅇㅇ종합사회복지관 사업논의
20ㅇㅇ년 3월	교육복지 대응투자예산확보
20ㅇㅇ년 4월	ㅇㅇ공사 : 도서관 증축관련 주민동의서 발송
20ㅇㅇ년 5월	시민참여예산 확보
20ㅇㅇ년 6월 1주	ㅇㅇ구청 시범사업 승인
20ㅇㅇ년 6월 2주	생활복지사, 독서지도사 채용
20ㅇㅇ년 6월 3주 ~ 현재	이용 회원 모집 중
20ㅇㅇ년 6월 3주	시범사업 공간조성 공사
20ㅇㅇ년 7월 ~ 20ㅇㅇ년 2월	시범운영 오픈/ 증축공사 진행
20ㅇㅇ년 3월 1주 ~	증축완료 및 정식 개관

2. 향후 사업 추진 일정

세부 사업 내용	사업 일정(월)											
	3	4	5	6	7	8	9	10	11	12	1	2
시범사업계획 승인				↔								
독서지도사 채용				↔								
회원/ 봉사자 모집				↔								
개관					↔							
운영					↔	↔	↔	↔	↔	↔	↔	↔
만족도 조사									↔			
사업수행 평가												↔
정산												↔

3. 사업 활성화 방안

이용아동 지역주민, 학교 지역사회 전문가 등을 통해 추천
아동용 간식 후원 업체 개발
일 1명 이상 자원봉사자/ 인턴 등 보조인력 개발
학교와 연계하는 독서 활동 지원

예시 4. 모금기관 사업제안서 양식

비장애 형제자매 심리지원 사업 신청서

1. 일반 항목

신청기관명	○○종합사회복지관	대표자	○○○	전화번호	999-4211
주 소	○○특별시 ○○구 ○○동 ○○번지			팩스번호	999-4214
담당자/ 직책	전안나/ 사회복지사	이메일	aaoo1282@nate.com		
신청 분야	비장애 형제자매 심리지원				
사업 기간	20○○년 4월 1일 ~ 20○○년 10월 30일 (18회기)				
서비스 대상	실인원 총 8명				
예 산	금 삼백팔십사만원 (₩3,840,000)				
	신청금액	3,000,000원	자부담	840,000원	

2. 사업 개요

1) 사업명: 통통프로그램 (부제: 형제통(通) 장애통(通) 비장애 형제자매 심리지원 프로그램)

2) 사업목적 및 목표

목적: 장애 형제(자매)를 둔 비장애 아동 대상 심리지원 프로그램으로 스트레스가 경감되고 자아탄력성이 향상

성과목표: 참가아동의 50% 이상 스트레스 경감 및 자아탄력성이 향상

산출목표: 참가 아동 중 85% 이상 출석률 및 85% 이상 만족도를 달성

3) 서비스대상 및 인원수

장애 형제를 둔 비장애 학령기 형제 8명(4명*2그룹)

4) 홍보 및 대상선정

- 홍보: 지역홍보, 기관 내부 홍보, 온·오프라인 홍보, 관내 게시판, 현수막, 홈페이지, 페이스북
- 추천: 장애아동 부모/ 치료사/ 사회복지사/ 생활복지사를 대상으로 비장애 학령기 형제(자매) 프로그램 참여가 필요한 아동을 추천
- 선발과정: 접수 순으로 보호자 동의 및 아동참석 의사확인 후 대상자 선정
- 참여대상: 장애 형제(자매)를 둔 비장애 학령기 형제(자매) 8명을 초등학교 저학년과 초등학교 고학년 각4명*2그룹으로 구성

5) 세부프로그램 보드게임을 활용한 집단 심리치료 프로그램 진행

목 표	세부사업명	추진 일정	수행 내용/ 방법
성과목표 참가아동의 50% 이상 스트레스 경감 및 자아탄력성이 향상 되도록 돕는다.	오리엔테이션 (1회차)	5월 3주 *2그룹	1. 초등학교 저학년/ 고학년으로 2개 그룹 구성 2. 오리엔테이션 시행 1) 사업소개, 담당자 소개 2) 참가자소개 3) 이야기나누기: 프로그램 참여동기, 나의 장점 10가지 말하기, 나에게 형제자매의 의미는? 등등 4) 기본규칙정하기 등 5) 간식, 마무리
	보드게임 심리지원 프로그램 1회기	6월 1주	1. 보드게임 진행: 3종 택1 2. 장애형제/ 가족에 대한 감정 표현 3. 장애이해와 대처 교육 - 장애에 대한 퀴즈 맞추기 - 가족구성원으로서의 역할과 이해

6) 양적·질적 사업효과 검증
- 매회기 출석률 확인 및 만족도검사 시행
- 사전·사후 스트레스 척도검사 및 자아탄력성 검사를 통해 효과성 검증
- 참여아동/ 부모 사후 인터뷰를 통해 질적 평가

7) 기대 효과
- 참여아동: 가정에서 장애형제에 비해 상대적 소외감을 느낀 비장애 형제(자매)에게 스트레스 해소 기회를 제공하고 장애에 대한 이해를 높여서 가족구성원으로서의 역할지원 기회
- 참여가족: 형제자매 우애증진, 부모 양육부담 감소, 가족구성원의 탄력적 관계형성을 도움
- 기관측면: 예산의 한계로 시행하지 못했던 비장애 형제 심리지원 프로그램을 본 사업을 통해 처음 시도하여 앞으로 비장애 형제자매 지원의 시발점이 될 것을 기대함.

8) 사업 실행 시기

사업 내용		4월	5월	6월	7월	8월	9월	10월
사업홍보, 대상자선정		●						
참가자 결정, 사전 검사			●					
참여아동 오리엔테이션	1그룹		●					
	2그룹		●					
심리지원 프로그램진행	1그룹			●	●	●	●	
	2그룹			●	●	●	●	

3. 예산(생략)

에필로그

이 책은 5년차 사회복지사였던 2008년 시작되었습니다. A4 5매 분량의 '신입 직원을 위한 업무용 글쓰기 양식과 작성법' 교육 자료가, 2010년 '사회복지 실습생을 위한 글쓰기 매뉴얼'로 30매짜리 책의 형태를 갖추게 되었습니다. 2014년에는 '업무 문서 양식과 작성법' 100여개를 컴퓨터 파일로 만들어서 직원들과 공유하였습니다. 이렇듯 다년간 사회복지사가 실무에 바로 활용할 수 있는 글쓰기 실용서 집필을 꿈꿔왔는데, 글쓰기 교육 자료를 만든 지 13년만인 2021년에 드디어 『쉽게 배워 바로 쓰는 사회복지 글쓰기』를 출간하게 되어 매우 기쁘게 생각합니다.

그동안 사회복지 글쓰기 책과 강의는 프로포절, 모금 등 일부 영역으로만 한정되었습니다. 그런데 『쉽게 배워 바로 쓰는 사회복지 글쓰기』는 사회복지사가 자주 쓰는 문서 양식과 예시를 다양하게 담은 점, 저자의 출판 경험을 바탕으로 글쓰기에 대한 전반적인 이해를 높여주는 점, 다년간 실무경험과 글쓰기 지도경험이 있어 사회복지 글쓰기 어려움을 바로 해결할 수 있는 꿀팁을 전수해준다는 점 등이 다른 책과 차별성이 있다고 봅니다.

이 책이 예비 사회복지사의 현장 적응을 돕는 매뉴얼, 초급 사회복지사의 야근을 줄여주는 실무 도움서, 후배를 잘 지도하고 싶은 경력 사회복지사에게 글쓰기 지도법을 알려주는 비법서가 되길 바라는 마음으로 책을 집필했는데, 그러한 목적에 맞는 책이 되었는지요? 혹시 책에서 충분히 이해가 되지 않는 부분이 있다면, 저자의 다양한 강의 현장에서 추가적인 도움을 받을 수 있을 것입니다.

다음에 또 기회가 된다면, 경력 사회복지사를 위한 책으로 다시 만나뵙길 기대해봅니다. 클라이언트와 함께 발간하는 사례집, 스토리텔링으로 만들어보는 사업보고서, 사회복지 실무 경험을 책으로 집필하는 법, 인문학 기반 사회복지 글쓰기, 사회복지사 글쓰기 지도법 등의 내용이 담긴다면 경력 사회복지사에게 많은 도움이 될 것이라고 생각합니다.

마지막 글쓰기 당부를 드립니다.
글쓰기는 누구에게나 두렵습니다. 용감하게 쓰세요.
120만 사회복지사 여러분, 사회복지 글쓰기 누구나 잘 할 수 있습니다!

전안나 작가 사회복지사 드림

저자 소개

전안나

전) 서울 월계종합사회복지관 사회복지사
현) (주)책글사람 대표
현) 한국성서대학교 사회복지학과 강사

한국성서대학교 사회복지학과 졸업
감리교신학대학교 목회신학대학원 목회학 졸업
연세대학교 행정대학원 사회복지학과 졸업

MBTI 일반강사, 자기주도학습지도사, 독서지도사, 독서토론지도사, EBS교과독서지도강사, 하브루타 교수법 전문

〈저서〉
『1천권 독서법』, 2017년
『기적을 만드는 엄마의 책 공부』, 2019년
『초등 하루 한 권 책밥 독서법』, 2020년
『태어나서 죄송합니다』, 2022년
『초등 6년 읽기 쓰기가 공부다』, 2022년
『나의 마흔에게』, 2023년

〈강의〉
성인과 어린이를 위한 '독서법과 책쓰기'
사회복지사를 위한 '실천 중심 글쓰기'와 '독서 토론'

이메일: book365@kakao.com

쉽게 배워
바로 쓰는
사회복지
글쓰기

저자 · 전안나

발행인 · 이명묵
편　집 · 이현정

1쇄 발행 · 2021. 6. 1.
6쇄 발행 · 2024. 9. 10.
발행처 · 도서출판 인간과복지
신　고 · 제2019-000007호
주　소 · 경기도 파주시 회동길 145
아시아출판문화정보센터 301호
전　화 · 02-383-0743
팩　스 · 02-382-3486
이메일 · hwbook22@daum.net
카　페 · https://cafe.daum.net/hwbook1

값 · 15,000원

ISBN 978-89-8007-219-4 93330